Die Aufträge

In allen Arbeitsaufträgen dieses Buches werdet ihr aufgefordert, etwas Bestimmtes zu tun. Hier könnt ihr nachlesen, was ihr jeweils genau machen sollt, wenn ihr den Arbeitsauftrag nicht sofort verstanden habt. Die Aufträge sind mit ⚀ gekennzeichnet. An den Würfeln neben den Aufgaben kannst du erkennen, wie schwierig eine Aufgabe ist: Bei Aufgaben mit ⚀ genügt es, wenn du dich erinnerst oder Informationen suchst. Bei Aufgaben mit ⚁ musst du selbst überlegen, um sie zu bearbeiten. Bei ⚂ werden neue Ideen von dir erwartet. Welche Erwartungen mit den Arbeitsaufträgen verbunden sind, findest du auf dieser Seite.

⚁ **Analysiert**
Materialien, Sachverhalte erschließen und strukturiert darstellen.

⚁ **Berichtet**
Ihr sollt eine Sache, einen Sachverhalt, ein Ereignis mit euren Worten darstellen.

⚀ **Beschreibt**
Ihr sollt einen Sachverhalt oder Materialien gut geordnet darstellen.

⚀ **Besprecht**
Im Klassengespräch sich zu einem Sachverhalt äußern.

⚂ **Beurteilt**
Hier sollt ihr einen Sachverhalt überprüfen und ein begründetes Sachurteil abgeben. Wichtig ist, dass ihr euer Urteil an nachvollziehbaren Maßstäben (Kriterien) begründet.

⚁ **Diskutiert**
Hier sollt ihr eure Meinung mit eurer Partnerin / eurem Partner oder mit der Klasse austauschen und euren Standpunkt gut begründen.

⚂ **Entwickelt**
Ihr sollt für einen Sachverhalt, ein Problem einen Lösungsvorschlag, einen Gegenvorschlag formulieren.

⚁ **Erarbeitet**
Aus den Materialien sollt ihr einen Sachverhalt so untersuchen, dass ihr Zusammenhänge zwischen oder innerhalb der Materialien darstellen könnt.

⚁ **Erklärt**
Mithilfe verschiedener Informationen sollt ihr einen Sachverhalt im Zusammenhang so darstellen, dass Bedingungen, Ursachen, Gesetzmäßigkeiten oder Regeln verständlich werden.

⚁ **Erläutert**
Hier sollt ihr Sachverhalte an Beispielen oder Theorien verdeutlichen.

⚁ **Ermittelt**
Ihr sollt einen Sachverhalt durch eine Befragung oder aus Büchern oder anderen Informationsquellen herausfinden.

⚂ **Erörtert**
Ihr sollt euch mit einem Problem auseinandersetzen und zu einem begründeten Sach- und/oder Werturteil kommen.

⚂ **Interpretiert**
Ihr sollt aus Texten Sinnzusammenhänge erschließen und über sie eine begründete Stellungnahme oder ein Werturteil abgeben.

⚂ **Nehmt Stellung**
Hier ist eure Meinung gefragt, ihr sollt anhand von Kriterien, Wertmaßstäben begründen, was ihr zu einer bestimmten Sache, Aussage meint, und ein eigenes Werturteil formulieren.

⚁ **Ordnet**
Ihr sollt verschiedene Informationen in einer sinnvollen Reihenfolge in einen sinnvollen Zusammenhang stellen.

⚂ **Prüft**
Ihr sollt auf Grundlage eigener Kenntnisse oder zusätzlicher Materialien feststellen, ob eine Behauptung über einen Sachverhalt sachlich richtig und logisch ist.

⚂ **Recherchiert**
Ihr sollt umfangreiche Informationen aus verschiedenen Informationsquellen sammeln und zusammenstellen – beispielsweise aus anderen Schulbüchern, aus einem Lexikon, aus Jugendbüchern, Büchern, Zeitschriften und aus dem Internet.

⚂ **Unterscheidet**
Ihr beschreibt mit euren Worten den Unterschied zwischen Sachverhalten oder Aussagen.

⚂ **Untersucht**
Ihr geht einer Sache auf den Grund, indem ihr genaue Fragen stellt und die Ergebnisse dann aufschreibt.

⚁ **Vergleicht**
Aus mehreren Materialien (Texte, Bilder, Karten) sollt ihr Unterschiede und Gemeinsamkeiten erarbeiten. Das geht am besten, wenn ihr eure Beobachtungen in einer Tabelle notiert.

⚁ **Wertet ... aus**
Zunächst müsst ihr den Text genau lesen, dann solltet ihr euch wichtige Stichwörter notieren und die Argumente für und gegen eine Sache nennen und bewerten.

⚂ **Zeigt auf**
Ihr stellt einen Zusammenhang zwischen verschiedenen Informationen und Sachverhalten her.

Liebe Schülerin, lieber Schüler,

diese Doppelseite soll dir einen Einstieg zur Arbeit mit dem Buch geben.

KAPITEL 1

Demokratie in Deutschland

Im Mittelpunkt dieses Kapitels steht das politische System der Bundesrepublik Deutschland. Zentrale Merkmale und wichtige Grundsätze der deutschen Demokratie sind Themen der folgenden Seiten. Hierzu zählen politische Prinzipien wie die Gewaltenteilung und -kontrolle oder die Elemente der repräsentativen und direkten Demokratie, die politische Willensbildung sowie Entscheidungen wie Wahlen oder der Prozess der Gesetzgebung.

Die Auseinandersetzung mit Gefährdungen der Demokratie und Gefahren für die freiheitlich-demokratische Grundordnung sind ein weiterer inhaltlicher Schwerpunkt dieses Themenfeldes.

In diesem Kapitel könnt ihr erarbeiten,

- *wie unsere Demokratie funktioniert und welche Verfassungsprinzipien gelten,*
- *welche Bedeutung Wahlen in der Demokratie haben und welche Aufgaben Parteien wahrnehmen.*

Was ihr sonst noch machen könnt …

- *Recherchiert über ein aktuelles politisches Thema in den Medien, das sich mit einer Gesetzesänderung befasst.*

Auftakt

Die Auftaktseiten markieren jeweils den Beginn eines Kapitels. Auf diesen Seiten findest du erste Anregungen, dich mit einem Thema zu beschäftigen. Auf der rechten Seite bekommst du einen Überblick über die Kompetenzen, die du auf den Folgeseiten erwerben kannst.

Konfliktanalyse

M1 Was Schülerinnen und Schüler einer 10. Klasse darüber denken, könnt ihr in den Sprechblasen lesen

Begriffe wie „Konflikt", „Frieden" oder „Krieg" gebrauchen wir häufig. Doch was genau versteht man darunter?
Unter einem Konflikt versteht man allgemein einen Gegensatz zwischen Personen, Werten oder Ideen. Konflikte sind auf politischer, wirtschaftlicher oder gesellschaftlicher Ebene möglich. Sie können sich dann in einen kriegs- oder bürgerkriegsähnlichen Zustand steigern, wenn die Konfliktparteien miteinander unvereinbare Interessen vertreten und sie unbedingt durchsetzen wollen.
Zu den großen Konflikten des 20. Jahrhunderts (Weltkriege, Kalter Krieg, Nord-Süd-Konflikt) sind in den letzten Jahrzehnten im Zusammenhang mit der Globalisierung neue Konfliktherde hinzugekommen, wie z. B. grenzüberschreitende Umweltbelastungen.
Sicher ist euch in den Fernsehnachrichten oder in der Zeitung aufgefallen, dass es fast täglich Meldungen über den Konflikt zwischen Israelis und Palästinensern gibt.
Wegen seiner Aktualität möchten wir ihn daher als Fallbeispiel für die Methode „Konfliktanalyse" verwenden, mit deren Hilfe ihr Konflikte selbstständig untersuchen könnt.
In diesem Fall handelt es sich um einen offenen Konflikt, dessen Lösung zum jetzigen Zeitpunkt noch nicht absehbar ist.

METHODE

50

Methode

Hier geht es um die Methoden des Faches Politische Bildung. Anhand eines Beispiels lernst du kennen, wie du das Wissen für dieses Fach erarbeiten kannst. Außerdem bekommst du Hilfestellungen, sodass du die Methoden auch praktisch anwenden kannst. Die Methoden des Faches Politische Bildung sind z. B. Erkundungen, Exkursionen oder Auswerten von Daten.

Die EU im Alltag

M1 Schülermeinungen zur Europäischen Union

Viele Staaten – viele Sprachen

In keinem anderen Raum der Erde von vergleichbarer Größe gibt so viele selbstständige Staaten. Europa sieht auf einer politischen Weltkarte wie ein bunter Flickenteppich aus: 2017 zählt man 50 Staaten *, davon sind 28 in der Europäischen Union. Manche dieser Staaten sind flächenmäßig sehr groß, andere, wie Andorra, Monaco oder Liechtenstein, sind sehr klein.
In Europa werden über 60 Sprachen gesprochen. Die Dialekte sind dabei noch nicht einmal mitgezählt. Die Europäische Union hat 24 Amtssprachen. Auch die Schrift ist in Europa nicht einheitlich: Es gibt das lateinische, das griechische und das kyrillische Alphabet.

* Es gibt keine allgemein anerkannte Zahl der europäischen Staaten. Die Zahl 50 hat die EU-Kommission ermittelt.

M2 Die EU – ein großer Binnenmarkt

Antonia und Emma planen eine Interrail-Fahrt in den Sommerferien. Sie brauchen keine Pässe mitzunehmen, weil sie als EU-Bürgerinnen einfach so von Potsdam bis Lissabon und weiter bis Palermo reisen können. Sie müssen noch nicht einmal Geld tauschen, weil alle Länder auf der Strecke den Euro als Währung haben.
Cem war sehr ärgerlich, als er von Berlin nach Paris fliegen wollte, denn sein Flug hatte vier Stunden Verspätung – wegen eines technischen Defekts am Flugzeug. Das Gute ist, er bekommt eine Entschädigung von 250 Euro für die Wartezeit. Die EU hatte eine ent-

120

CHECK UP

Am Ende jedes Kapitels kannst du deine neu erworbenen Kompetenzen überprüfen und trainieren.

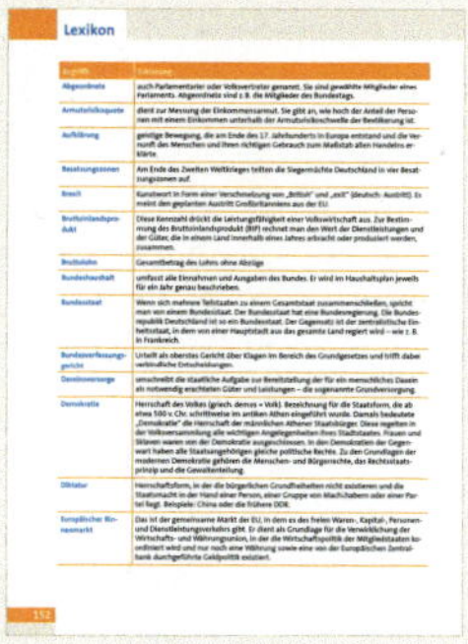

Anhang

Im Anhang des Buches findest du Arbeitstechniken sowie ein Lexikon. Hier kannst du verwendete Fachbegriffe noch einmal nachschlagen.

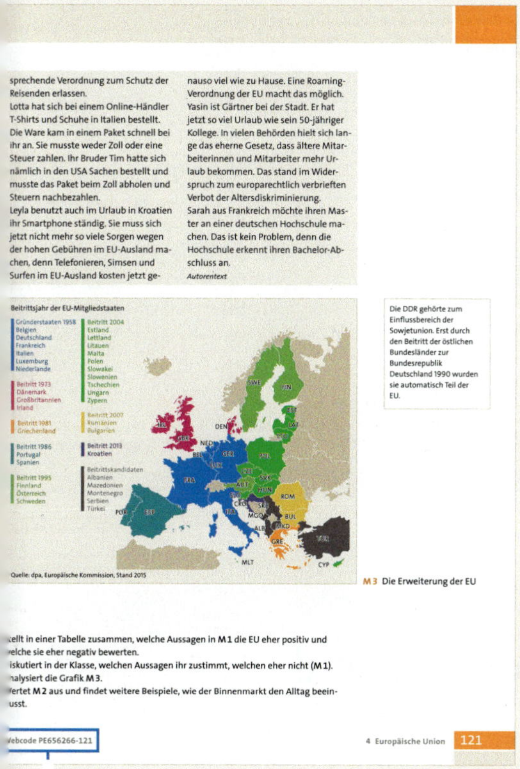

Themenseiten

Die Themenseiten beleuchten jeweils einen zentralen Aspekt innerhalb des Kapitels.
Einleitungstexte geben dir eine kurze Einführung in das Thema. Anschließend kannst du alleine oder in Gruppen das Thema mithilfe der Materialien und Arbeitsaufträge selbstständig erschließen. Würfelsymbole vor den Arbeitsaufträgen zeigen an, auf welchem Niveau sich die Aufgabe ungefähr befindet.

Die Webcodes weisen dich auf Internetseiten hin, auf denen du aktuelle und weitere interessante Informationen findest. Gib den Webcode auf der Internetseite www.cornelsen.de im Fenster oben rechts ein und klicke auf den Pfeil rechts.

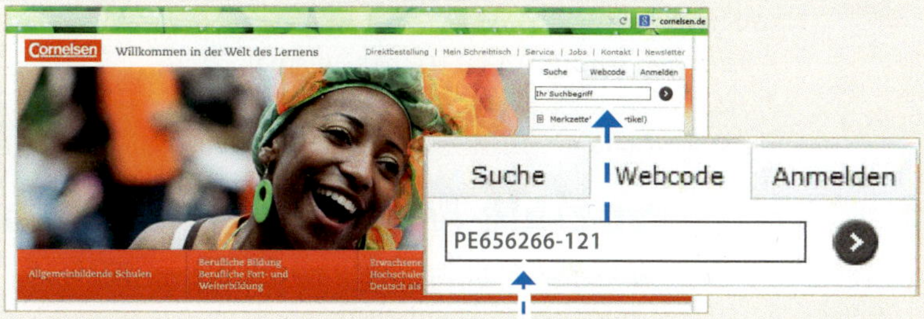

INHALT

Kapitel 1

Demokratie in Deutschland

Kapitel 2

Konflikte und Konfliktlösungen

Kapitel 3

Soziale Marktwirtschaft in Deutschland

Kapitel 4

Europäische Union

Fächerverbindendes Modul „Politik" für den Unterricht im gesellschaftswissenschaftlichen Fächerverbund, passend zu den Geschichts- bzw. Geografie-Modulen in den Cornelsen-Lehrwerken

- Entdecken und verstehen Berlin-Brandenburg 9/10 (ISBN: 978-3-06-064484-1) und
- Forum Geschichte Berlin-Brandenburg 9/10 (ISBN: 978-3-06-064726-2) und
- Unsere Erde Berlin-Brandenburg 9/10 (ISBN: 978-3-06-064831-3)

KAPITEL 1

Demokratie in Deutschland

Im Mittelpunkt dieses Kapitels steht das politische System der Bundesrepublik Deutschland. Zentrale Merkmale und wichtige Grundsätze der deutschen Demokratie sind Themen der folgenden Seiten. Hierzu zählen politische Prinzipien wie die Gewaltenteilung und -kontrolle oder die Elemente der repräsentativen und direkten Demokratie, die politische Willensbildung sowie Entscheidungen wie Wahlen oder der Prozess der Gesetzgebung.

Die Auseinandersetzung mit Gefährdungen der Demokratie und Gefahren für die freiheitlich-demokratische Grundordnung sind ein weiterer inhaltlicher Schwerpunkt dieses Themenfeldes.

In diesem Kapitel könnt ihr erarbeiten,

- *wie unsere Demokratie funktioniert und welche Verfassungsprinzipien gelten,*
- *welche Bedeutung Wahlen in der Demokratie haben und welche Aufgaben Parteien wahrnehmen.*

Was ihr sonst noch machen könnt ...

- *Recherchiert über ein aktuelles politisches Thema in den Medien, das sich mit einer Gesetzesänderung befasst.*

Was bedeutet Demokratie?

Demokratie als Staatsform

Überall, wo Menschen zusammenleben, müssen sie Regeln für ihr Zusammenleben festlegen. Das gilt auch für Staaten. Die Gesamtheit dieser Regeln wird Staatsform genannt. In Deutschland leben wir seit 1949 in der Staatsform der Demokratie.

Der Begriff kommt aus dem Griechischen und bedeutet „Herrschaft des Volkes". Wie diese Volksherrschaft in Deutschland ausgestaltet ist, legt unsere Verfassung, das Grundgesetz, grundlegend fest. Das Bundesverfassungsgericht* hat 1952 in einem Urteil die Kernregeln unter dem Begriff „freiheitliche demokratische Grundordnung" zusammenfassend beschrieben.

M 1 Merkmale einer demokratischen Gesellschaft

1. Im Grundgesetz sind Menschen- und Freiheitsrechte verankert.
2. Jeder ab 18 Jahren darf wählen.
3. Es gibt mehrere Parteien mit unterschiedlichen Programmen.
4. Die Regierung wird gewählt.
5. Das Parlament verabschiedet Gesetze.
6. Jeder Mensch hat das Recht auf Leben.
7. Presse und Internet werden nicht zensiert.
8. Die Gerichte urteilen unabhängig von Vorgaben der Regierung.
9. Jeder Mensch hat das Recht auf Eigentum.
10. Die Regierung kann bei Wahlen abgelöst werden.
11. Die Regierung und die Behörden sind an Gesetze gebunden.
12. Die Mehrheit bestimmt.
13. Es besteht Demonstrationsfreiheit.
14. Es besteht Glaubensfreiheit.
15. Jeder Mensch kann sich einer Partei, einem Verein oder einer Bürgerinitiative anschließen.
16. Minderheiten werden durch Menschenrechte geschützt.
17. Jeder darf seine Meinung frei äußern.
18. Die Gesetze gelten für alle gleich.
19. Es finden regelmäßig Wahlen statt.
20. Bei Wahlen kann man zwischen mehreren Parteien wählen.
21. Eine Opposition kontrolliert die Regierung.
22. Es darf keine Verfolgung von Kritikern der Regierung geben.
23. Jeder Mensch kann seinen Beruf frei wählen.
24. Die staatliche Macht ist auf mehrere Institutionen aufgeteilt, die sich gegenseitig kontrollieren.

M 2 Urteil des Bundesverfassungsgerichts 1952

[...] So lässt sich die freiheitliche demokratische Grundordnung als eine Ordnung bestimmen, die unter Ausschluss jeglicher Gewalt- und Willkürherrschaft eine rechtsstaatliche Herrschaftsordnung auf der Grundlage der Selbstbestimmung des Volkes nach dem Willen der jeweiligen Mehrheit und der Freiheit und Gleichheit darstellt. Zu den grundlegenden Prinzipien dieser Ordnung sind zu rechnen: die Achtung vor den im Grundgesetz konkretisierten Menschenrechten [...], die Volkssouveränität*, die Gewaltenteilung, die Verantwortlichkeit der Regierung, die Gesetzmäßigkeit der Verwaltung, die Unabhängigkeit der Gerichte, das Mehrparteiensystem und die Chancengleichheit für alle politischen Parteien mit dem Recht auf verfassungsmäßige Bildung und Ausübung einer Opposition [...]

Sammlung der Entscheidungen des Bundesverfassungsgerichts, Bd. 2, S. 12 f.

* **Bundesverfassungsgericht** urteilt als oberstes Gericht über Klagen im Bereich des Grundgesetzes und trifft dabei verbindliche Entscheidungen.

* **Volkssouveränität** Das Volk verkörpert die höchste Staatsgewalt.

Mehr zum Thema: Demokratie einfach erklärt

Webcode PE656266-010

Demokratie als Gesellschaftsform

Demokratie als Staatsform kann nur funktionieren, wenn sie auch täglich von Politikerinnen und Politikern und in Behörden umgesetzt wird. Sie muss aber auch im Alltag jedes einzelnen Menschen „gelebt" werden – in der Schule, im Beruf, bei der Vertretung der Interessen von Jugendlichen in der Gemeinde (z.B. in Jugendparlamenten) oder in der Clique.

Nur wenn alle Bürgerinnen und Bürger den jeweils anderen als gleichberechtigt anerkennen, wenn sie mündig über politische Fragen entscheiden und wenn sie selbstbestimmt leben können, dann kann Demokratie wirklich funktionieren. Demokratie ist also auch eine Gesellschafts- und Lebensform.

M4 Das Kinder- und Jugendparlament vertritt seit 2003 die Interessen der Kinder und Jugendlichen des Berliner Bezirks.

M3 Demokratie muss gelernt werden

[...] Kein Mensch wird als politisches Lebewesen geboren [...] Das Schicksal einer lebendigen demokratischen Gesellschaftsordnung hängt davon ab, in welchem Maße die Menschen dafür Sorge tragen, dass das Gemeinwesen nicht beschädigt wird, in welchem Maße sie bereit sind, politische Verantwortung für das Wohlergehen des Ganzen zu übernehmen. Und vor allem: Demokratie ist die einzige politisch verfasste Gesellschaftsordnung, die gelernt werden muss – immer wieder tagtäglich und bis ins hohe Alter hinein [...]

Oskar Negt, Der politische Mensch. Demokratie als Lebensform, Göttingen 2012 S. 13

1 Lest **M 2** und arbeitet heraus, welche drei Ordnungsmerkmale die „freiheitliche demokratische Grundordnung" nach dem Urteil des Bundesverfassungsgerichtes bestimmen.

2 Sucht aus **M 2** auch die „grundlegenden Prinzipien" heraus und ordnet sie den drei Ordnungsmerkmalen zu. Ihr könnt dabei einzelne Prinzipien auch mehreren Ordnungsmerkmalen zuordnen.

3 Ordnet in Gruppenarbeit die einzelnen Punkte aus **M 1** drei Themenfeldern zu und sucht dafür jeweils eine passende Überschrift.

4 Stellt eure Arbeitsergebnisse in der Klasse vor, einigt euch auf einheitliche Überschriften. Haltet das Ergebnis auch auf einer Wandzeitung fest.

5 Lest **M 3** durch und diskutiert in Gruppen mithilfe eures Vorwissens und des Autorentextes, was ein Mensch lernen muss, damit die Demokratie funktioniert. Stellt eure Ergebnisse der Klasse vor.

6 Nehmt Kontakt mit einem Jugendparlament in eurer Nähe auf. Besucht es mit der Klasse.

7 Nehmt Stellung, ob in sozialen Netzwerken Kommentare gelöscht werden sollten, die gegen die Merkmale einer demokratischen Gesellschaft (**M 1**) verstoßen. Vergleicht eure Ergebnisse mit den Punkten 7 und 17 von **M 1**.

Gewaltenteilung und Kontrolle

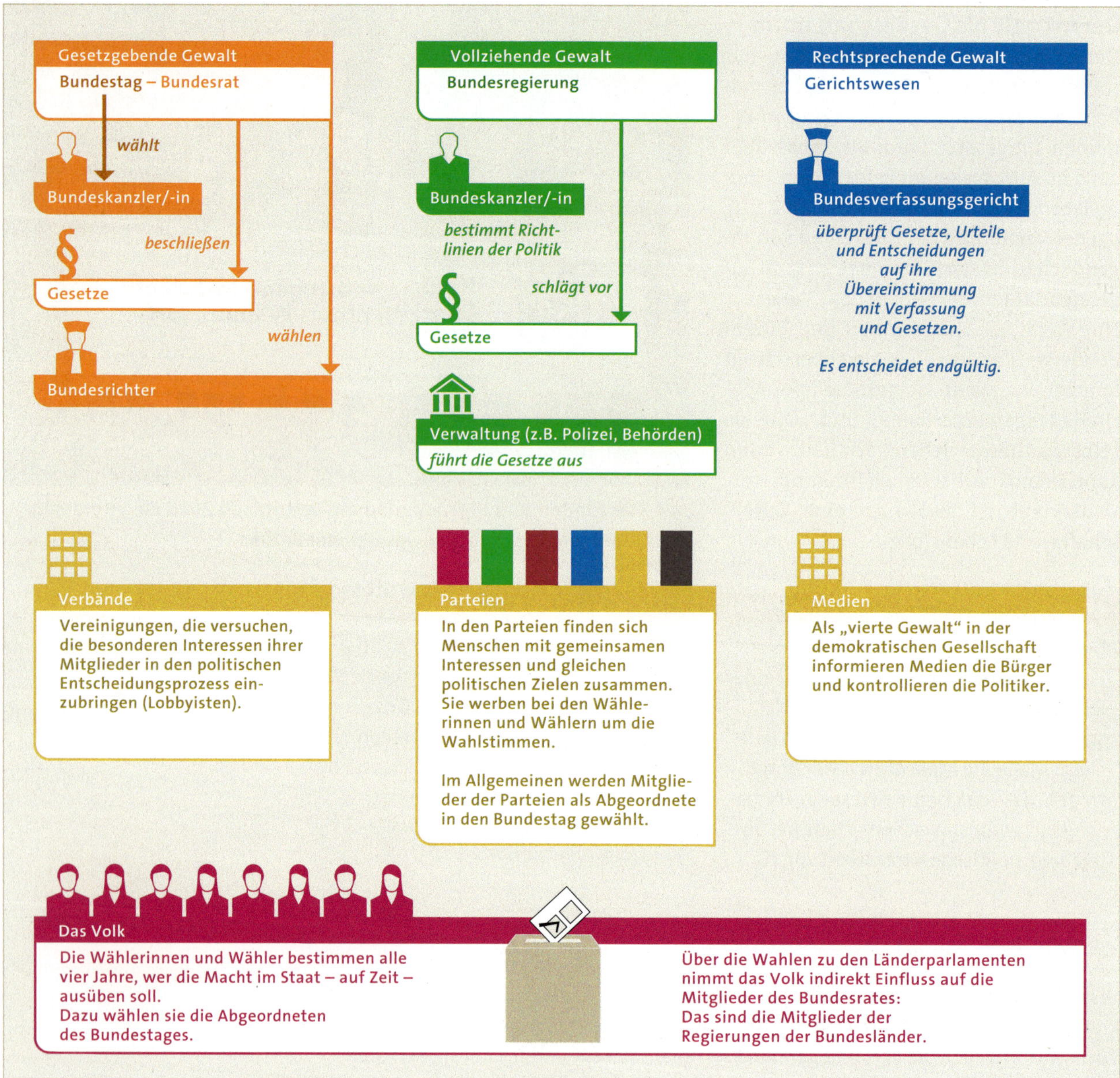

M1 Gewaltenverschränkung in der Bundesrepublik Deutschland

★ **Legislative**
gesetzgebende Gewalt, bei uns Bundestag und Bundesrat

★ **Exekutive**
Bezeichnung für die ausführende Gewalt, also die Regierung mit ihren Ministerien und Behörden

★ **Judikative**
rechtsprechende Gewalt, Gerichte

Gewaltenteilung

In der Zeit des französischen Absolutismus, vor mehr als 350 Jahren, war der König zugleich oberster Gesetzgeber, Regierungschef und höchster Richter. Sein Handeln unterlag keiner Kontrolle.

Der französische Staatsmann Baron de Montesquieu (1689–1755) forderte hingegen die strikte Trennung der drei Gewalten Legislative★, Exekutive★ und Judikative★. Nur wenn diese streng getrennt seien und sich gegenseitig kontrollieren würden, sei eine echte Demokratie möglich. Zusätzlich forderte er die Wahl der Legislative – also des Parlaments – durch das Volk. Seine Vorstellung der strikten Gewaltenteilung ist heute lediglich in den USA verwirklicht.

Gewaltenverschränkung

In unserer parlamentarischen Demokratien wird die Regierung (Exekutive) von der Mehrheit des Parlaments (Legislative) gestellt. Nach einer Wahl zum Bundestag (unsere Legislative) bilden die Parteien die Regierung, die zusammen die Mehrheit gewonnen haben. Die stärkste Partei hat den Anspruch auf das Amt der Bundeskanzlerin / des Bundeskanzlers.

Da die Regierung von der Mehrheit des Parlaments gestellt wird, ist bei uns die Gewaltenteilung zwischen Regierung und Parlament stark geschwächt. Man spricht von einer Gewaltenvermischung oder Gewaltenverschränkung.

Alle wichtigen Vorhaben der Regierung werden in einem Ausschuss der Mehrheitsparteien, dem Koalitionsausschuss, vorberaten und vorentschieden. Auch dadurch ist die Gewaltenteilung aufgehoben, da die Mehrheitsparteien die Gesetze im Bundestag in der Regel so beschließen, wie sie im Koalitionsausschuss verabredet wurden.

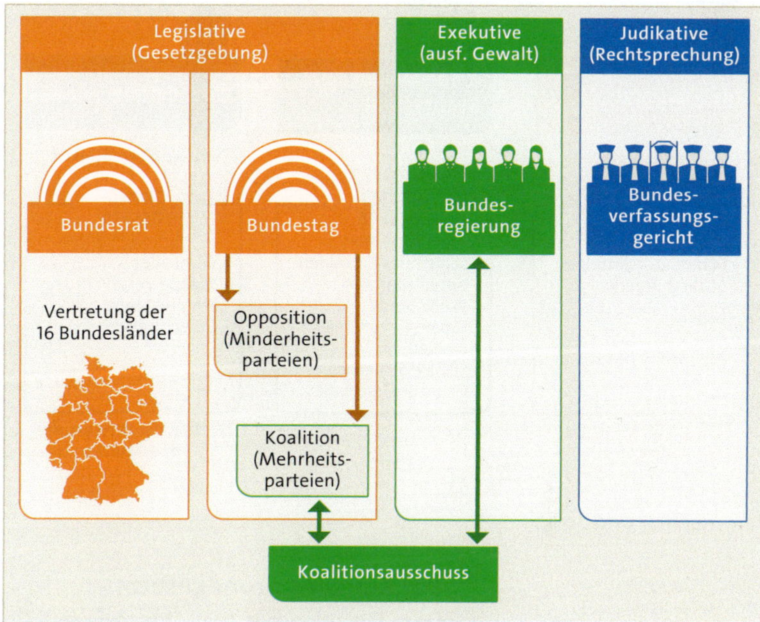

M 2 Gewaltenteilung und Gewaltenverschränkung

Die Opposition übt Kontrolle aus

Die Kontrollfunktion des Parlaments wird im Wesentlichen von der Opposition, den Parteien in der Minderheit, ausgeübt. Da die Opposition jedoch stets die Minderheit ist, kann sie die Kontrolle nicht wirksam ausüben, denn die Mehrheitsparteien werden ihre eigene Regierung fast immer verteidigen und kritische Anträge mit ihrer Mehrheit ablehnen.

Deswegen wird heute die wirksamste Kontrolle des Regierungshandelns durch die sogenannte „vierte Gewalt", durch die freien Medien*, ausgeübt.

Eine weitere sehr wirksame Kontrolle übt das unabhängige Bundesverfassungsgericht aus, das Gesetze auf ihre Übereinstimmung mit dem Grundgesetz überprüft. Da der Bundesrat fast allen wichtigen Gesetzen zustimmen muss, übt auch der Bundesrat (die Vertretung der Bundesländer) eine Kontrollfunktion gegenüber der Bundesregierung aus.

* **Medien**
s. Seite 42 *f*.

1 Untersucht **M 1** und beschreibt, welche Institutionen und Gruppen Macht in unserem Staat ausüben.

2 Erläutert mithilfe von **M 2**, warum man bei unserem Regierungssystem von einer „Gewaltenverschränkung" spricht.

3 Erklärt, welche Möglichkeiten der Kontrolle die Opposition gegenüber der Bundesregierung hat (Text).

4 Diskutiert, warum freie Medien in einer demokratischen Gesellschaft wichtig sind. Nennt Beispiele.

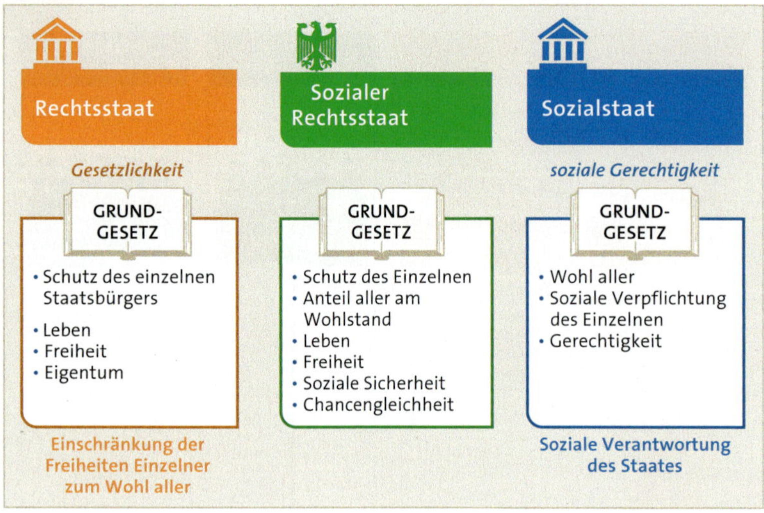

M1 Rechts- und Sozialstaat

Artikel 20 GG

(1) Die Bundesrepublik Deutschland ist ein demokratischer und sozialer Bundesstaat [...]

Artikel 28 GG

(1) Die verfassungsmäßige Ordnung in den Ländern muss den Grundsätzen des republikanischen, demokratischen und sozialen Rechtsstaates im Sinne dieses Grundgesetzes entsprechen [...]

Der Kern des Grundgesetzes

Das Grundgesetz der Bundesrepublik Deutschland enthält die zentralen Werte, die das staatliche Zusammenleben in der „freiheitlichen demokratischen Grundordnung" regeln. Alle Werte leiten sich von den Grundwerten Freiheit, Gleichheit und Menschenwürde oder Solidarität ab. Das Grundgesetz kann an diesen Stellen nicht verändert werden, die Werte gehören zum unveränderlichen Verfassungskern. Allerdings können sie in besonderen Fällen ausgestaltet oder eingeschränkt werden. Dazu gehören:

Grundrechte

Die Grundrechte sind in den Artikeln 1 bis 19 des Grundgesetzes enthalten und mit besonderen Garantien ausgestattet. Sie sind unmittelbar geltendes Recht und können von keiner Staatsgewalt abgeschafft werden. Sie garantieren die Freiheitsrechte der Menschen und binden das Handeln der Gesetzgebung, der Verwaltung und der Rechtsprechung.
Sie können aber durch ein Bundesgesetz ergänzt werden, das Einzelheiten regelt oder ein Grundrecht zum Schutz anderer Personen, der Allgemeinheit oder der „freiheitlichen demokratischen Grundordnung" in besonderen Fällen einschränkt.

Demokratieprinzip

Das Volk übt die Staatsgewalt über seine gewählten Vertreterinnen und Vertreter aus. Dabei gilt das Mehrheitsprinzip. Minderheiten müssen aber die Chance haben, aus der Opposition auch einmal die Mehrheit zu werden.

Bundesstaatsprinzip

Die Bundesrepublik Deutschland besteht aus 16 Bundesländern mit besonderen Rechten und Pflichten. Für die Länder gelten alle Regelungen des Grundgesetzes und sie werden über besondere Organe (Bundesrat) an der Gesetzgebung des Bundes beteiligt.

Rechtsstaatsprinzip

Damit wird allen Bürgerinnen und Bürgern Rechtssicherheit garantiert Das Handeln des Staates ist an Recht und Gesetz gebunden. Die Kontrolle der Machtausübung durch den Staat wird durch die Gewaltenteilung in Gesetzgebungs-, Regierungs- und Justizorgane garantiert. Für alle Bürgerinnen und Bürger gelten dieselben Gesetze und jeder hat das Recht, ein unabhängiges Gericht zur Wahrung seiner Rechte anzurufen.
Damit der Staat nicht „rechtmäßiges Unrecht" begeht, gilt außerdem der Grundsatz, dass alle Gesetze dem Grundgesetz und der Charta der Grundrechte der EU entsprechen müssen. Die Menschen- und Bürgerrechte, Rechtssicherheit sowie das Recht auf faire Gerichtsverfahren müssen garantiert sein.

Sozialstaatsprinzip

Aus dem Gebot zur Achtung der Menschenwürde ergibt sich, dass allen Bürgerinnen und Bürgern ein Existenzminimum* garantiert werden muss. Der Staat muss auch Leistungen der Daseinsvorsorge*, z.B. Versorgung mit Gas, Wasser, Strom, öffentliche Verkehrsmittel, Gesundheitsvorsorge und Bildung, bereitstellen.

* **Existenzminimum**
Es umfasst die Mittel, die zur Befriedigung der materiellen Bedürfnisse notwendig sind, um physisch zu überleben; dies sind vor allem Nahrung, Kleidung, Wohnung und eine medizinische Notfallversorgung.

* **Daseinsvorsorge**
umschreibt die staatliche Aufgabe zur Bereitstellung der für ein menschliches Dasein als notwendig erachteten Güter und Leistungen – die sogenannte Grundversorgung.

M 2 Das Sozialstaatsprinzip

[...] Die Sozialstaatlichkeit ist im Grundgesetz an zwei Stellen verankert, so in Artikel 20, Abs. 1, der den sozialen Bundesstaat fordert, und in Artikel 28, in dem die Bundesrepublik Deutschland als „sozialer Rechtsstaat" bezeichnet wird [...]
Soziale Gerechtigkeit, die zentrale Zielsetzung des Sozialstaates, lässt sich nicht ein für alle Mal verbindlich definieren. Ihre Ausgestaltung hängt ab von der wirtschaftlichen und sozialen Entwicklung sowie dem gesellschaftlichen Bewusstsein. Das Sozialstaatsprinzip ist somit ein dynamisches Prinzip, das den Gesetzgeber verpflichtet, die sozialen Verhältnisse immer wieder neu zu regeln [...]
Sozialpolitik ist nicht auf einen bestimmten Politikbereich beschränkt, sondern greift mit dem Ziel der Angleichung der Lebenschancen und der Verbesserung der Lebensbedingungen in viele Bereiche ein. Kern der Sozialpolitik sind die klassischen Systeme der sozialen Sicherung gegen Lebensrisiken: Alter, Krankheit, Unfall, Pflegebedürftigkeit, Arbeitslosigkeit, [...] Sozialhilfe [...]

Horst Pötzsch: Die Deutsche Demokratie. 5., überarbeitete und aktualisierte Auflage, Bonn 2009, S. 32–33

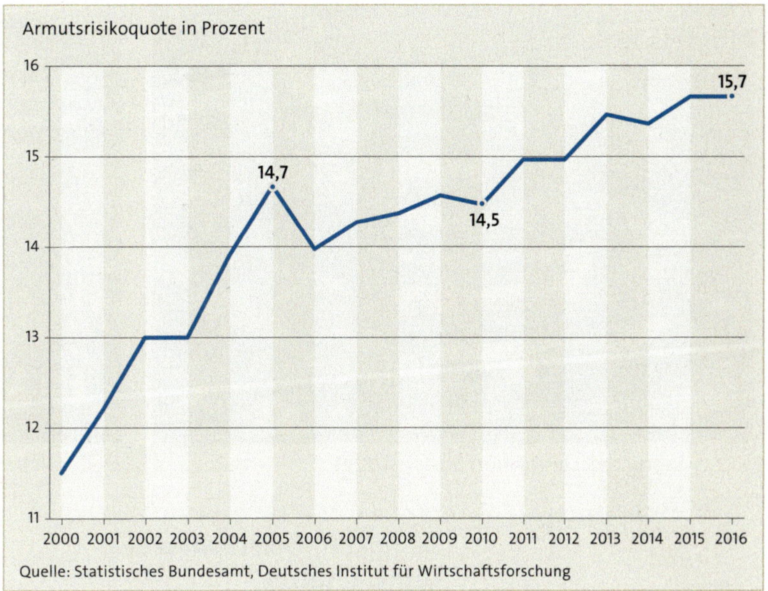

M 3 Armutsrisikoquote* in Prozent: Die Kurve zeigt den Anteil der Deutschen, die weniger als 60 Prozent des durchschnittlichen verfügbaren Einkommens haben. Sie gelten damit als armutsgefährdet.

* **Armutsrisikoquote** dient zur Messung der Einkommensarmut. Sie gibt an, wie hoch der Anteil der Personen mit einem Einkommen unterhalb der Armutsrisikoschwelle der Bevölkerung ist.

1 Erläutert mithilfe des Autorentextes, welche Regelungen und Inhalte des Grundgesetzes nicht geändert werden dürfen.
2 Erarbeitet, welche Grundrechte das Grundgesetz in Artikel 1 bis 19 enthält, und stellt sie in der Klasse vor.
3 Recherchiert im Internet, welche Grundrechte eingeschränkt sind, wählt eines davon aus und erläutert euch in der Klasse gegenseitig, wie und warum es eingeschränkt ist.
4 Erklärt mithilfe von **M 2**, welche Pflichten das Grundgesetz dem Sozialstaat zuweist.
5 Untersucht **M 3** und formuliert die Aussage des Schaubildes in eigenen Worten.
6 Erläutert auf der Grundlage eurer Arbeitsergebnisse das Schaubild **M 1**.
7 Diskutiert in der Klasse darüber, ob die in Schaubild **M 3** dargestellte Entwicklung mit dem Sozialstaatsprinzip vereinbar ist.

Direkte und repräsentative Demokratie

M1 Sitzung des Deutschen Bundestages

M2 Volksversammlung im Schweizer Kanton Appenzell

Demokratieverständnis des Grundgesetzes

Demokratie bedeutet, dass das Volk den Staat selbst regiert. Wie diese Herrschaft ausgeübt wird, dafür gibt es verschiedene Modelle.

Deutschland hat sich im Grundgesetz für die repräsentative parlamentarische Demokratie entschieden. Dabei wird durch Wahlen die staatliche Macht zeitlich begrenzt auf Abgeordnete im Parlament, dem Deutschen Bundestag, übertragen. Die Abgeordneten treffen als Volksvertreter im Bundestag die notwendigen politischen Entscheidungen. Dafür bedarf es jeweils einer Mehrheit der Abgeordneten. Wahlen zum Bundestag finden alle vier Jahre und für den Brandenburgischen Landtag sowie das Berliner Abgeordnetenhaus alle fünf Jahre statt. Die Gewählten sind Abgeordnete des ganzen Volkes und deshalb an das Gemeinwohl* gebunden. Sie sollen aber auch die Wünsche und Erwartungen der Bürgerinnen und Bürger aufgreifen.

Ein anderes Modell ist die direkte Demokratie, in der als Idealvorstellung alle Bürgerinnen und Bürger über alle Fragen abstimmen. Dies ist aber in einem großen Gemeinwesen nur sehr schwer möglich.

Die Schweiz hat viele Elemente der direkten Demokratie in ihre Verfassung übernommen. Dort gibt es auf bundesstaatlicher Ebene ein Parlament und eine Regierung. Die Schweizer können aber in Volksabstimmungen schriftlich oder auf Versammlungen direkt über bestimmte Gesetze und Sachfragen abstimmen. Die Forderung nach einer Volksabstimmung muss von 50 000 Bürgerinnen und Bürgern unterstützt werden.

Mehr direkte Demokratie bei uns?

In Deutschland können die Bürgerinnen und Bürger auf Bundesebene nur bei der Frage der Neugliederung der Bundesländer direkt mitbestimmen. In vielen Bundesländern gibt es aber die Möglichkeit des Volksentscheids. So können in Berlin und Brandenburg Gesetze durch Volksentscheide beschlossen werden.

Seit einiger Zeit gibt es bei uns eine Diskussion um mehr direkte Beteiligungsmöglichkeiten der Bürgerinnen und Bürger auf Bundesebene, so z. B. um die Direktwahl des Bundespräsidenten oder einen Austritt aus der EU.

* **Gemeinwohl**
Gemeinwohl bedeutet hier, dass die Abgeordneten im Interesse aller Menschen im Staat und nicht nur im Sinne einiger Weniger oder einzelner Gruppen entscheiden müssen.

Mehr zum Thema: Volksentscheid einfach erklärt

Webcode PE656266-016

M 3 Argumente für die parlamentarische und die direkte Demokratie

- Abgeordnete haben mehr fachliche Kompetenz bei schwierigen Problemen.
- Das Volk hat mehr Einfluss als nur bei einer Wahl der Abgeordneten alle vier Jahre.
- Politische Entscheidungen werden eher akzeptiert.
- Die Beeinflussung des Volkes durch Demagogen* ist nicht möglich.
- Die öffentliche Debatte über Entscheidungen wird lebendiger.
- Der Schutz von Minderheiten kann besser berücksichtigt werden.
- Ein Machtmissbrauch durch Politiker ist nicht möglich.
- Die Sichtweise des Volkes setzt sich eher durch.
- Die Betroffenen können selbst entscheiden.
- Über ein Problem besser informierte Bürger haben bei Abstimmungen kein Vorteil gegenüber anderen.
- Bei komplizierten Problemen sind nicht immer Ja/Nein-Entscheidungen wie bei Volksbefragungen möglich.
- Abgeordnete haben nicht Einzelinteressen der Bürger, sondern das Gemeinwohl im Blick.
- Nötige, aber unpopuläre Entscheidungen werden im Parlament eher getroffen.
- Einflussreiche Gruppen können keine Mehrheiten für ihre Interessen mobilisieren.
- Bei entsprechenden Quoren* gibt es einen Schutz vor dem Erfolg von Minderheiten.

Nach: Themenblätter im Unterricht/Nr. 88, Direkte Demokratie und Bürgerbeteiligung, bpb

* **Demagogen**
Demagoge ist eine Person, der es gelingt, über Hetze und Verleumdung Teile oder die Masse der Bevölkerung zu beeinflussen und damit Macht auszuüben.

* **Quorum**
ist die Anzahl der Stimmen, die erreicht werden müssen, damit eine Abstimmung gültig ist.

M 4 Gedankenspiel: Ein Problem, zwei Demokratien, verschiedene Ergebnisse

Deutschland: Die Bundesregierung legt dem Bundestag ein Gesetz vor, mit dem die Einkommensteuer um 1 % angehoben werden soll. Mit dem Geld sollen die Länder bei der Verbesserung des Schulsystems unterstützt werden. In der Bevölkerung gibt es dagegen großen Widerstand. Die Mehrheit im Bundestag stimmt dem Gesetz zu. Die Abgeordneten wissen aus Studien, dass Deutschlands Schulen im Ländervergleich schlecht abschneiden. Die Opposition enthält sich. Das Geld für die Schulen ist vorhanden. Die Abgeordneten erhalten aus der Bevölkerung viele Briefe mit der Drohung, sie nicht wieder zu wählen.

Schweiz: Auch hier will die Regierung die Einkommensteuer für eine bessere Bildungsfinanzierung erhöhen und legt dem Parlament ein entsprechendes Gesetz vor. Auch hier gibt es Proteste aus der Bevölkerung. Das Parlament stimmt dem Gesetz mit großer Mehrheit zu. Eine Gruppe von Gegnern sammelt 50 000 Unterschriften für eine abschließende Entscheidung durch das Volk (Volksinitiative). Jetzt ist die Voraussetzung für eine Volksabstimmung erfüllt. Das Gesetz wird dabei abgelehnt. Das Geld für die Verbesserung des Bildungssystems fehlt.

Autorentext

1 Beschreibt **M 1** und **M 2** und erläutert, wie das Volk jeweils die Demokratie ausübt.

2 Ordnet in Gruppenarbeit die Punkte aus **M 3** in einer Tabelle in Argumente für die parlamentarische und die direkte Demokratie.

3 Diskutiert mithilfe der Tabelle die Vor- und Nachteile der beiden Demokratieformen in der Klasse. Stimmt dann darüber ab, welche Form ihr für das bessere Modell haltet.

4 Diskutiert in der Klasse anhand von **M 4** noch einmal die Vor- und Nachteile der verschiedenen Demokratieformen. Wiederholt dann die Abstimmung.

Verfassungsorgane im Gesetzgebungsverfahren

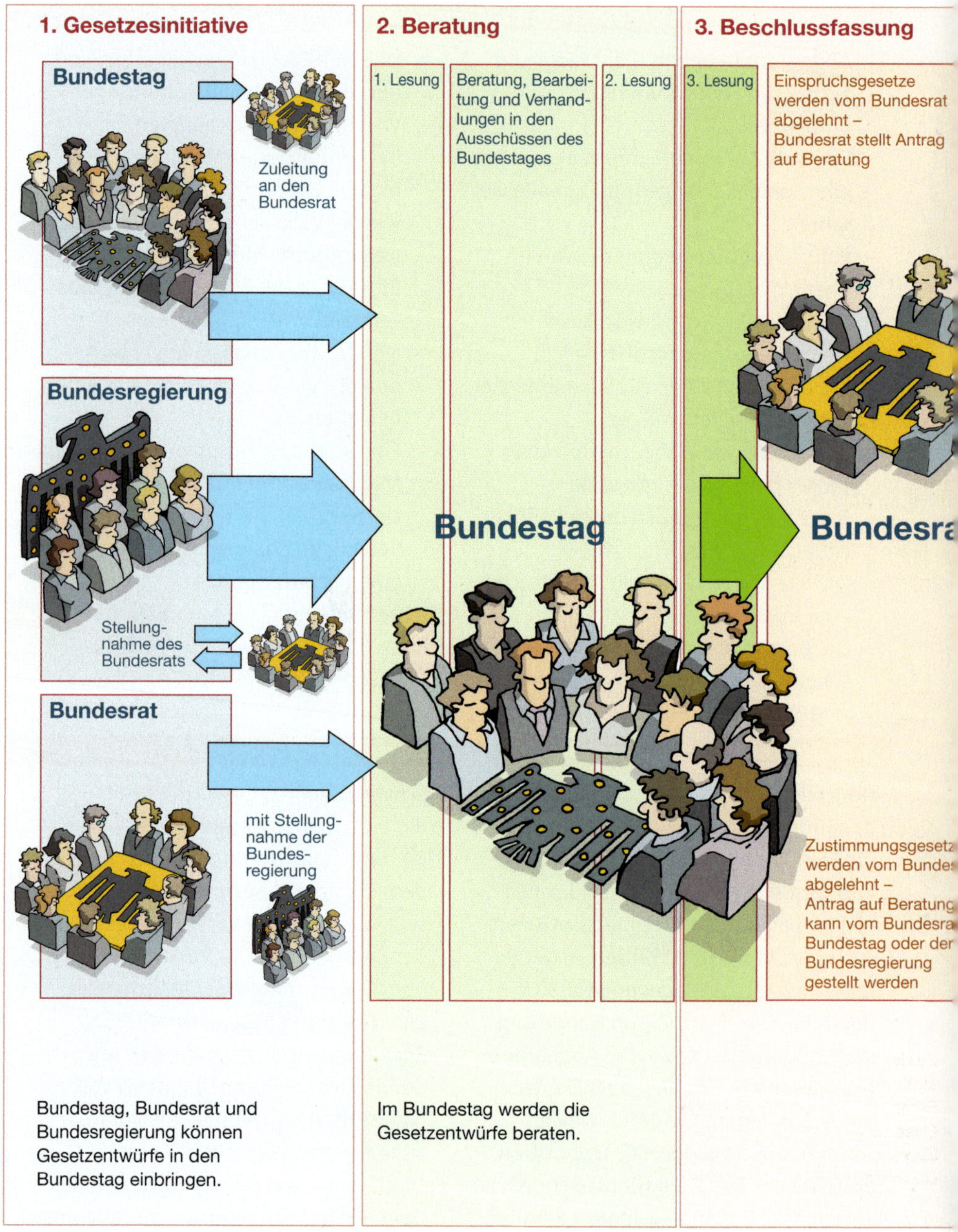

Mehr zum Thema: Gesetzgebung einfach erklärt

Webcode PE656266-018

Konkurrierende Gesetzgebung

In einem Bundesstaat ist die Gesetzgebung äußerst kompliziert. Nach dem Grundgesetz sind die Länder überall dort für die Gesetzgebung zuständig, wo der Bund nicht ausdrücklich verantwortlich ist.

In vielen Bereichen der Bundesgesetzgebung sind die Länder zur Gesetzgebung befugt – solange und soweit der Bund von seinem Gesetzgebungsbereich nicht Gebrauch macht. Diese sogenannte „konkurrierende Gesetzgebung“ macht es erforderlich, dass die Länder über den Bundesrat maßgeblich an der Gesetzgebung des Bundes mitwirken. Außerdem erlässt der Bund in einigen Fällen Rahmengesetze, die von den Ländern auszufüllen sind.

4. Unterzeichnung und Veröffentlichung

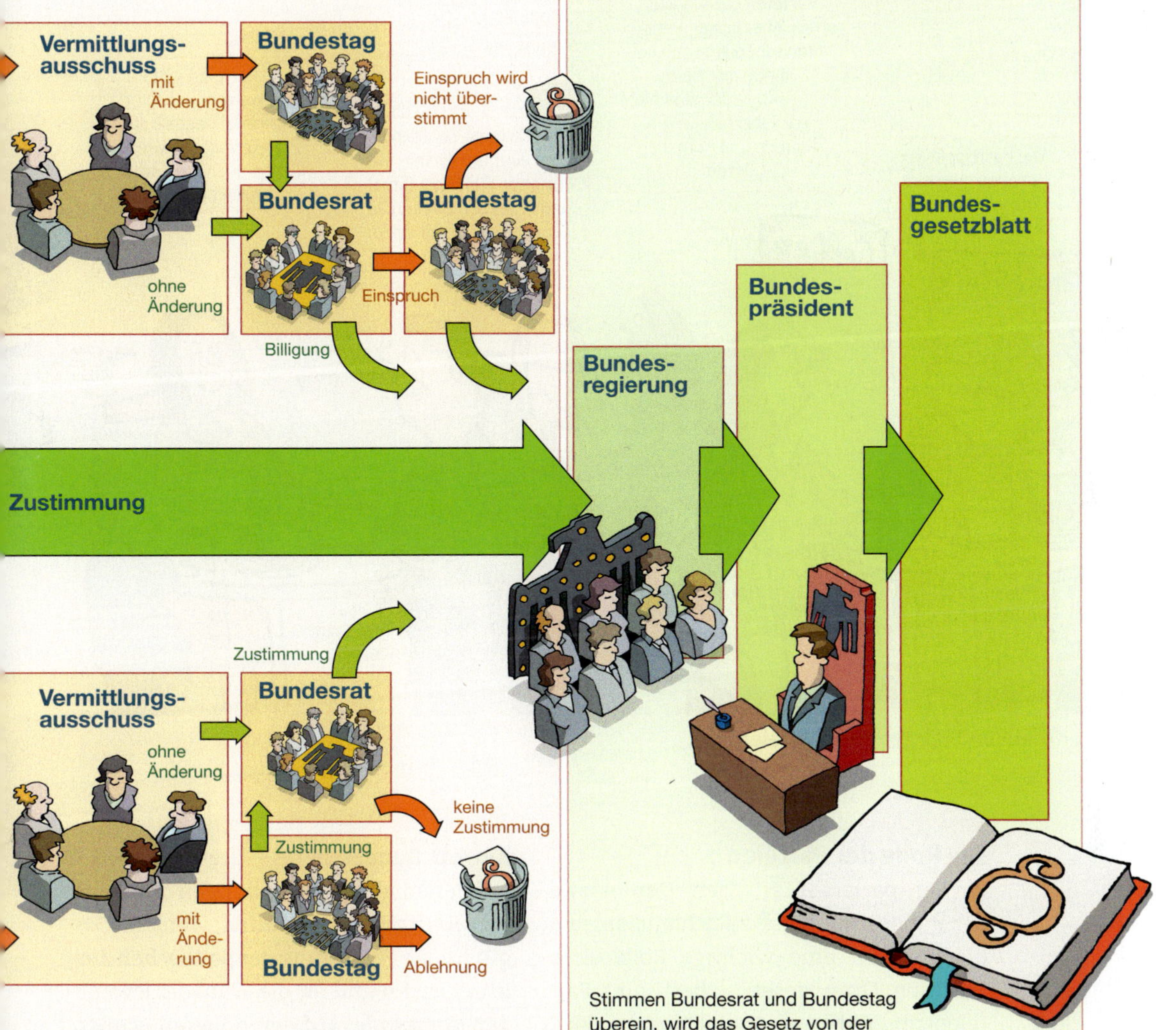

Zu den Gesetzentwürfen finden im Bundestag drei Lesungen statt. Der Beschluss wird dem Bundesrat mitgeteilt. Stimmen Bundesrat und Bundestag überein, kommt das Gesetz zustande. Stimmen Bundesrat und Bundestag nicht überein, kann der Vermittlungsausschuss angerufen werden. Dabei gibt es zwei Möglichkeiten.

Stimmen Bundesrat und Bundestag überein, wird das Gesetz von der Bundesregierung gegengezeichnet, vom Bundespräsidenten unterschrieben und im Bundesgesetzblatt verkündet. Im Gesetz steht, ab wann es gilt.

1 Erklärt einander in Partnerarbeit die wesentlichen Schritte im Gesetzgebungsprozess.

2 Unterscheidet dann zwischen einfachen Gesetzen und zustimmungspflichtigen Gesetzen.

M1 Was denken Bürgerinnen und Bürger über Parteien?

Artikel 21 GG
(1) Die Parteien wirken bei der politischen Willensbildung des Volkes mit. Ihre Gründung ist frei. Ihre innere Ordnung muss demokratischen Grundsätzen entsprechen. Sie müssen über die Herkunft und Verwendung ihrer Mittel sowie über ihr Vermögen öffentlich Rechenschaft geben.

Die Rolle der Parteien

In der parlamentarischen Demokratie der Bundesrepublik Deutschland spielen die Parteien eine wichtige Rolle. Dies wird vom Grundgesetz so bestimmt. Parteien sind notwendig, weil einzelne Bürgerinnen und Bürger allein nur sehr wenig Einfluss auf die politischen Entscheidungen nehmen können. Um ihre Interessen durchzusetzen, können sich deshalb Menschen mit ähnlichen politischen Zielen zu Parteien zusammenschließen.

Alle Rechte und Pflichten der Parteien sind im Parteiengesetz geregelt.

Organisation und Finanzierung

Das Parteiengesetz regelt auch die Organisation und die Finanzierung der Parteien nach demokratischen Prinzipien.

Jede Partei muss auf allen Ebenen des Staates – angefangen bei den Gemeinden, über die Landkreise und Länder bis hin zur Bundesebene – Gremien haben, auf denen alle Entscheidungen durch die Parteimitglieder getroffen werden. Das gilt für die Festlegung der politischen Ziele der Partei und für die Wahl der jeweiligen Vorstände. Auf den höheren Ebenen erfolgt diese Willensbildung durch Vertreterinnen und Vertreter (Delegierte). die von der darunterliegenden Organisationsebene gewählt werden.

Die Mitarbeit in den Parteien ist ehrenamtlich, engagierte Parteimitglieder außerhalb der Parlamente bekommen kein Geld. Trotzdem kostet die Organisation und die politische Arbeit der Parteien viel Geld. Alle Parteien haben hauptamtliche Beschäftigte. Diese organisieren die innerparteiliche Willensbildung mit. Sie führen auch Veranstaltungen durch, stellen Informationsmaterial und Werbebroschüren her und unterstützen die Parteimitglieder in den Wahlkämpfen.

Die Kosten für diese Arbeit werden aus Mitgliedsbeiträgen, Beiträgen der Abgeordneten, Spenden, staatlichen Mitteln und manchmal auch aus Einnahmen von parteieigenen Wirtschaftsunternehmungen (z.B. Druckereien, Zeitungen) finanziert. Die staatlichen Mittel kommen aus dem Bundeshaushalt*. Die Höhe der staatlichen Mittel richtet sich nach dem Erfolg der jeweiligen Partei bei den letzten Wahlen. Bei Spenden über 1000 € müssen die Namen der Spender von den Parteien veröffentlicht werden.

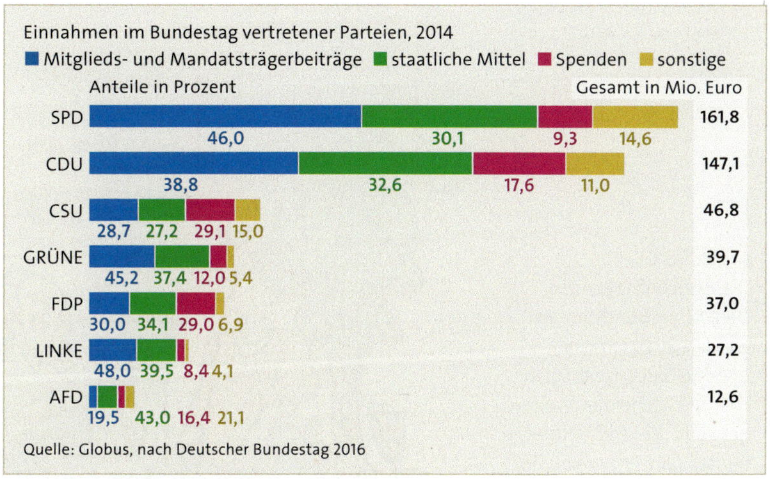

M3 Das Geld der Parteien

M2 § 1 Parteiengesetz

Verfassungsrechtliche Stellung und Aufgaben der Parteien

(1) Die Parteien sind ein verfassungsrechtlich notwendiger Bestandteil der freiheitlichen demokratischen Grundordnung. Sie erfüllen mit ihrer freien, dauernden Mitwirkung an der politischen Willensbildung des Volkes eine ihnen nach dem Grundgesetz obliegende und von ihm verbürgte öffentliche Aufgabe.

(2) Die Parteien wirken an der Bildung des politischen Willens des Volkes auf allen Gebieten des öffentlichen Lebens mit, indem sie insbesondere auf die Gestaltung der öffentlichen Meinung Einfluss nehmen, die politische Bildung anregen und vertiefen, die aktive Teilnahme der Bürger am politischen Leben fördern, zur Übernahme öffentlicher Verantwortung befähigte Bürger heranbilden, sich durch Aufstellung von Bewerbern an den Wahlen in Bund, Ländern und Gemeinden beteiligen, auf die politische Entwicklung in Parlament und Regierung Einfluss nehmen, die von ihnen erarbeiteten politischen Ziele in den Prozess der staatlichen Willensbildung einführen und für eine ständige lebendige Verbindung zwischen dem Volk und den Staatsorganen sorgen.

(3) Die Parteien legen ihre Ziele in politischen Programmen nieder.

Gesetz über die politischen Parteien in der Fassung der Bekanntmachung v. 31.1.1994 (BGBl. I, S. 149), zuletzt geändert durch Art. 1 des Gesetzes v. 22.12.2015 (BGBl. I, S. 2563)

* Der **Bundeshaushalt** umfasst alle Einnahmen und Ausgaben des Bundes. Er wird im Haushaltsplan jeweils für ein Jahr genau beschrieben, s. Seite 101.

1 Erstellt mithilfe des Artikels 21 GG, des Textes und **M 2** eine Aufstellung über die Aufgaben der Parteien in der Demokratie. Findet dabei Beispiele für die einzelnen Punkte.

2 Untersucht mithilfe von **M 3**, woher die Geldmittel der Parteien kommen, und stellt fest, welches die größten Einnahmequellen sind.

3 Erörtert, welches Problem sich für die Parteien aus den Spenden ergeben können.

4 Recherchiert im Internet die Mitgliederentwicklung der im Bundestag vertetenen Parteien und beurteilt, welche Probleme sich daraus für ihre Aufgabenstellung ergeben können.

5 Prüft die Aussagen in **M 1** und nehmt dazu Stellung.

M1 Jugendliche zur Frage: „Interessiert ihr euch für die Wahlen…?"

Artikel 38 GG
Die Abgeordneten des Deutschen Bundestages werden in allgemeiner, unmittelbarer, freier, gleicher und geheimer Wahl gewählt. Sie sind Vertreter des ganzen Volkes, an Aufträge und Weisungen nicht gebunden und nur ihrem Gewissen unterworfen.

Artikel 20 (2) GG
Alle Staatsgewalt geht vom Volke aus. Sie wird vom Volke in Wahlen und Abstimmungen und durch besondere Organe der Gesetzgebung, der vollziehenden Gewalt und der Rechtsprechung ausgeübt.

Wahlen – Ausdruck des Volkswillens

In einer Demokratie hat das Volk die höchste Staatsgewalt: Es bestimmt, was im Staat geschehen soll. Das Grundgesetz (GG) legt in Artikel 20 fest, dass in Deutschland die Ausübung des Volkswillens in Wahlen auf die Parlamentsabgeordneten im Bundestag übertragen wird. Da der Bundestag mit Mehrheit die Regierung wählt, wird dabei auch entschieden, ob die Regierung im Amt bleibt oder wechselt. Demokratisch gewählt werden Vertreter auf zahlreichen Ebenen: die 16 Landtage, die Gemeinde- und Stadträte, die Kreistage und das Europäische Parlament.

Wie wird gewählt?

Der Ablauf der Bundestagswahl ist in den Artikeln 20, 38 und 39 des Grundgesetzes und ausführlicher im Bundeswahlgesetz geregelt. Eine Bundestagswahl findet alle vier Jahre statt.

Wählen – also das aktive Wahlrecht ausüben – darf dabei jeder deutsche Staatsbürger, der nicht vom Wahlrecht ausgeschlossen ist, mindestens 18 Jahre alt ist und mindestens drei Monate in dem jeweiligen Wahlkreis wohnt. Alle Wahlberechtigten sind im Wählerverzeichnis aufgeführt und können ihr Stimmrecht im Wahllokal des Wahlkreises ausüben.

Das passive Wahlrecht – das Recht, als Abgeordnete bzw. Abgeordneter für den Bundestag zu kandidieren – haben alle diejenigen, die auch das aktive Wahlrecht besitzen.

Für die Wahl gelten bestimmte Grundsätze, die die demokratische Form garantieren.

Wählen allein reicht nicht

Der Grundsatz „Alle Staatsgewalt geht vom Volk aus.", darf sich aber nicht auf Wahlen beschränken. Damit Deutschland keine „Zuschauerdemokratie", sondern eine „Beteiligungsdemokratie" wird, reicht das Wählen nicht aus. Alle Bürgerinnen und Bürger sollten in der Zeit dazwischen auch am politischen Leben teilnehmen, sich informieren und ihre Meinung vertreten. So können sie den politischen Meinungsbildungsprozess auch außerhalb von Wahlen mit beeinflussen.

In Berlin wird auf Landesebene das Abgeordnetenhaus, auf Bezirksebene die Bezirksverordnetenversammlung gewählt.

M 2 Wahlgrundsätze

Allgemein: Jede Staatsbürgerin und jeder Staatsbürger darf unabhängig von Geschlecht, Einkommen oder Besitz, Beruf, Bildung, Religion oder politischer Einstellung das Wahlrecht ausüben.
Unmittelbar: Jede Bürgerin und jeder Bürger wählt mit ihrer bzw. seiner Stimme direkt einen Kandidaten oder eine Kandidatin. Es gibt keine Wahlmänner oder -frauen – wie z. B. bei den Präsidentenwahlen in den USA –, die zwischen der Stimmabgabe des Wählers und der Wahl der Kandidaten zwischengeschaltet sind.
Frei: Die Teilnahme an der Wahl ist freiwillig, es besteht kein Wahlzwang. Niemand darf durch Drohungen oder Versprechungen in seinem Wahlverhalten beeinflusst werden. Jeder kann frei auswählen und entscheiden.
Gleich: Jede Wählerin und jeder Wähler besitzt die gleiche Anzahl von Stimmen, die alle gleich viel zählen und nicht z. B. nach Geschlecht, Besitz, Einkommen, Steuerleistung, Bildung oder politischer Überzeugung unterschiedliches Gewicht haben.
Geheim: Die Entscheidung bei der Stimmabgabe darf nicht erkennbar oder nachprüfbar sein. Die Stimme wird deshalb in einer Wahlkabine abgegeben.
Autorentext

M 3 Beteiligungsmöglichkeiten

[...] In den [...] Demokratien bilden Wahlen und Abstimmungen freilich nicht die einzigen Formen demokratischer Partizipation*. Der Bürger kann sich vielfältig politisch engagieren, beispielsweise durch Mitgliedschaft in Parteien oder Gewerkschaften, durch Teilnahme an Demonstrationen, durch Beteiligung am politischen Diskurs [...]
Dieter Nohlen: Wahlrecht und Parteiensystem. Zur Theorie und Empirie der Wahlsysteme, bpb, Bonn 2014, S. 29

M 4 Beteiligungsgarantie

[...] Mit der Garantie der staatsbürgerlichen Freiheitsrechte – wie der Meinungs- und Pressefreiheit, der Demonstrations-, Versammlungs- und Vereinigungsfreiheit – eröffnet das Grundgesetz den Bürgern die Möglichkeit, allein oder vereint mit anderen am politischen Leben teilzunehmen [...]
Jutta Limbach: Die Demokratie und ihre Bürger. Aufbruch zu einer neuen politischen Kultur, München 2003, S. 56 f.

* **Partizipation**
Beteiligung

1 a Besprecht die Meinungen der Jugendlichen in **M 1** und sammelt eure Meinungen zum Thema Wahlen.
b Begründet aus eurer Sicht, welche der dargestellten Personen bei Wahlen die Zielsetzung des Grundgesetzes am besten einlösen.

2 Erklärt, warum es wichtig ist, dass Deutschland keine „Zuschauerdemokratie“ bleibt, und stellt mithilfe von **M 3** und **M 4** zusammen, welche Möglichkeiten es dafür gibt.

3 Zeigt auf, welche Möglichkeiten der Beteiligung es in eurem unmittelbaren Lebensumfeld gibt.

4 Erstellt in Gruppenarbeit ein Flugblatt, mit dem die Bevölkerung aufgerufen wird, an den Bundestagswahlen teilzunehmen.

5 Erörtert, ob das Wählen bei der Bundestagswahl – wie bei Kommunalwahlen – bereits mit 16 Jahren möglich sein sollte.

M 1 Politik – ein Streitthema. Material für eine Umfrage

		++	+	0	–	––
1.	Politik ist ein schmutziges Geschäft!					
2.	Die da oben machen doch nur, was sie wollen!					
3.	Politik geht jeden an!					
4.	Politik ist wichtig, damit man seine Rechte und Interessen durchsetzen kann!					
5.	Die Bürgerinnen und Bürger haben viel zu hohe Ansprüche an die Politiker!					
6.	Es ist ein Nachteil in der Demokratie, dass jeder glaubt, mitreden zu können!					
7.	In der Politik wird viel zu viel gestritten.					
8.	Die Politikerinnen und Politiker sind doch nur auf Stimmenfang aus!					
9.	Die Unzufriedenen sollten sich stärker in der Politik engagieren!					
10.	Die Regierung sollte mehr Macht haben, damit die ewige Streiterei aufhört!					
11.	Die Demokratie ist die beste aller Staatsformen.					
12.	Wenn ich will, kann ich mich einmischen – und das ist mir wichtig!					

Hinweis: Bitte nicht in das Buch schreiben.

++ = stimme der Ansicht sehr zu, + = stimme im Großen und Ganzen zu, 0 = ich bin unentschieden,
– = lehne die Ansicht im Großen und Ganzen ab, –– = lehne die Ansicht entschieden ab.

M 2 Aus der Shell-Studie 2015

[...] Immer mehr Jugendliche zeigen politisches Interesse. Im Vergleich zu nur 30 Prozent im Jahr 2002 bezeichnen sich 2015 rund 41 Prozent der Jugendlichen als „politisch interessiert“. Männliche Jugendliche sind häufiger an Politik interessiert als weibliche. Mit dem politischen Interesse ist die Bereitschaft zur Beteiligung an politischen Aktivitäten verbunden. Die etablierten Parteien profitieren davon jedoch nicht, denn die Politikverdrossenheit bleibt weiter hoch. Jugendliche bringen den Parteien wenig Vertrauen entgegen, genauso wie großen Unternehmen, Kirchen und Banken. Das größte Vertrauen genießen Polizei, Gerichte sowie Menschenrechts- und Umweltschutzgruppen [...]
Fast sechs von zehn Jugendlichen haben sich schon einmal an einer oder mehreren politischen Aktivitäten beteiligt. An der Spitze stehen dabei der Boykott von Waren aus politischen Gründen und das Unterzeichnen von Petitionen. Online-Petitionen sind beliebter als Unterschriftenlisten. Jeder Vierte hat bereits an einer Demonstration teilgenommen, und jeder zehnte engagiert sich in einer Bürgerinitiative [...]

17. Shell-Jugendstudie: Jugend und Politik, zit. nach: http://www.shell.de/aboutshell/our-commitment/shell-youth-study-2015/politics.html (Zugriff: 18. 8. 2017)

1 Erarbeitet in Partnerarbeit eure Meinungen zu den Aussagen von **M 1** und notiert das Ergebnis in eurer Arbeitsmappe.

2 Fasst eure Meinungen über Politik in einer Aussage zusammen.

3 Analysiert die Ergebnisse der Shell-Studie (**M 2**): Wo stellt ihr Gemeinsamkeiten, wo Unterschiede fest zu euren Ergebnissen aus Aufgabe 1?

4 Erklärt die Ergebnisse der Shell-Studie (**M 2**) mit den Aussagen von **M 4**. Ergänzt die Liste in **M 4** um weitere Voraussetzungen.

5 Erläutert, was die in **M 3** dargestellten Beispiele politischer Beteiligung im Einzelnen bedeuten und welche Möglichkeiten auch Jugendlichen offenstehen.

6 Diskutiert, bei welchen dieser Beispiele in **M 3** ihr euch eine Mitwirkung vorstellen könntet.

M3 Möglichkeiten politischer Beteiligung

M4 Voraussetzung für jugendliches Engagement

In der Shell-Studie liest man weiter zum Thema „Voraussetzungen für jugendliches Engagement“:

1. Es darf keine Chefs geben, keine Altfunktionäre, die das Sagen haben.
2. Jugendliche wollen „Spaß haben“, auch bei der Beschäftigung mit ernsten Angelegenheiten. Sie sind nicht bereit, ihre Freizeit für Termine zu opfern, die sie als „Stress“ empfinden.
3. Wenn sie sich schon engagieren, wollen sie Gelegenheit haben, auch Freundschaften zu schließen.
4. Sie sind nicht bereit, lange zu taktieren und über Kompromisse zu reden, sondern bevorzugen eindeutige, punktgenaue, zeitlich begrenzte Interessengruppen.
5. Action ist angesagt, keine lange Schulung.
6. Jugendliche setzen sich für konkrete Dinge ein, z. B. Rücknahme einer Abschiebungsverfügung [...]
7. Man muss jederzeit wieder aussteigen können, wenn das Weitermachen nicht mehr sinnvoll und spannend erscheint [...]

17. Shell-Jugendstudie: Jugend und Politik, zit. nach: http://www.shell.de/aboutshell/our-commitment/shell-youth-study-2015/politics.html (Zugriff: 18.8.2017)

Das Wahlplakat als Werbemittel

Im Wahlkampf setzen die Parteien neben Programmen, Broschüren und Flugblättern als zentrales Werbemittel auch Wahlplakate ein.
Die Parteien wollen die Wählerinnen und Wähler damit informieren, zur Wahl aufrufen und sie dazu bewegen, ihre Kandidatinnen und Kandidaten oder die Partei zu wählen.
Ob Wahlplakate das richtige Mittel sind, darüber besteht unter Wahlforschern keine Einigkeit. Einige sagen, dass Plakate wenig bewegen, andere sind der Ansicht, dass damit ein Teil der Wechselwähler/-innen gewonnen und Stammwähler/-innen gehalten werden können. Einig sind sie sich allerdings darin, dass die Wirkung von Wahlplakaten immer vor dem Hintergrund der Arbeit der Parteien zwischen den Wahlen, der Glaubwürdigkeit ihrer Politik und dem Auftreten ihrer Kandidaten betrachtet werden muss.
Trotzdem betreiben die Parteien für die Gestaltung ihrer Plakate einen großen Aufwand und setzen viel Geld ein. Sie engagieren dafür Werbeagenturen und politische Berater, die ihren Plakaten eine möglichst hohe Werbewirksamkeit verschaffen sollen.

M1 Checkliste für die Analyse von Wahlplakaten

1. Schritt: Analyse der Botschaft

1. Welches zentrale Thema wird angesprochen und ist eine eindeutige Botschaft erkennbar?
2. Wird eine politische Aussage getroffen und mit welchen Argumenten?
3. Wird ein bestimmter Kandidat bzw. eine Kandidatin abgebildet oder soll ein bestimmtes Thema vermittelt werden?
4. Wie und wodurch ruft das Plakat zur Wahl der Partei auf?
5. Wird das Thema in der Öffentlichkeit schon mit der Partei verbunden?
6. Ist die Botschaft auch für Menschen verständlich, die der Partei nicht nahestehen?

2. Schritt: Analyse der Werbewirksamkeit

1. An wen richtet sich das Plakat (z. B. junge oder ältere Wählerinnen und Wähler, Wechselwählerinnen und -wähler, Stammwählerinnen und -wähler)?
2. Sind die wichtigen Botschaften des Plakates von Weitem beim Vorbeifahren oder Vorbeilaufen zu erkennen oder ist eine genauere Betrachtung notwendig?
3. Welche Farben werden verwendet und welche Wirkung sollen sie haben?
4. Ist das Plakat ansprechend gestaltet und gibt es etwas, das den Blick einfängt?
5. Werden einzelne Wörter, kurze Sätze oder komplizierte Sätze verwendet?
6. Welche Sprache wird verwendet (z. B. Jugendsprache, locker oder eher trocken)?
7. Soll das Plakat den Wählerinnen und Wählern Informationen vermitteln, positive Gefühle auslösen, provozieren oder noch eine andere Wirkung haben?

3. Schritt: Analyse des Gesamteindrucks

1. Ist das Plakat in seiner Gesamtgestaltung überzeugend?
2. Könnte euch das Plakat zum Wählen der Partei bewegen?

Nach: Bundeszentrale für politische Bildung: Wahlplakate analysieren, http://www.bpb.de/lernen/grafstat/grafstat-bundestagswahl-2013/166836/z-05-01-wahlplakate-analysieren (Zugriff: 1.12.2016)

M2 Wahlplakate zur Bundestagswahl 2017 von Bündnis 90/Die Grünen, SPD, CDU, Die Linke und FDP. Die AfD hat dem Verlag keine Erlaubnis zur Darstellung eines Wahlplakates gegeben.

1 Setzt euch in Gruppen zusammen und analysiert dort jeweils eines der Plakate mithilfe der Checkliste M1.

2 Fasst eure Ergebnisse in einem kurzen Text zusammen und stellt sie der Klasse vor.

Der Deutsche Bundestag tagt seit 1999 im Reichstagsgebäude in Berlin.

★ Eine **relative Mehrheit** hat, wer mehr Stimmen auf sich vereint als jeder andere.

Die **absolute Mehrheit** hat, wer mehr als 50 % der Stimmen gewinnt.

Aus Wählerstimmen werden Parlamentssitze

Wenn die Wählerinnen und Wähler am Wahlsonntag ihre Stimmen für den Deutschen Bundestag abgegeben haben, dann müssen die Stimmen in Parlamentssitze umgerechnet werden. Dafür gibt es unterschiedliche Wege, die Wahlsysteme genannt werden. Sie lassen sich aber auf zwei Grundmodelle zurückführen: die Mehrheits- und die Verhältniswahl. Angestrebt wird, dass

- einerseits der Wählerwille möglichst genau im Parlament abgebildet wird und
- andererseits regierungsfähige Mehrheiten gebildet werden können.

Jedes System hat Vor- und Nachteile.

Mehrheitswahl – Wahl von Personen

Das Wahlgebiet wird in so viele Wahlkreise aufgeteilt, wie insgesamt Sitze im Parlament zu vergeben sind. Der Kandidat oder die Kandidatin mit den meisten Stimmen im Wahlkreis zieht ins Parlament ein. Da die Stimmen für Personen abgegeben werden, spricht man auch von einer Persönlichkeitswahl.

In manchen Ländern – z. B. in Frankreich – muss der siegreiche Kandidat die absolute Mehrheit★ der Stimmen erhalten. Bei einer relativen Mehrheit muss es eine Stichwahl zwischen den beiden erstplatzierten Kandidaten geben.

Beim Mehrheitswahlrecht werden die Stimmen der unterlegenen Kandidaten bei der Parlamentsbildung nicht berücksichtigt. Man sagt, sie gehen „verloren“. Infolgedessen ist die politische Meinung eines großen Teiles der Bevölkerung nicht im Parlament repräsentiert. Der Wählerwille wird so nicht ausreichend berücksichtigt. Weil beim Mehrheitswahlrecht große Parteien mit vielen Wählern bevorzugt werden, sind die Kandidaten kleinerer Parteien chancenlos. Deshalb kann es passieren, dass sich Wählerinnen und Wähler der unterlegenen Parteien nicht im Parlament vertreten fühlen. Auf der anderen Seite ergeben sich durch das Mehrheitswahlrecht klare Parlamentsmehrheiten, die die Regierungsbildung und die Arbeit im Parlament erleichtern.

Beim Mehrheitswahlrecht entsteht zwischen dem Gewählten und seinen Wählern ein engerer Kontakt. Gegenüber seiner Partei hat der direkt gewählte Abgeordnete eine starke Position, seine Partei kann ihm anders als im Verhältniswahlsystem nur wenige Vorschriften machen. Das Mehrheitswahlsystem wird in Großbritannien und in Frankreich angewendet. Es hat dort dazu geführt, dass sich über einen langen Zeitraum hinweg wenige große Parteien in der Regierung abgewechselt haben.

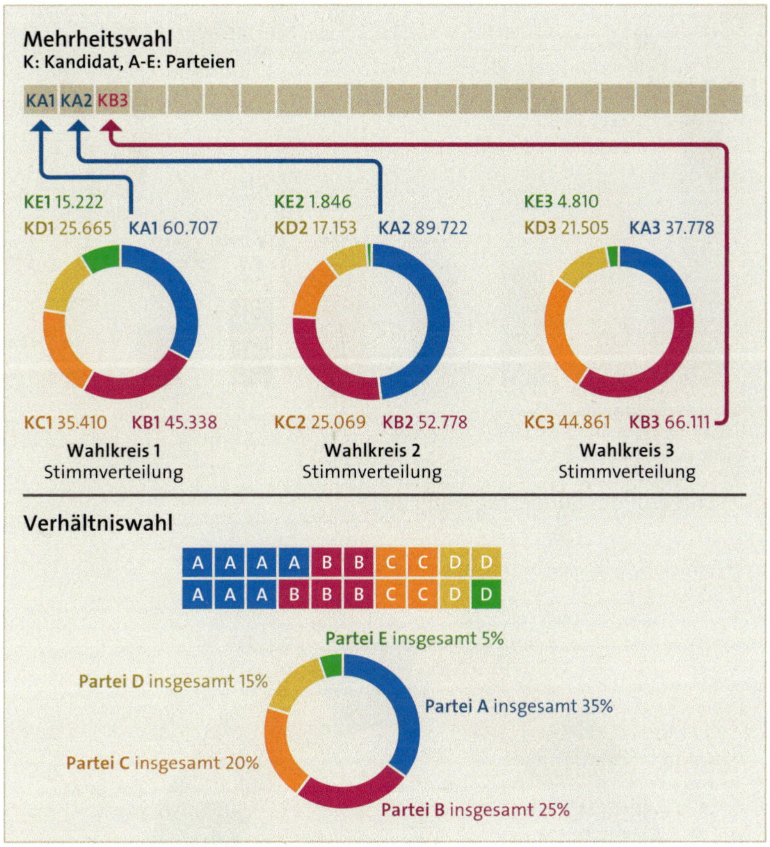

M1 Mehrheits- und Verhältniswahl

Verhältniswahl – Wahl von Parteien

Beim Verhältniswahlrecht muss die Zahl der Wahlkreise nicht der Zahl der im Parlament vergebenen Sitze entsprechen. Das reine Verhältniswahlrecht kennt keine direkt gewählten Kandidaten. Angekreuzt wird die Liste einer Partei. Damit hat man die von der Partei aufgestellten Kandidaten in der Reihenfolge der Liste gewählt. Die prozentual auf eine Partei entfallenden Wählerstimmen legen fest, mit wie vielen Abgeordneten sie im Parlament vertreten ist. Im Verhältniswahlrecht entspricht die Zusammensetzung des Parlaments genau dem Wählerwillen – keine Stimme geht „verloren". Auch kleinere Parteien sind im Parlament vertreten. Das kann zu einer Zersplitterung des Parlaments in viele Parteien führen. In einem in viele Parteien zerfaserten Parlament ist die Bildung von Mehrheiten und die Regierungsbildung schwierig. Der Kontakt zwischen Wählerinnen und Wählern und Gewählten ist nicht so eng wie im Mehrheitswahlsystem. Die Abgeordneten, die im Verhältniswahlrecht von der Liste einer Partei gewählt werden, fühlen sich den einzelnen Wählerinnen und Wählern im Wahlkreis nicht so sehr verpflichtet. Sie sind stärker als die im Mehrheitswahlrecht gewählten Abgeordneten von „ihrer" Partei abhängig, da die Parteien die Wahllisten erstellen. Bei der Aufstellung der Listen für die nächsten Wahlen in den Parteiversammlungen konkurrieren alle Kandidaten um einen vorderen chancenreichen Listenplatz.

1 Fasst zusammen, welche Aufgaben und welche Ziele ein Wahlsystem hat (Text).

2 Erklärt anhand des Textes und **M1**, wie nach dem Mehrheits- und dem Verhältniswahlrecht Wählerstimmen in Parlamentssitze umgerechnet werden.

3 Fertigt zwei Tabellen an, in der ihr jeweils die Vor- und die Nachteile beider Wahlsysteme einordnet.

4 Erörtert in Gruppen, wie ein Wahlsystem aussehen könnte, in dem die Vorteile beider Wahlsysteme erhalten bleiben und die Nachteile nicht so sehr ins Gewicht fallen.

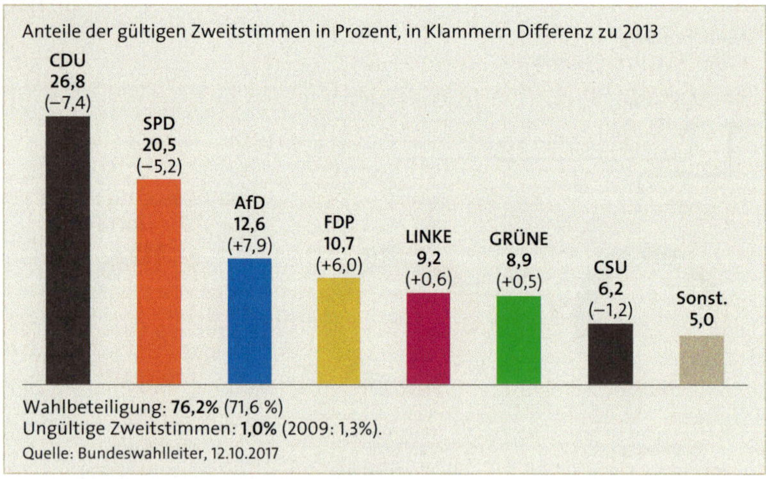

M1 Ergebnis der Bundestagswahl 2017

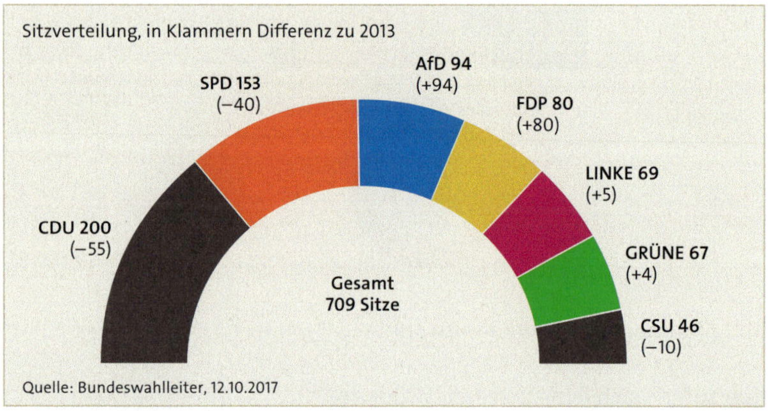

M2 Sitzverteilung im 19. Bundestag

Der Eingangsbereich zum Bundeskanzleramt in Berlin.

Die Regierungsbildung

Die Bundesregierung besteht aus dem Bundeskanzler bzw. der Bundeskanzlerin und den Bundesministerinnen und -ministern. Die Regierung ist die Spitze der Exekutive. Sie hat neben dem Bundestag und Bundesrat das Recht, Gesetze in den Bundestag einzubringen.

In der Geschichte der Bundesrepublik Deutschland gelang es bisher keiner Partei allein, die Regierungsmehrheit zu erlangen. Stets mussten Koalitionen gebildet werden. Die stärkste Fraktion meldet nach der Wahl den Anspruch an, den Bundeskanzler oder die Bundeskanzlerin zu stellen. Diese Fraktion führt Gespräche mit anderen Parteien, mit denen die größte inhaltliche Übereinstimmung besteht. Das Ziel ist, ein Bündnis zu bilden. In langwierigen Gesprächsrunden wird ein Koalitionsvertrag ausgehandelt. Hier werden die Ziele der neuen Regierung für die nächsten vier Jahre festgelegt. Erst dann wird der Kanzler oder die Kanzlerin im Bundestag mit den Stimmen der Mehrheit der Abgeordneten gewählt und vom Bundespräsidenten ernannt. Bei der Wahl des Bundeskanzlers bzw. der Bundeskanzlerin ist eine absolute Mehrheit von 50 Prozent plus eine Stimme erforderlich.

Die Bundesministerinnen und -minister kommen meist aus den Parteien der Koalition. Sie werden vom Bundespräsidenten auf Vorschlag des Bundeskanzlers oder der Bundeskanzlerin ernannt.

Das Kanzleramt

Die Bundeskanzlerin/der Bundeskanzler bestimmt nach Artikel 65 GG die Richtlinien der Politik. Sie/er entscheidet, welche Ministerinnen und Minister vom Bundespräsidenten ernannt und entlassen werden. Da nur die Kanzlerin/der Kanzler vom Bundestag gewählt wird, steht sie/er allein gegenüber dem Parlament in direkter Verantwortung.

Die Amtszeit ist in der Regel identisch mit der Legislaturperiode (Wahlperiode) des

Bundestages. Die Kanzlerin/der Kanzler kann nur durch die Wahl einer neuen Kanzlerin/eines neuen Kanzlers abgewählt werden (konstruktives Misstrauensvotum). Eine vorzeitige Beendigung der Amtszeit ist durch einen freiwilligen Rücktritt möglich. Die Kanzlerin/der Kanzler kann jedoch auch die Vertrauensfrage an die Abgeordneten richten. Verweigert der Bundestag das Vertrauen, so kann sie/er zurücktreten. Der Bundestag wählt daraufhin einen neuen Bundeskanzler bzw. Kanzlerin. Möglich ist ebenso eine Auflösung des Bundestages durch den Bundespräsidenten. Als Folge muss der Bundestag neu gewählt werden.
Mit dem Bundeskanzleramt verfügt die Kanzlerin/der Kanzler über eine Einrichtung, die die Regierungsarbeit aufeinander abstimmt. Der Kanzlerin/dem Kanzler untersteht außerdem das Bundespresseamt, das die Öffentlichkeit über die Politik der Bundesregierung unterrichtet.

Funktionsweise und Aufgaben der Bundesregierung

Die Kanzlerin/der Kanzler bestimmt die Richtlinien der Politik. Jeder einzelne Minister bzw. Ministerin ist allerdings für ihren/seinen Aufgabenbereich allein verantwortlich. Minister/-innen und Kanzler/-in bilden zusammen die Bundesregierung, die gemeinschaftlich über die von der Bürokratie erarbeiteten Vorlagen entscheidet.
Den einzelnen Ministerien sind die obersten Bundesbehörden unterstellt – z.B. die Bundesagentur für Arbeit, die Bundesfinanzverwaltung, das Bundeskriminalamt oder die Bundespolizei.
Eine wichtige Aufgabe der Ministerien ist die Vorbereitung von Gesetzen. Die meisten Gesetzesvorlagen gehen von hier aus zum Bundestag und Bundesrat. Auch wenn der Bundestag die Gesetzesinitiative ergreift, werden die fachlichen Aspekte weitgehend in den Ministerien erarbeitet.

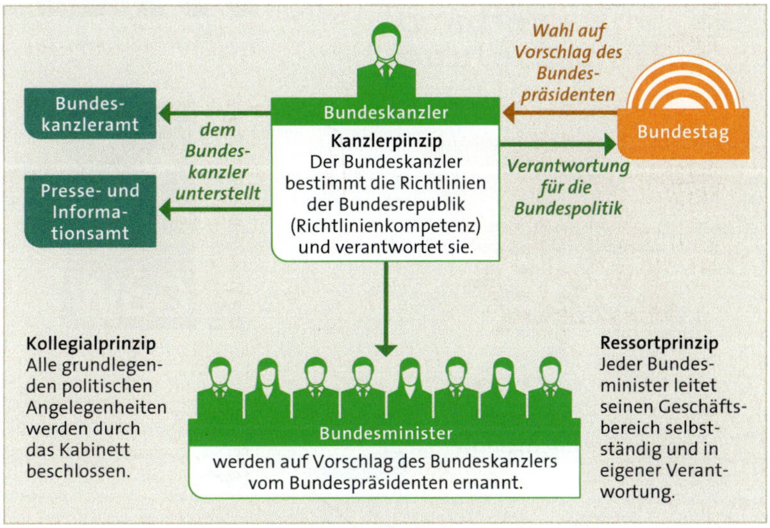

M3 So arbeitet die Bundesregierung

Bundeskanzler/-in ...	Bundesregierung ...	Opposition ...
bestimmt die grundsätzlichen Richtlinien der Regierungspolitik	arbeitet Gesetzesvorlagen aus und bringt diese in den Bundestag zur Abstimmung ein	gestaltet in Teilbereichen die Politik konstruktiv mit
schlägt die Bundesministerinnen und -minister dem Bundespräsidenten zur Ernennung bzw. Entlassung vor	nimmt Stellung zu Gesetzesvorlagen des Bundesrates	kritisiert und kontrolliert die Regierungstätigkeit
übernimmt im Verteidigungsfall die Befehlsgewalt über die Bundeswehr	erlässt Rechtsverordnungen und Verwaltungsvorschriften zur Umsetzung von Bundesgesetzen	versucht, eigene politische Ziele bei der Gesetzgebung durchzusetzen
kann über den Bundestagspräsidenten eine Bundestagssitzung beantragen	kontrolliert die Ausführung der Bundesgesetze durch die Bundesländer	hält sich für die Übernahme der Regierungsverantwortung bereit

M4 Aufgabenverteilung der Bundesregierung und der Opposition

1 Wertet das Ergebnis der Bundestagswahl 2017 aus (M1).
2 Erläutert, welches Problem sich aus der Sitzverteilung (M2) für die Regierungsbildung ergibt, wenn die absolute Mehrheit (mindestens 50 Prozent) benötigt wird.
3 Erklärt mit M3 und M4 die Arbeit der Bundesregierung und der Opposition.

M1 Logos großer Interessenverbände

Artikel 9 GG
(1) Alle Deutschen haben das Recht, Vereine und Gesellschaften zu bilden.

Die organisierte Gesellschaft

Bürgerinnen und Bürger brauchen die Möglichkeit, sich in Gruppen zu organisieren, um ihre Interessen zu vertreten und sich wirksam am gesellschaftlichen Geschehen zu beteiligen. Solche Vereinigungen und ihre politischen Aktivitäten sind in einer parlamentarischen Demokratie unbedingt notwendig, sie sind der verlängerte politische Arm der Bürgerinnen und Bürger. Dies wird auch von vielen Menschen genutzt, die sich mit Gleichgesinnten in Vereinen und Verbänden zusammengeschlossen haben. In Deutschland gibt es über 240 000 Vereine mit insgesamt 72 Millionen Mitgliedern.
Nicht alle dieser Vereinigungen vertreten politische Interessen. Aber es gibt auch viele Bürgerinitiativen, in denen sich Menschen meist zeitlich begrenzt zusammenschließen. Sie finden sich meist zu einem eng begrenzten lokalen politischen Thema (z.B. für die Einrichtung eines Jugendhauses oder die Betreuung eines Flüchtlingsheimes) zusammen und versuchen auf Politikerinnen und Politiker Einfluss zu nehmen.

Politische Interessenverbände

Als eigentliche Interessenverbände werden Verbände bezeichnet, die gut organisiert und über einen langen Zeitraum hinweg rein politische Interessen verfolgen. Sie haben einen Hauptzweck: politische Entscheidungen in Gemeinden, Ländern und auf Bundesebene im Sinne ihrer Interessen und Ziele zu beeinflussen. Dafür suchen sie engen Kontakt zu Regierungsmitgliedern, hohen Beamten in den Ministerien der Regierungen und Parlamentariern. Genutzt wird aber auch die Öffentlichkeitsarbeit durch Broschüren und eine intensive Arbeit in den Medien.
Im Jahr 2017 waren 2 325 solcher Organisationen bundesweit tätig und in einer beim Bundestag geführten Liste verzeichnet (Stand Mai 2017). Sie werden von den Parlamenten zu Anhörungen eingeladen. Offiziell werden diese Organisationen auch als Lobby* oder Lobbyisten bezeichnet.

* **Lobby**
ursprüngliche Bezeichnung für die Vorhalle des britischen Parlaments, in der die Interessenvertreter mit den Abgeordneten sprachen

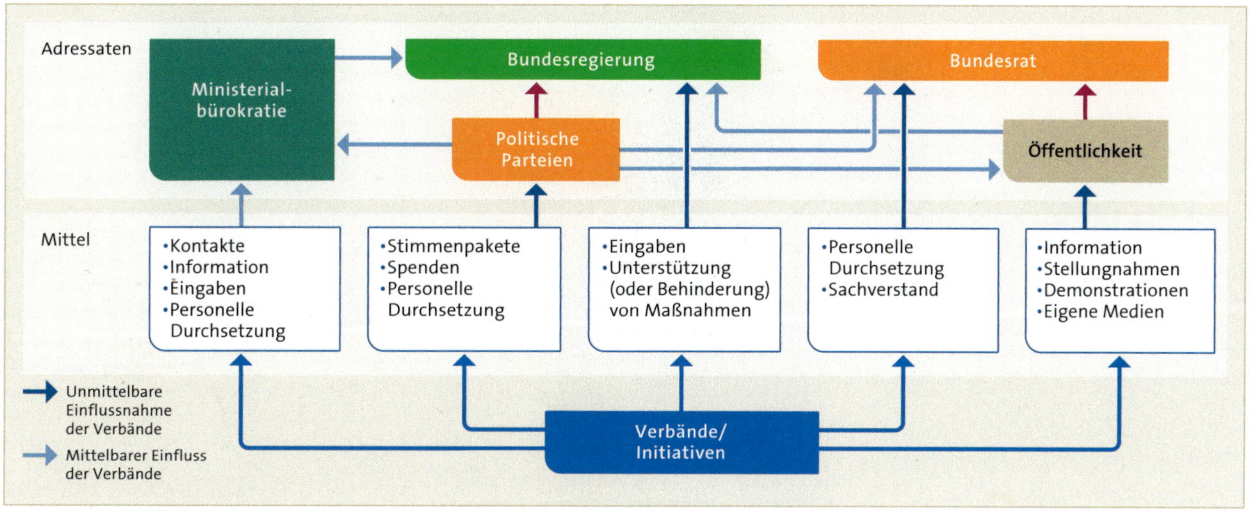

M 2 Einflussmöglichkeiten von Interessenverbänden

M 3 Lobbyismus unter der Lupe

Bevorzugtes Ziel von jeglicher Form des Lobbyismus sind [...] Regierungen [...] Das Spektrum der Aktivitäten von Interessenverbänden ist fast unerschöpflich. Es reicht vom Anruf bei Abgeordneten, von Pressekonferenzen oder Großdemonstration und Streik bis hin zur Bevorzugung von Personen bei Stellenbesetzungen und Erpressung [...] Hier ist die ganze Palette [...] von legalem zu illegalem, von akzeptablem zu inakzeptablem Verhalten zu registrieren; hier wird Lobbyismus zur Schattenpolitik. Die Achillesferse des Lobbyismus sind seine Aktionsformen. Es liegt die Versuchung nahe, zur Durchsetzung eigener Interessen auch nicht akzeptable Methoden anzuwenden. Das gesamte Spektrum der Aktionsformen kann man in folgende fünf Methoden aufgliedern: Information und Kommunikation, Abgeordnete als Lobbyisten, Durchdringen der Exekutive mit Verbandsvertretern, Politikfinanzierung, politischer Druck und Einschüchterung [...] Bürger und Wählerinnen müssen wissen, für wen sie sich entscheiden, wenn sie ihre Volksvertreter bestimmen. Und sie müssen im öffentlichen Meinungskampf wissen, wer sie informieren oder manipulieren will. Ein Transparenzgebot fördert die Rolle der Zivilgesellschaft. Deswegen sind die Offenlegungspflichten zu verbessern, gerade auch im Hinblick auf die Nebentätigkeiten der Bundestagsabgeordneten [...]

Ulrich von Alemann, Florian Eckert, Lobbyismus als Schattenpolitik, www.bpb.de/apuz/29795/lobbyismus-als-schattenpolitik?p=0, 6.4.2006 (Zugriff: 15.8.2017), sprachlich vereinfacht

1 Beschreibt mithilfe des Textes, zu welchem Zweck sich Interessenverbände bzw. Lobbyverbände organisieren.

2 Erläutert, welche Mittel und Wege sie dabei zur Verfügung haben (Text, **M 2**).

3 Informiert euch über die in **M 1** genannten Verbände und welche Interessen sie vertreten.

4 Erörtert mithilfe von **M 3**, welche Probleme Lobbyismus in der Demokratie verursachen kann.

5 Findet heraus, welche politischen Initiativgruppen es in eurer Nähe gibt und welches Ziel sie verfolgen.

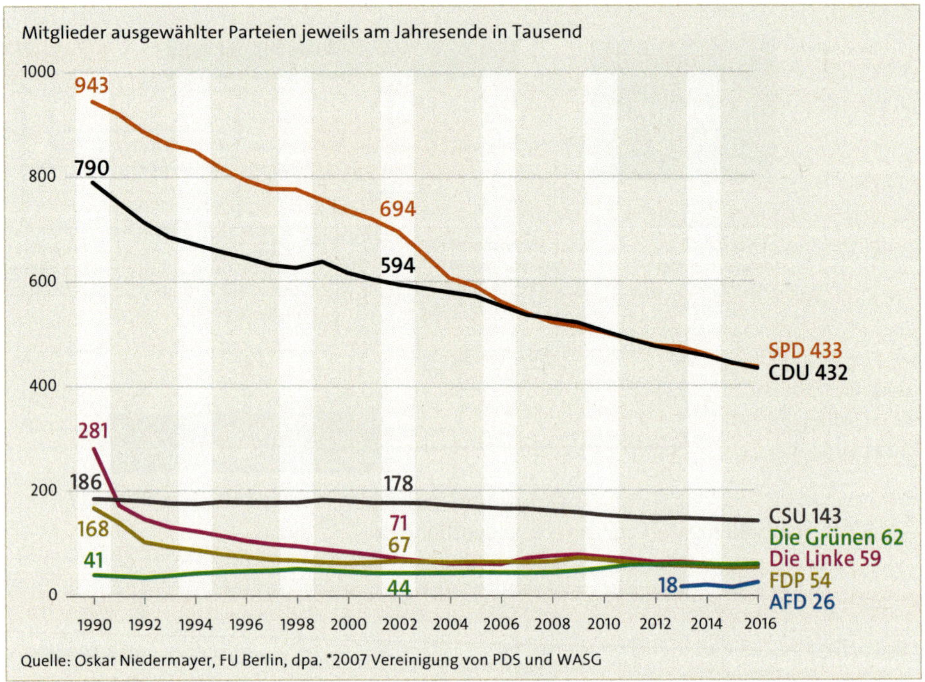

M1 Die Mitgliederentwicklung ausgewählter Parteien

M2 Mitgliederschwund und kein Ende?

„Der Mitgliederschwund [der Parteien] ist nicht nur auf eine einzige Ursache zurückzuführen", erklärte der Berliner Parteienforscher Oskar Niedermayer. Dahinter stecke auch ein längerfristiger Wandel der Gesellschaft. Bis in die 1960er-Jahre hinein habe es noch soziale Milieus – zum Beispiel Arbeiter oder Katholiken – gegeben. Eine Bindung, die auch einen Eintritt in eine dazu passende Partei nahelegte. „Heute haben wir eine individualisierte Gesellschaft", sagte der Politologe. Die Zeiten, in denen eine Partei wie die SPD eine Million Mitglieder hatte, seien unwiederbringlich vorbei. Parteien müssten sich also darauf einstellen, mit weniger Mitgliedern auszukommen. „Trotzdem müssen sie versuchen, sie zu halten. Mitglieder sind das Standbein. Ohne sie verlieren Parteien ihre Verankerung in der Gesellschaft."
Im anhaltenden Mitgliederschwund bei fast allen Bundestagsparteien sieht Niedermayer allerdings kein Zeichen von Politikverdrossenheit. „Es gibt heute viel mehr Möglichkeiten als früher, sich politisch zu engagieren", sagte der Parteienforscher an der Freien Universität Berlin. Dem stünden aber nicht mehr Menschen gegenüber, die sich engagierten. „Viele Organisationen buhlen um dieselben Leute, darunter die Parteien."
Junge Leute seien heute nicht politikmüde, sie mieden eher feste Organisationsstrukturen. „Wer die Welt verbessern möchte, will im Ortsverband nicht mit Leuten über 50 über die Abwasserzweckverbandsabgabe diskutieren." Die Jugend suche andere Stile: etwas, das kurzfristig greife, Spaß mache und ein sichtbares Ergebnis bringe [...] Große etablierte Parteien könnten ihren Mitgliederschwund vielleicht stoppen, wenn sie mehr Schnupperangebote und projektbezogenes Mitarbeiten möglich machten, regte Niedermayer an [...]

Grüne überholen Liberale, 20.12.2012, www.sueddeutsche.de/politik/analyse-zum-mitgliederschwund-gruene-ueberholen-liberale-1.1561322 (Zugriff: 17.8.2017)

M 3 Ergebnisse der Shell-Jugendstudie „Jugend 2015"

Trendwende beim politischen Interesse
Die Ergebnisse der aktuellen Shell-Jugendstudie von 2015 bestätigen, dass sich an dieser Stelle eine Trendwende vollzogen hat. Das politische Interesse ist bei den Jugendlichen in Deutschland inzwischen wieder deutlich gestiegen. Im Vergleich zu 34 % im Jahr 2002 sind es aktuell wieder 46 %, die sich selbst als „politisch interessiert" bezeichnen […]
Selbstsicht zur Bedeutung eines eigenen politischen Engagements: 32 % der Jugendlichen ist dies wichtig, für 26 % mal so, mal so und für 40 % unwichtig […]
Männliche Jugendliche zeigen sich häufiger (47 %) politisch interessiert als weibliche Jugendliche (35 %) […]
Insgesamt 37 % der Jugendlichen geben an, sich aktiv über das, was in der Politik los ist, zu informieren. 61 % verneinen das (keine Angaben 2 %) […]
Zufriedenheit mit Demokratie und Gesellschaft ist spürbar gestiegen
Nach den aktuellen Ergebnissen sind 73 % der Jugendlichen mit der Demokratie in Deutschland zufrieden. Bei der letzten Shell-Jugendstudie 2010 traf dies für 63 % […] zu. Als […] unzufrieden bezeichnen sich aktuell 23 % (2010 34 % […]) (Fehlende zu 100 % = keine Angabe.)
Politikverdrossenheit bleibt weiterhin prägend
Typisch für die Sicht von Jugendlichen in Deutschland ist die nach wie vor hoch ausgeprägte Politikverdrossenheit. Wir hatten diese Stimmungslage bereits in den Shell-Jugendstudien von 2002 und 2006 untersucht und beschrieben. An diesen Befunden hat sich trotz der gestiegenen Zufriedenheit mit der Demokratie und der Gesellschaft in Deutschland bisher nichts Grundlegendes geändert. Der Aussage „Politiker kümmern sich nicht darum, was Leute wie ich denken." stimmen nach wie vor 69 % der Jugendlichen zu […]

17. Shell-Jugendstudie „Jugend 2015", hg. Shell Deutschland Holding, Frankfurt a. M. 2015, S. 153 ff.

M 4 Distanz zur Parteipolitik

Der Herausgeber der Shell-Studie sagte in einem Interview:
Frage: Was ist der Grund für die Distanz zur organisierten Politik?
Antwort: Viele Jugendliche scheinen Politik vor allem als Handeln politischer Akteure in einem geschlossenen System wahrzunehmen, auf das sie keinerlei Einfluss haben […] Die große Distanz der jungen Leute gegenüber der institutionalisierten Politik* kommt anscheinend deshalb zustande, weil sie sich thematisch nicht angesprochen fühlen […] Beim politischen Engagement innerhalb der Parteienlandschaft sieht es also mau aus.
F.: Engagieren sich Jugendliche überhaupt nicht politisch, oder haben sie andere Wege gefunden, sich einzubringen?
A.: Doch, es gibt in der Tat viele junge Leute, die sich außerhalb der Parteienlandschaft politisch engagieren – etwa punktuell bei Demonstrationen, Bürgertreffen und Foren. Ein ganz wichtiges Betätigungsfeld ist das Internet […]

Klaus Hurrelmann: „Die Jugend droht der Demokratie verloren zu gehen". Interview, 8.9.2009, http://www.ard.de/home/kultur/Demokratie_ohne_Jugend_/69448/index.html (Zugriff: 11.11.2016)

* **institutionalisierte Politik**
Gemeint sind die Parteien, die Parlamente und Regierungen.

1 Erarbeitet anhand von **M 1** und **M 2**, welche Ursachen für den Mitgliederschwund bei den Parteien beschrieben werden.

2 Arbeitet in Gruppen und fasst die Ergebnisse der Jugendstudie (**M 3**) und das Interview (**M 4**) zusammen.

★ **Verfassungsprinzipien**
Art. 1 Die Deutsche Demokratische Republik ist ein sozialistischer Staat der Arbeiter und Bauern. Sie ist die politische Organisation der Werktätigen in Stadt und Land unter Führung der Arbeiterklasse und ihrer marxistisch-leninistischen Partei.
Art. 47 (2) Die Souveränität des werktätigen Volkes, verwirklicht auf der Grundlage des demokratischen Zentralismus, ist das tragende Prinzip des Staatsaufbaus.

★ **Marxismus-Leninismus**
W. I. Lenin entwickelte aus den Schriften von Karl Marx und Friedrich Engels über den Gang und das Ziel der Geschichte (herrschaftslose kommunistische Gesellschaft) eine Theorie zur Rechtfertigung der kommunistischen (sowjetischen) Herrschaft in Russland. Diese war verbindlich für alle kommunistischen Parteien, die sich dem sowjetischen Führungsanspruch unterwarfen.

Sozialistischer Staat – Arbeiterklasse – Partei

Eine Zusammenfassung des Selbstverständnisses der Deutschen Demokratischen Republik (DDR) gibt Artikel 1 der Verfassung von 1974. Danach ist der Staat die Organisation des werktätigen Volkes. Nach dem Verständnis der DDR gehörten dazu die Arbeiter, Bauern und die „werktätige Intelligenz" (z. B. Ingenieure, Lehrer, Ärzte). Dies brachte die Staatsflagge der DDR mit Hammer und Zirkel zum Ausdruck. Nach dem Geschichtsverständnis des Marxismus-Leninismus ist die Arbeiterklasse die entscheidende geschichtliche Kraft. Ihr Interesse ist die Befreiung von Ausbeutung und Unterdrückung durch die kapitalistische Gesellschaftsordnung. Die Arbeiter sind aber dazu nur in der Lage, weil sie von einer Partei geführt werden, in der ihre besten Vertreter organisiert sind. Diese Elite ist aufgrund ihrer theoretischen Kenntnis des geschichtlichen Prozesses und ihrer politischen Analyse fähig, die Führung sowohl beim Sturz der alten Gesellschaftsordnung als auch beim Aufbau einer neuen Gesellschaft zu übernehmen. Damit begründete die Sozialistische Einheitspartei Deutschlands (SED) ihre Führungsrolle im Staat der DDR.

„Sozialistische Demokratie" und „Demokratischer Zentralismus"

Die Führungsrolle der SED als „Partei der Arbeiterklasse" ist der Schlüssel zum Verständnis des politischen Systems der

M1 „Demokratischer Zentralismus"

Aus einem Staatsbürgerkundebuch für die Klasse 8 (1987):
Wie wird gesichert, dass der sozialistische Staat als Ganzes seinen Auftrag erfüllt? [...]

1. In der sozialistischen Gesellschaft sind zentrale Beschlüsse und Festlegungen konsequent durchzusetzen. [...] Die zentralen Festlegungen drücken das für die gesamte Gesellschaft Notwendige und Mögliche aus. Deshalb ist die konsequente Verwirklichung und Durchsetzung der zentralen Beschlüsse auf allen Ebenen die oberste Bedingung für eine erfolgreiche und kontinuierliche Entwicklung.

Staatsbürgerkunde 8, Berlin Ost 1987, S. 39 f.

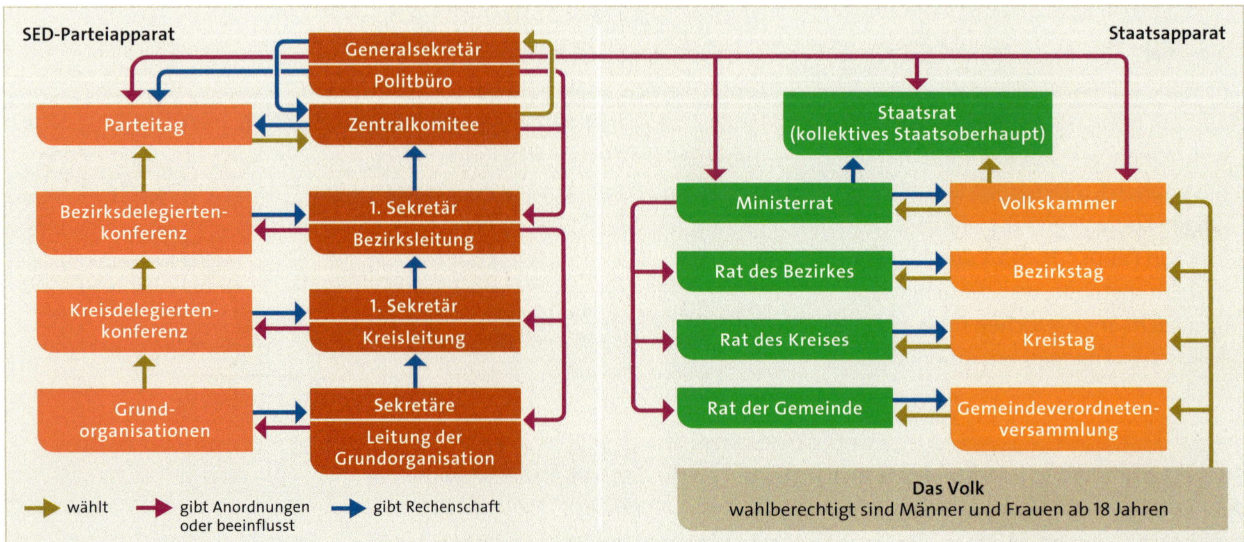

M2 Der Aufbau von Staat und Partei in der DDR

M 3 „Sozialistische Demokratie“

Im Staatsbürgerkundebuch der Klasse 8 findet sich dazu folgende Erklärung:
Untrennbar mit den Zielen und Aufgaben des sozialistischen Staates verbunden ist die sozialistische Demokratie. Sie ist die Ausübung aller politischen Macht durch die Arbeiterklasse im Bündnis mit den Genossenschaftsbauern und allen anderen Werktätigen unter Führung der marxistisch-leninistischen Partei.

Staatsbürgerkunde 8, Berlin Ost 1987, S. 10

DDR. Was die SED bestimmte, musste nach ihrem Selbstverständnis den Interessen des Volkes entsprechen. Deshalb war „Sozialistische Demokratie“ im Kern nichts anderes als die Mitwirkung der breiten Bevölkerung an der Politik der SED. Dazu wurde sie immer wieder aufgerufen und darin lag insbesondere auch der Sinn der Wahlen * in der DDR.

Die SED trat für „Demokratie“ ein, aber diese „Demokratie“ stand immer unter ihrer zentralen Lenkung. Das kommt im „Demokratischen Zentralismus“, dem grundlegenden Organisationsprinzip von Partei und Staat, zum Ausdruck. Formal wurde in der Partei wie im ganzen Staat von unten nach oben „demokratisch“ gewählt. Aber gleichzeitig galt das Prinzip der Unterordnung unter die übergeordneten Ebenen. Die zentral entwickelte und beschlossene Politik wurde in Partei und Staat von oben nach unten einheitlich durchgesetzt.
Das Prinzip des „Demokratischen Zentralismus“ garantierte auf diese Weise eine äußerst wirkungsvolle Machtausübung.

Die Abgeordneten der Volkskammer der DDR tagten im Palast der Republik in Berlin-Mitte. Das Gebäude wurde 2008 abgerissen.

Das Verhältnis von Partei und Staat

Die führende Rolle der SED umfasste alle Bereiche des Staats und der Gesellschaft. Die von der SED entwickelte Politik bildete die Grundlage für das gesamte staatliche Handeln. Die Gesetze und die Pläne der verstaatlichten Wirtschaft beruhten auf den Vorgaben der SED-Beschlüsse.
Das „gesetzgebende Organ“ war die Volkskammer. Sie trat jährlich nur zu wenigen Sitzungen zusammen. Ihre Gesetze folgten den Grundsatzbeschlüssen der SED.
Der Ministerrat (Regierung) war formal ausführendes Organ der Volkskammer, vollzog aber unmittelbar die Politik der SED, die 41 der 45 Mitglieder des Ministerrates stellte. Der Ministerrat kontrollierte die Behörden in den Bezirken und Kreisen und leitete die Volkswirtschaft nach den Vorgaben der SED. Der Staatsrat vertrat die DDR als Staatsoberhaupt nach außen und wurde vom Generalsekretär der SED geleitet.

* **Wahlen**
fanden in der DDR statt, doch gab es keine Wahl zwischen Parteien. Es gab nur eine Einheitsliste mit Kandidaten der Staatsparteien und anderer Massenorganisationen. Die Wahlen dienten nur der Bestätigung der SED. Oppositionelle Parteien waren in der DDR verboten.

1 Beschreibt mithilfe des Verfassertextes und des Schaubildes (M 2), wie die Führung des Staates durch die SED organisiert war.
2 Erklärt mit eigenen Worten das Prinzip des Demokratischen Zentralismus (M 1).
3 Erstellt eine Liste mit Unterschieden zwischen der Demokratie in der Bundesrepublik Deutschland und dem System in der DDR (M 3).

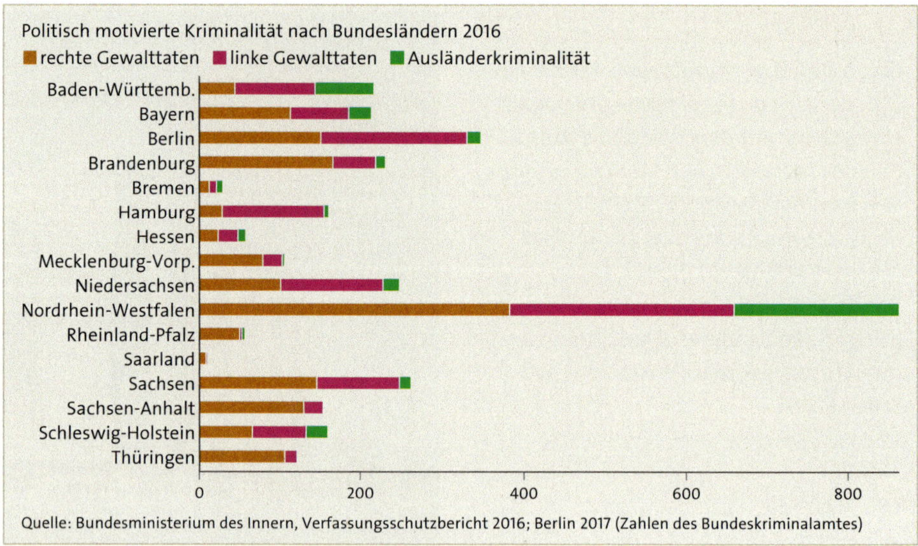

M1 Gewalttaten mit extremistischem Hintergrund

Extremismus

Extremisten stellen eine Gefahr für die Demokratie dar. Sie sind generell antidemokratisch und akzeptieren keine Mehrheitsentscheidungen. Der Verfassungsschutzbericht des Bundesministeriums des Innern unterscheidet Rechts- und Linksextremismus sowie Islamismus und islamischen Terrorismus. Erfasst wird im Bericht somit politisch motivierte Kriminalität. Folgende Entwicklungen werden 2016 hervorgehoben:

- ein erneuter Anstieg rechtsextremistisch motivierter Gewalttaten mit fremdenfeindlichem Hintergrund, insbesondere Gewalttaten gegen Asylbewerberunterkünfte;
- ein Absinken linksextremistisch motivierter Gewalttaten;
- ein Anwachsen ausländerextremistischer Straftaten, die Gewalttaten in diesem Bereich sogar stark.

M2 Die neuen Feierabendterroristen

[...] Der ostdeutsche Rechtsextremismus basiert auf einer Verbindung aus hoher Gewaltbereitschaft und einer politischen Ermutigungsstruktur, die in pogromartigen rassistischen Randalen münden kann [...]
Erstens: Auch im vergangenen Jahr (2015) wurde fast die Hälfte der rassistischen Gewalttaten in den neuen Bundesländern verübt. Da der Osten lediglich 17 Prozent der Gesamtbevölkerung ausmacht, ist er im überdurchschnittlichen Maße an der Gewalt beteiligt – und das seit Jahren [...]
Zweitens: Diese Gewaltdelikte sind eingebettet in einen spezifischen politischen Kontext, der rassistische Täter ermutigt. Mit Pegida (s. S. 40) ist nunmehr eine rassistische ... Bewegung entstanden [...]
Drittens: Nach 1989 hat sich ein neuer Gewalttypus verbreitet, der diesem politisch ermutigenden Umfeld geschuldet ist. Es handelt sich um „Vorsatz bei Gelegenheit". Die Gewalttaten sind häufig nicht strategisch geplant, aber die Wahl der Opfer ist alles andere als ziellos. Es sind Taten im öffentlichen Raum [...]
Viertens: Mölln und Solingen stehen exemplarisch für die Geschichte rassistischer Gewalt auch in der alten Bundesrepublik. Aber diese menschenverach-

tenden Taten wurden nicht vor den Augen der Öffentlichkeit begangen [...] Freital und Heidenau (in Sachsen) stehen für eine andere Qualität, einen anderen Typus rassistischer Gewalt, der in der alten Bundesrepublik bisher nicht festzustellen war. Es handelt sich um pogromartige rassistische Randale, bei der genügend „Dabeisteher" die Gewalttäter anfeuern [...]

Peter Reif-Spirek: Die neuen Feierabendterroristen, Zeit-Online v. 7.9.2015, www.zeit.de (Zugriff: 29.8.2016)

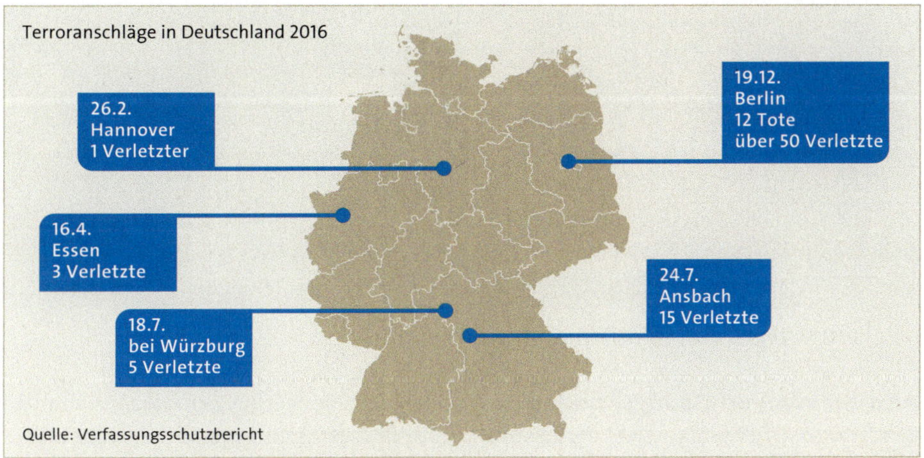

M3 Anschläge mit islamistischem Hintergrund

M4 Die Legende von der guten Gewalt

[...] Nachdem die Autonomen in Kleingruppen durch die Straße gezogen waren, brannten vier Autos. Barrikaden aus Autoreifen und Baumaterial standen in Flammen, Fensterscheiben [...] waren durch Steinwürfe demoliert. An umliegenden Häuserfassaden waren Farbbomben zerplatzt [...] „Wir sehen uns als Teil des Kampfes gegen Gentrifizierung*, aber im großen Ganzen natürlich gegen den Kapitalismus", sagt der junge Mann in entschlossenem Tonfall [...] „Überall werden Leute entmietet, rausgeschmissen, wird teuer saniert, und Luxuswohnungen gebaut. Und natürlich entstehen da Spannungen", erklärt er den Zusammenhang zwischen sozialer Schieflage und Gewalt, die für ihn ein „Ausdruck von Solidarität" ist. Gewalt istSolidarität. Brennende Autos sind Solidarität [...]

Olaf Sundermeyer: Die Legende von der guten Gewalt, Zeit-Online, 14.7.2016, www.zeit.de (Zugriff: 15.8.2017)

* **Gentrifizierung**
Der Begriff (von engl. gentry, Adel) bezeichnet die soziale und bauliche Aufwertung innerstädtischer Gebiete. In Altbauwohnquartieren mit niedrigen Mieten werden die Wohnungen modernisiert und privatisiert. Dadurch steigt das Mietniveau. Bewohnerinnen und Bewohner mit geringem Einkommen werden verdrängt.

1 Wertet in Gruppenarbeit die Tabellen **M1** und **M3** aus:
- a Vergleicht die politisch motivierte Kriminalität von „rechts" und „links". Bezieht den Bereich der Ausländerkriminalität ein.
- b Vergleicht Berlin und Brandenburg und beschreibt Unterschiede.

2
- a Recherchiert im Internet über die Taten von Rechtsextremisten in Mölln, Solingen, Freital und Heidenau.
- b Erklärt, worin der Verfasser von **M2** die Unterschiede zwischen Mölln/Solingen einerseits und Freital/Heidenau andererseits sieht.

3 Beurteilt, worin sich die Zielsetzungen der Gewalttaten mit extremistischem Hintergrund von „rechts" und „links" von denjenigen politisch motivierter Ausländerkriminalität unterscheiden (**M4**).

Artikel 79 GG

(3) Eine Änderung dieses Grundgesetzes, durch welche die Gliederung des Bundes in Länder, die grundsätzliche Mitwirkung der Länder bei der Gesetzgebung oder die in den Artikeln 1 und 20 niedergelegten Grundsätze berührt werden, ist unzulässig.

Artikel 21 GG

(2) Parteien, die nach ihren Zielen oder nach dem Verhalten ihrer Anhänger darauf ausgehen, die freiheitliche demokratische Grundordnung zu beeinträchtigen oder zu beseitigen oder den Bestand der Bundesrepublik Deutschland zu gefährden, sind verfassungswidrig. Über die Frage der Verfassungswidrigkeit entscheidet das Bundesverfassungsgericht.

M1 Protest gegen eine NPD-Demonstration in Berlin

Abwehr von Verfassungsfeinden

Bestimmte Grundsätze der Verfassung unterstehen der Ewigkeitsgarantie (Art. 79 Abs. 3 GG). Das bedeutet, dass sie niemals verändert oder gar abgeschafft werden dürfen. Dazu gehören u.a. die Menschenwürde und das Prinzip des sozialen Rechtsstaates.

Das Grundgesetz kann wegen dieser Schutzmaßnahmen in seinem Kern durch keinen Rechtsakt beeinträchtigt oder gar beseitigt werden. Mittel zur Verteidigung des Grundgesetzes hierzu sind u.a. Verfassungsschutz und Staatsschutz, das Strafgesetzbuch und die staatliche Förderung von Demokratie-Initiativen. Gefahr für die Verfassungsordnung in Deutschland besteht vor allem durch Rechtsextremisten und Islamisten, aber auch durch Linksextremisten. Neue Probleme ergeben sich auch durch AfD * und Pegida *.

Parteienverbot

Damit sich der Staat vor erklärten Feinden der Verfassung schützen kann, sieht das Grundgesetz ausdrücklich die Möglichkeit eines Verbots von verfassungsfeindlichen Parteien und Gruppierungen vor (Art. 21 Abs. 2 GG). Über ein mögliches Parteienverbot kann jedoch nur das Bundesverfassungsgericht entscheiden.

In Deutschland hat es bisher zwei Parteiverbote gegeben: 1952 wurde die rechtsextreme Sozialistische Reichspartei (SRP) verboten, 1956 die linksextreme Kommunistische Partei Deutschlands (KPD).

Das NPD-Verbotsverfahren

Ist die rechtsextreme NPD eine verfassungswidrige Partei? Die Politik geht dieser Frage seit 2001 nach. Die damalige Bundesregierung unter Gerhard Schröder (SPD) hatte einen entsprechenden Antrag beim Bundesverfassungsgericht eingereicht. Dessen Ziel war: Die NPD sollte verboten werden und so kein Geld mehr aus der Parteienfinanzierung erhalten. Der Plan scheiterte, weil der Verfassungsschutz V-Leute in die Partei eingeschleust hatte.

Mittlerweile hatten die Innenminister ihre V-Leute aus der NPD abgezogen. 2012 unternahm die Politik einen neuen Versuch, die NPD zu verbieten. Das Bundesverfassungsgericht entschied am 17. Januar 2017, dass die NPD verfassungsfeindlich ist, aber für ein Verbot sei die NPD zu schwach, weil sie ihre Ziele nicht verwirklichen kann.

* **Alternative für Deutschland (AfD)**
Partei, die ein Sammelbecken für Bürgerinnen und Bürger wurde, die unzufrieden mit der Flüchtlingspolitik und der Europapolitik der Bundesregierung sind und die rechtskonservative und fremdenfeindliche Ansichten vertreten

* **Patriotische Europäer gegen die Islamisierung des Abendlandes (Pegida)**
fremdenfeindliche Bewegung, die vor allem in Dresden mit Demonstrationen auf sich aufmerksam macht

M 2 Für ein NPD-Verbot

Der NDR-Redakteur Michael Weidemann schrieb im März 2016:
[...] Die NPD muss verboten werden, auch wenn sich die Rechtsextremen dann künftig in anderen Parteien und Organisationen sammeln werden.
Denn es sollte für überzeugte Demokraten eine Frage der Selbstachtung sein, sich von ihren erklärten Feinden nicht länger auf der Nase herumtanzen zu lassen.
Viel zu lange haben wir zugesehen, wie die NPD unsere freiheitliche Grundordnung zu untergraben versucht – ja offen damit droht, sie zu beseitigen [...]
Aber es besteht kein Zweifel, dass sie es mit ihrer kruden Ideologie absolut ernst meinen – und sie in Sportvereinen und Freiwilligen Feuerwehren, in sozialen Initiativen und eben auch in unseren Parlamenten verbreiten. Die Geschichte der Weimarer Republik hat gezeigt, was passiert, wenn man diesem Treiben zu lange zusieht, ohne zu handeln [...]
Die NPD [...] verachtet die Demokraten – und will sie letztlich vernichten. Einen einleuchtenderen Grund, diese Partei zu verbieten, kann es wohl kaum geben [...]

www.ndr.de/nachrichten/Pround-Contra-Soll-die-NPD-verbotenwerden,npdverbot188.html, Stand 1.3.2016 (Zugriff: 26.10.2016).

M 3 Gegen ein NPD-Verbot

Die NDR Info Hauptstadt-Korrespondentin Dagmar Pepping meint:
[...] Ja, die NPD ist rassistisch, menschenverachtend und gewaltbereit. Sie lehnt unsere freiheitlich-demokratische Grundordnung ab. Trotzdem halte ich ein Verbot der NPD für falsch. Diese Menschenfeinde würden sich als Märtyrer darstellen und damit vermutlich noch mehr Unterstützer anlocken.
Rechtsradikale Strukturen – zum Beispiel die „freien Kameradschaften" – werden durch das Verbot der NPD nicht zerstört. Es verhindert auch nicht, dass sich ein aufgehetzter Mob vor einem Flüchtlingsheim versammelt, wie in Heidenau – oder einen Bus mit verängstigten Menschen belagert, wie in Clausnitz.
Ein Verbot der NPD wäre stattdessen der Beweis, dass unsere Demokratie hilflos geworden ist gegen Rechtsextreme. Wir alle – egal ob Politiker, Polizisten, Richter oder ganz normale Bürger – müssen im Alltag klare Kante zeigen: gegen Intoleranz, Menschenverachtung und Gewalt. Die Sicherheitsbehörden sollten beispielsweise endlich die mehr als 350 rechtsradikalen Straftäter festnehmen, die nach Angaben der Bundesregierung trotz einer Verurteilung derzeit auf freiem Fuß sind. Damit wäre schon viel geholfen. Stichwort: NSU* [...]

www.ndr.de/nachrichten/Pround-Contra-Soll-die-NPD-verbotenwerden,npdverbot188.html, Stand 1.3.2016 (Zugriff: 26.10.2016).

* **Nationalsozialistischer Untergrund (NSU)**
rechtsextreme terroristische Vereinigung in Deutschland, der nach bisherigen Erkenntnissen Uwe Mundlos, Uwe Böhnhardt und Beate Zschäpe angehörten. Die Gruppe ist aus der lokalen rechtsextremen Szene der 1990er-Jahre hervorgegangen. Eine Schätzung aus dem Jahr 2013 geht von 200 Unterstützern aus. Dem NSU wird unter anderem eine Mordserie zwischen 1999 und 2007 zur Last gelegt.

1 Schreibt einen Artikel für die Schülerzeitung, in dem ihr erklärt, welchen Schutz unsere Verfassung vor verfassungsfeindlichen Gruppen bietet (Text, GG-Artikel in der Randspalte auf S. 40).

2 **a** Erläutert, welche Gefahren in Deutschland durch Rechtsextremisten drohen (Text, M 1, M 2).
b Informiert euch über aktuelle Entwicklungen.

3 Führt in der Klasse ein Streitgespräch über Parteienverbote anhand des NPD-Verbots (M 2, M 3).

M1 Medien und Demokratie

Freie Medien sind ein unverzichtbarer Bestandteil der demokratischen Gesellschaft.
Horst Pötzsch, Politikwissenschaftler

Politikshows dienen aus Sicht der Politiker weniger der Analyse als vielmehr ihrer Selbstdarstellung. Die Politiker sind meistens Medienprofis.
Jürgen Falter, Politikwissenschaftler

Die Bevölkerung folgt in ihrer Meinungsbildung in Bezug auf politische Fragen in sehr vielen Fällen dem Tenor der Berichterstattung nach.
Thomas Petersen, Meinungsforscher

Politik ist Pop. Sie muss POPulär sein, sie muss sich verkaufen können. Mit denselben Mitteln, mit denen die 13. Boygroup auf den Markt gebracht wird, wird Politik verkauft.
Artikel aus einer Berliner Schülerzeitung. – www.bennoshuette.de

Die schwierigen Prozesse der Politik schrumpfen in der Bearbeitung der Medien für ein großes Publikum häufig auf unterhaltsame Bilder der Stars der Politik. Der Bundeskanzler, der mit Bürgern eine Bockwurst isst, entschlossen auf einem Kriegsschiff steht oder in der Talkshow Witze reißt.
Thomas Meyer, Politikwissenschaftler

★ **Massenmedien**
Presse, Radio, Fernsehen und Internet haben in der Demokratie eine wichtige Aufgabe: Sie sollen umfassend, sachgerecht und verständlich informieren, damit sich die Bürgerinnen und Bürger eine Meinung bilden und an politischen Entscheidungen mitwirken können.

Politische Aufgaben der Medien

Der Ausdruck vierte Gewalt hebt die besondere Bedeutung der Massenmedien★ für die demokratische Gesellschaft hervor. Sie machen politische Entscheidungen durchschaubar, indem sie Bürgerinnen und Bürger informieren und politische Zusammenhänge erklären. Und sie üben eine wichtige Funktion aus, indem sie Politiker kontrollieren, Machtmissbrauch, Ämterwillkür und Korruption aufdecken.

Politik und Fernsehen

Politikerinnen und Politiker versuchen in den Massenmedien präsent zu sein, um möglichst viele Menschen, Wählerinnen und Wähler, zu erreichen. Das Fernsehen ist besonders begehrt wegen der hohen Einschaltquoten, aber auch weil die Menschen stärker durch das Sehen beeinflusst werden als durch Hören und Lesen. Viele Zuschauer interessiert an den Politikern mehr ihr Aussehen oder ihre Kleidung als ihre politischen Aussagen. Kritiker befürchten, dass Politik im Fernsehen zur reinen Unterhaltung verkommt. Und tatsächlich wird schon von „Infotainment" gesprochen. Der Begriff verbindet „Information" (Information) und „Entertainment" (Unterhaltung). Statt Nachrichten werden „News" oder gar „Action News" gesendet. Kaum eine Politikerin oder ein Politiker kann es sich heute leisten, die bunte Welt der Unterhaltung unbeachtet zu lassen. Im Gegenteil, Politikerinnen und Politiker werden für derartige Auftritte professionell geschult. Der „Feel-Good-Faktor" („Wohlfühlfaktor") ist zu einer unverzichtbaren Voraussetzung eines erfolgreichen Wahlkampfs geworden. Es gibt nicht nur ständig Talkshow-Auftritte, sondern auch Homestorys – besonders vor Wahlen.

Medienkonzentration

Medien kontrollieren nicht nur Mächtige, die Medienbetriebe zählen auch selbst zu den Mächtigen. 65 Prozent aller verkauften Zeitungen und Zeitschriften stammen von nur vier großen Konzernen: Bertelsmann, Springer, Burda und Bauer. Diese Mediengiganten besitzen auch hohe Marktanteile bei den privaten Fernsehsendern und damit eine große Machtfülle. Daraus können Gefahren entstehen: Einschränkung der Pressefreiheit, Abhängigkeiten von Werbekunden, politische Einflussnahme.

M 2 Karikatur: Burkhard Mohr

Medienwechsel

War bislang das Fernsehen das wichtigste Medium, macht ihm das Internet diese Position streitig. Besonders junge Leute zwischen 14 und 29 Jahren nutzen das Internet intensiv. Radio und TV verlieren in dieser Altersgruppe an Bedeutung. Der große Verlierer in allen Altersgruppen ist aber die Zeitung, die immer weniger Leserinnen und Leser findet.

Vor diesem Hintergrund ist es nicht erstaunlich, dass US-amerikanische Internetunternehmen wie Alphabet (Google usw.) oder Facebook immer einflussreicher werden. Auch das Fernsehen wandert langsam vom klassischen TV-Gerät ins Internet. Dort gibt es von verschiedensten Anbietern Online-TV oder man stellt sich sein Programm gegen Bezahlung selbst zusammen.

1 Beschreibt, was mit Infotainment gemeint ist.
2 Was ist eurer Meinung nach für einen erfolgreichen Auftritt eines Politikers im Fernsehen wichtig? Nennt sechs Merkmale.
3 Welchen der Behauptungen in **M 1** stimmt ihr zu? Begründet.
4 Erklärt den Ausdruck „vierte Gewalt".
5 Interpretiert die Karikatur **M 2**.

M 1 Wichtige Begriffe

- Demokratie
- Bundesstaat
- Wahlrecht
- Verhältniswahlsystem
- Grundrechte
- Partei
- Interessenverband
- Extremismus
- Vierte Gewalt

M 2 Richtig oder falsch – oder weißt du es vielleicht nicht?

	richtig	falsch	weiß nicht
1. Alle Bundesländer entsenden die gleiche Zahl von Abgeordneten in den Bundestag.			
2. Die Zweitstimmen entscheiden über die Zusammensetzung des Bundestages.			
3. Die Bundestagswahlen finden in der Regel alle fünf Jahre statt.			
4. Bei den Bundestagsdebatten wollen die Abgeordneten sich gegenseitig mit Argumenten überzeugen.			
5. Wählerinnen und Wähler können die Bundeskanzlerin oder den Bundeskanzler direkt wählen.			
6. Um die Regierungsmehrheit zu erlangen, können die im Bundestag vertretenen Parteien Kabinette bilden.			
7. Der Bundestag beschließt, die Schulzeit im Gymnasium in Hamburg von 13 auf 12 Jahre zu kürzen.			
8. Parteien wirken bei der politischen Willensbildung mit.			
9. Der Bundesrat muss jedem Gesetzesentwurf zustimmen, damit das Gesetz in Kraft treten kann.			

Hinweis:
Bitte nicht in das Buch schreiben.

M 3 Möglichkeiten demokratischer Teilhabe

M4 Zuschauer einer politischen Talkshow

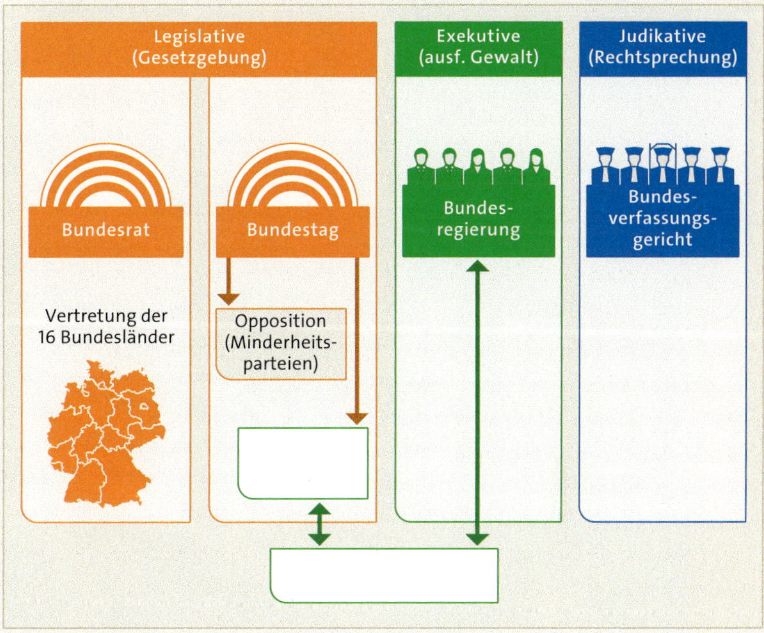

M5 Gewaltenteilung und Gewaltenverschränkung

Sachkompetenz

1 Besprecht die wichtigen Begriffe und notiert ihre Bedeutung (M1).

2 Beschreibt das Wahlrecht für den Bundestag und erläutert die Begriffe Erststimme und Zweitstimme.

3 Erklärt den Unterschied zwischen einer Partei und einem Interessenverband.

4 Übertragt das Schema (M5) in eure Arbeitsmappe und schreibt die richtigen Institutionen in die unbeschrifteten Kästchen. Erläutert den Begriff „Gewaltenverschränkung".

5 Sucht aus M3 drei Möglichkeiten heraus, wie ihr euch auch als Schülerinnen und Schüler in einer demokratischen Gesellschaft engagieren könnt. Konkretisiert, was ihr tun möchtet oder würdet, und begründet eure Auswahl.

6 Begründet, ob die Aussagen in M2 richtig oder falsch sind.

Methodenkompetenz

7 Führt eine Pro-und-Kontra-Diskussion zum Thema: „Junge Erwachsene sollten sich stärker in Parteien engagieren".

Urteilskompetenz

8 Beurteilt die Aussage: „Die politische Meinungsbildung findet immer stärker in den Medien, z. B. in Talkshows, statt."

9 Die Opposition ist so lange machtlos, wie die Regierung ihre Mehrheit zusammenhält. Prüft, ob diese Aussage richtig ist.

KAPITEL 2

Konflikte und Konfliktlösungen

Krisen, Kriege, Katastrophen – auch zu Beginn des 21. Jahrhunderts bleiben zentrale Herausforderungen für die Staatengemeinschaft auf der Tagesordnung: den Frieden weltweit sichern, soziale Gerechtigkeit für alle Menschen erreichen und die Umwelt bewahren.

Aber reichen die Bemühungen der Staaten oder anderer Akteure zur Zukunftssicherung aus, um die Gefährdungen des Friedens zu bannen, militärische Konflikte zu beenden und globale Umweltbelastungen zu vermindern?

In diesem Kapitel könnt ihr erarbeiten,
- *wie Kriege entstehen und welche Lösungen möglich erscheinen,*
- *welche Ziele Entwicklungspolitik verfolgt,*
- *wie die Vereinten Nationen und Verteidigungsbündnisse funktionieren.*

Was ihr sonst noch machen könnt …
- *Sammelt in Tageszeitungen, Zeitschriften oder Online-Medien Meldungen und Fotos über internationale Krisenherde und globale Probleme.*
- *Findet heraus, welche Organisationen sich um Lösungen bemühen.*

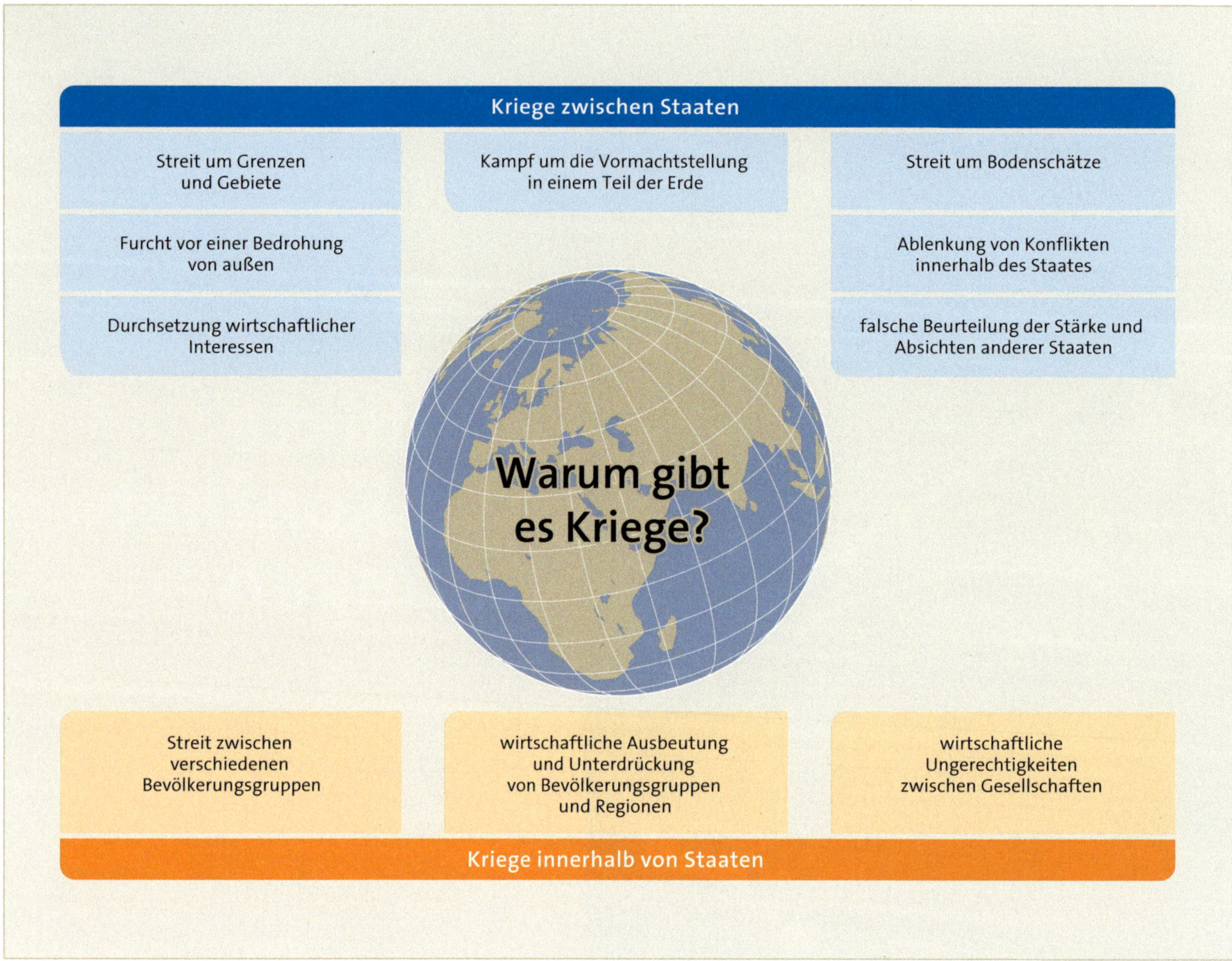

M1 Ursachen für Kriege

Krieg – der „Vater aller Dinge"?

Von Heraklit, einem griechischen Philosophen, der vor rund 2500 Jahren lebte, ist folgende Aussage überliefert: „Der Krieg ist der Vater aller Dinge und der König aller. Die einen macht er zu Göttern, die anderen zu Menschen, die einen zu Sklaven, die anderen zu Freien."

Von jugendlichen Flüchtlingen aus Kolumbien, einem Land in Südamerika, wurde im Jahr 2002 in einem Aufruf geschrieben: „Wir weigern uns, den Krieg als tägliches Brot anzunehmen. Wir wollen keine Kriegsreden mehr hören. Willkommen sind alle, die mit uns diesen Traum feiern wollen. Der Traum vom Frieden beginnt in unserem Miteinander."

Kriege gab es zu allen Zeiten der menschlichen Geschichte. Antike Großreiche wie das Römische Imperium entstanden oft aus organisierten Raubzügen. Sie zwangen die eroberten Gebiete, Tribut zu zahlen, und versklavten die Bevölkerung. Mit der Entstehung von Nationalstaaten im 16. Jahrhundert konnten es sich die Herrscher leisten, ständige Heere von Berufssoldaten zu bezahlen. Immer modernere Waffen wurden erfunden, die Armeen wuchsen – und mit ihnen die Zahl der Kriegsopfer. Diese Entwicklung gipfelte im 20. Jahrhundert in zwei Weltkriegen mit bisher noch nie gesehenen Materialschlachten, die einen verwüsteten Kontinent hinterließen und 60 Millionen Menschen das Leben kosteten.

* **Krieg**
So werden gewaltsame Konflikte bezeichnet, die beständig andauern und organisiert sind. Eine der Kriegsparteien müssen reguläre Streitkräfte einer Regierung sein. Wenn diese Eigenschaften nicht zutreffen, spricht man von einem bewaffneten Konflikt.

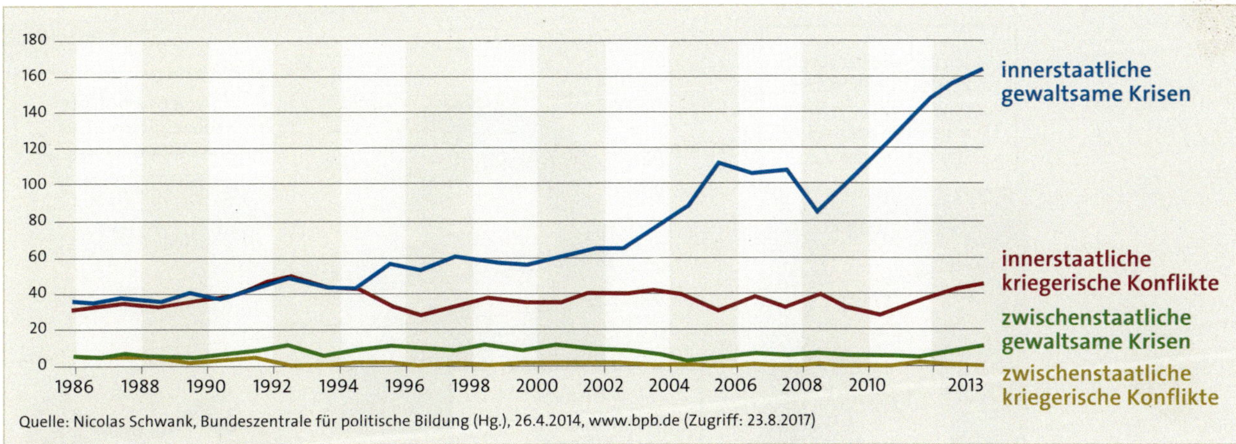

M2 Entwicklung inner- und zwischenstaatlicher Kriege und Konflikte 1986–2013

M3 Kein neuer Krieg im Jahr 2016

Die Hamburger Arbeitsgemeinschaft Kriegsursachenforschung bringt einmal im Jahr eine Übersicht über die Kriege* und bewaffneten Konflikte heraus, die im vorangegangenen Jahr stattgefunden haben. Laut dieser Forschungseinrichtung fanden 2016 weltweit 25 Kriege und sieben sogenannte bewaffnete Konflikte statt [...] Nicht alle Kriege betreffen ein ganzes Land, viele beschränken sich auf eine bestimmte Region des Landes. In manchen Ländern gibt es gleich mehrere Kriegsregionen, wie zum Beispiel in Indien. Einige Kriege gibt es schon seit sehr vielen Jahren wie beispielsweise im Sudan. Andere Kriege sind zum wiederholten Mal ausgebrochen, obwohl sie schon einmal beendet waren. Zwei Kriege in Afrika betreffen mittlerweile auch die Nachbarländer: Vom Krieg in Nigeria sind auch die Nachbarländer Tschad und Kamerun betroffen. In Kenia gibt es Kämpfe durch den Krieg in Somalia.
[...] 2016 gab es zum ersten Mal seit einigen Jahren keinen neuen Krieg oder gewalttätigen Konflikt. Manche Konflikte zeigen auch Anzeichen einer Besserung, wie zum Beispiel in Kolumbien. Dort wurde nach über 50 Jahren ein Friedensvertrag unterzeichnet.

Berghof Foundation Operations GmbH: Frieden Fragen (Daten nach Arbeitsgemeinschaft Kriegsursachenforschung [AKUF] am Institut für Politikwissenschaft der Universität Hamburg, 21.12.2016), https://www.frieden-fragen.de/entdecken/weltkarten/kriege-weltweit-2016.html (Zugriff: 25.9.2017)

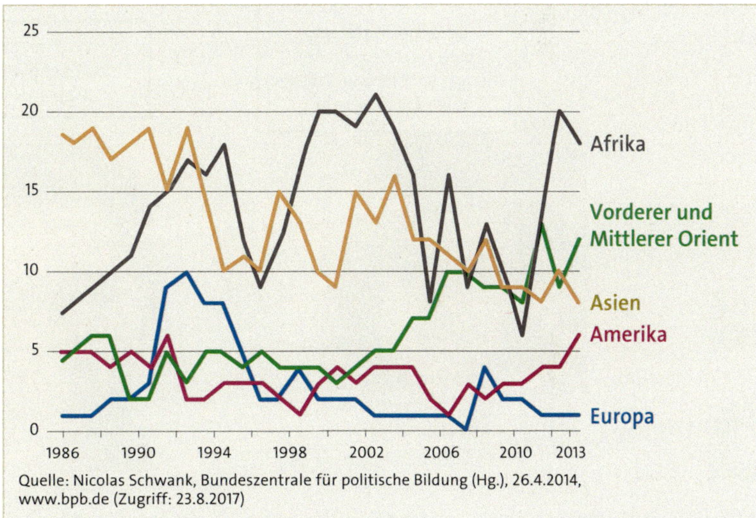

M4 Regionale Entwicklung innerstaatlicher Kriege 1986–2013

1 Nennt Ursachen von Kriegen (**M1**). Unterscheidet hierbei Kriege zwischen Staaten und Kriege innerhalb von Staaten.

2 Wertet **M2** und **M4** aus. Formuliert zentrale Aussagen der beiden Materialien.

3 Verfolgt über eine Woche lang Nachrichten und notiert, über welche kriegerischen Auseinandersetzungen berichtet wird.

Konfliktanalyse

M1 Was Schülerinnen und Schüler einer 10. Klasse darüber denken, könnt ihr in den Sprechblasen lesen

Begriffe wie „Konflikt“, „Frieden“ oder „Krieg“ gebrauchen wir häufig. Doch was genau versteht man darunter?

Unter einem Konflikt versteht man allgemein einen Gegensatz zwischen Personen, Werten oder Ideen. Konflikte sind auf politischer, wirtschaftlicher oder gesellschaftlicher Ebene möglich. Sie können sich dann in einen kriegs- oder bürgerkriegsähnlichen Zustand steigern, wenn die Konfliktparteien miteinander unvereinbare Interessen vertreten und sie unbedingt durchsetzen wollen.

Zu den großen Konflikten des 20. Jahrhunderts (Weltkriege, Kalter Krieg, Nord-Süd-Konflikt) sind in den letzten Jahrzehnten im Zusammenhang mit der Globalisierung neue Konfliktherde hinzugekommen, wie z.B. grenzüberschreitende Umweltbelastungen.

Sicher ist euch in den Fernsehnachrichten oder in der Zeitung aufgefallen, dass es fast täglich Meldungen über den Konflikt zwischen Israelis und Palästinensern gibt.

Wegen seiner Aktualität möchten wir ihn daher als Fallbeispiel für die Methode „Konfliktanalyse“ verwenden, mit deren Hilfe ihr Konflikte selbstständig untersuchen könnt.

In diesem Fall handelt es sich um einen offenen Konflikt, dessen Lösung zum jetzigen Zeitpunkt noch nicht absehbar ist.

1. Schritt: Beschreibung der Ausgangssituation (historischer oder/und aktueller Art)

- Was ist wann und wo passiert?
- Wer ist an dem Geschehen beteiligt?

2. Schritt: Informationsbeschaffung und -auswertung

a) Ursachen:
- Gibt es ein auslösendes Ereignis?
- Um welche Streitfragen geht es?
- Was sind deren Hintergründe?

b) Verlauf:
- Welche wichtigen Ereignisse geschahen bisher?
- Ergeben sich aus dem Verlauf indirekt Beteiligte?

c) Ziele:
- Welche Ziele haben die Beteiligten?
- Gibt es einen Unterschied zwischen „offiziell" vertretenen und „unterschwellig" verborgenen Motiven?

3. Schritt: Diskussion der Lösungsansätze

- Welche Lösungsansätze werden entwickelt?
- Sind Kompromisse denkbar und nötig?

4. Schritt: Wertung und Beurteilung

- Wie realistisch ist eine Friedenslösung?

Tipps zur Informationsbeschaffung, -auswertung und -präsentation:
Quellen: Zeitungen, Bücher, politische Magazine, Radionachrichten, Fernsehdokumentationen, Internetrecherche, Experten

Friedensdemonstration in Berlin

Auf den Seiten 52–57 findet ihr Materialien zum Nahostkonflikt. Mithilfe der methodischen Schritte kann dieses Thema beispielhaft bearbeitet werden. Da es sich beim Nahostkonflikt um einen zurzeit noch offenen Konflikt handelt, ist vielleicht nicht jede Frage zu beantworten. Im Gegensatz zu einem abgeschlossenen Konflikt stehen nicht alle Informationen und Ergebnisse zur Verfügung (z. B. Dauerhaftigkeit der Friedenslösung).

1 Lest die einzelnen Äußerungen zu den Begriffen Krieg, Frieden und Konflikt aufmerksam durch.

2 Formuliert eine eigene Definition dieser Begriffe.

3 Verständigt euch auf eine gemeinsame Definition und notiert sie auf einem Plakat.

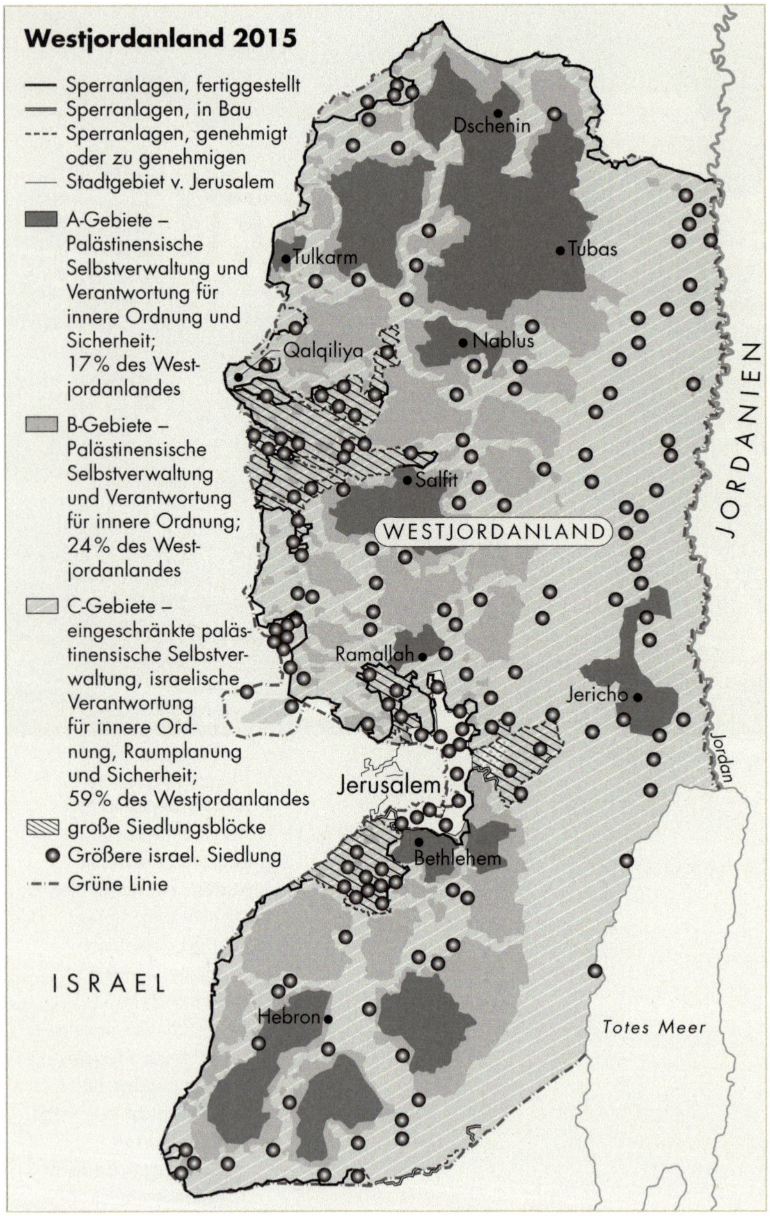

M1 Westjordanland 2015

M2 UNO bezeichnet Gazastreifen als unbewohnbar

1,9 Millionen Menschen leben im Gazastreifen* unter härtesten Bedingungen. Aus Sicht der Vereinten Nationen hat sich die Situation der Menschen dort zuletzt erheblich verschlechtert. Die Schwelle der Unbewohnbarkeit sei bereits überschritten: Nach Ansicht von UNO-Vertretern haben sich die Lebensbedingungen im Gazastreifen massiv verschlechtert. Ein normales Leben sei wegen der hohen Jugendarbeitslosigkeit, dem wenigen Trinkwasser und der mangelnden Gesundheitsversorgung dort nicht mehr möglich.

In einem neuen Bericht mit dem Titel „Gaza – zehn Jahre später" hat die UNO die Lebensbedingungen der zwei Millionen Menschen in dem Küstenstreifen untersucht. Demnach haben die Bewohner nur noch wenige Stunden am Tag Elektrizität, und die Jugendarbeitslosigkeit liegt bei über 60 Prozent. Mehr als 95 Prozent des Wassers habe keine Trinkwasserqualität. „Die Lage hat sich schneller verschlimmert als angenommen", sagt ein Sprecher [...]

Das Palästinensergebiet unterliegt seit zehn Jahren einer israelischen Blockade. Die mangelhafte Versorgung des Gebiets ist auch ein Ergebnis eines Streits der im Gazastreifen herrschenden radikalislamischen Hamas und der palästinensischen Autonomiebehörde im Westjordanland. Seit 2013 hat zudem Ägypten seine Grenze zum Gazastreifen weitgehend abgeriegelt.

mho/dpa: spiegel-online.de, 11.7.2017 (Zugriff: 23.8.2017)

Palästina

Palästina wird das Land von der arabischen Bevölkerung genannt, die seit Jahrhunderten auf dem Gebiet des heutigen Israel ansässig ist. Es wurde von 1919 bis 1947 von den Briten verwaltet. Danach beschloss die UN-Vollversammlung, Palästina zu teilen. Mit einer Bevölkerung von 1,3 Millionen Arabern und 608 000 Juden sollten ein arabisch-palästinensischer und ein jüdischer Staat entstehen.
Die Stadt Jerusalem sollte unter internationale Kontrolle gestellt werden, um Juden, Muslimen und Christen den freien Zugang zu ihren heiligen Stätten zu gewährleisten. Dieser Plan wurde von den Juden begrüßt, von den Arabern aber strikt abgelehnt. Es kam zu kriegerischen Auseinandersetzungen und am 14. Mai 1948 zu einer einseitigen Ausrufung des Staates Israel durch den Jüdischen Nationalrat unter Vorsitz von David Ben-Gurion. Die Gründung eines eigenen jüdischen Staates erstrebte schon seit dem Ende des 19. Jahrhunderts die von dem Juden Theodor Herzl (1860–1904) geführte national-jüdische Bewegung des Zionismus („Zion" heißt der Tempelberg in Jerusalem). Für die in aller Welt zerstreuten und in den Gastländern oft angefeindeten Juden wurde eine „Heimstätte" gefordert, die ihnen Zuflucht und Schutz bieten sollte. Dies sollte das Heilige Land sein.

* Der **Gazastreifen** ist ein schmaler Küstenstreifen am Mittelmeer zwischen Israel und Ägypten. Von 1967 bis 2005 besetzte Israel den Streifen. Dann zog sich Israel komplett aus dem Gebiet zurück. In den folgenden Jahren kam es zu zahlreichen militärischen Konflikten, weil Israel zuvor mit Raketen aus dem Gazastreifen heraus beschossen wurde. Israel verhängte 2007 eine Land-, See- und Luftblockade über das Gebiet, weil die im Gazastreifen herrschende radikalislamische Hamas Israel weiterhin mit Raketen beschoss. Infolge der israelischen Angriffe ist die öffentliche Infrastruktur, wie Straßen, Strom- und Wasserversorgung, in dem Küstenstreifen schwer beschädigt. Die 1,9 Millionen Bewohner des Gebietes, darunter 1,3 Millionen palästinensische Flüchtlinge, sind zum großen Teil vollständig auf humanitäre Hilfe durch die UNO angewiesen.

M 3 Wem gehört Palästina?

Zum UN-Teilungsplan für Palästina von 1947 nahm der PLO-Führer Jassir Arafat 1974 vor der Vollversammlung der Vereinten Nationen Stellung:
„[...] Sie [die jüdischen Siedler] erbauten ihre Siedlungen und Kolonien [...] auf unseren Feldern und Gärten. Hier liegen die Wurzeln des palästinensischen Problems, das heißt, dass die Grundlagen dieses Problems nicht in religiösen oder nationalistischen Widersprüchen zweier Religionen oder zweier Nationalitäten zu suchen sind und nicht im Streit um Grenzen zwischen benachbarten Staaten. Es ist das Problem eines Volkes, dessen Land gewaltsam geraubt, das von seinem Boden vertrieben wurde und dessen Mehrheit in der Verbannung in Zelten lebt [...]"

https://palaestina.org/uploads/media/rede_von_praesident_yassir_arafat.pdf (Zugriff: 25.9.2017)

M 4 Auszüge aus der Unabhängigkeitserklärung des Staates Israel vom 14. 5. 1948

Im Lande Israel entstand das jüdische Volk [...] Beseelt von der Kraft der Geschichte und Überlieferung, suchten Juden aller Generationen in ihrem alten Lande wieder Fuß zu fassen [...] Die Katastrophe, die in unserer Zeit über das jüdische Volk hereinbrach und in Europa Millionen von Juden vernichtete, bewies unwiderleglich aufs Neue, dass das Problem der jüdischen Heimatlosigkeit durch die Wiederherstellung des jüdischen Staates im Lande Israel gelöst werden muss [...]

www.hagalil.com/israel/independence/azmauth.htm (Zugriff: 25.9.2017)

1 Auf den Seiten 52–57 erhaltet ihr wichtige Informationen zum Nahostkonflikt. Teilt euch in der Klasse in fünf Gruppen auf. Ordnet jeder Gruppe einen der Arbeitsschritte zu, die auf der Methodenseite S. 50/51 vorgestellt wurden (Schritte 1, 2 a, 2 b, 2 c und 3. Schritt 4 werdet ihr nach den Kurzreferaten gemeinsam bearbeiten.). Versucht eure Fragen mithilfe der Informationen der Texte zu erarbeiten und nutzt an notwendigen Stellen das Internet oder andere Informationsquellen. Präsentiert eure Ergebnisse als Kurzreferat der ganzen Klasse.

M 5 Bei Nablus, Westjordanland 2017: Ein palästinensischer Demonstrant wirft ein Gasgeschoss zurück auf israelische Sicherheitskräfte.

M 6 Gazastreifen 2017: Parade der Hamas

M 7 Zeittafel	
1948	Gründung des Staates Israel; Erster arabisch-israelischer Krieg („Unabhängigkeitskrieg") endet mit dem Sieg Israels. Flucht und Vertreibung von ca. 650 000 Palästinensern.
1956–1973	1956 Zweiter Nahostkrieg um den Sueskanal und Sinai, 1967 Dritter Nahostkrieg („Sechs-Tage-Krieg"). Israel nimmt Ost-Jerusalem ein, besetzt das Westjordanland, den Gazastreifen, die Golanhöhen, 1973 Vierter Nahostkrieg („Yom-Kippur-Krieg")
1964	Gründung der PLO („Palestine Liberation Organization"), des politischen Vertretungsorgans der Palästinenser
1979	Frieden zwischen Ägypten und Israel auf der Grundlage des Camp-David-Abkommens
1987	Beginn der ersten „Intifada" (arab.: Abschüttelung): offener Volksaufstand der Palästinenser im Gazastreifen, Westjordanland und Ost-Jerusalem
1988	Der Palästinensische Rat verkündet im Exil die Gründung eines unabhängigen Palästinenserstaates.
1994/1995	Abkommen in Oslo zwischen Israel und der PLO. Die Parteien vereinbaren die gegenseitige Anerkennung.
1995	Ermordung des israelischen Ministerpräsidenten Rabin
2002/2003	Der Friedensplan „Roadmap" wird von der palästinensischen und israelischen Regierung bestätigt.
2004	Tod Yassir Arafats
2005	Mahmut Abbas wird zum neuen Präsidenten der Palästinenser gewählt.
2006	Zweiter Libanonkrieg; Israel fliegt Angriffe auf Ziele der Hisbollah im Libanon und dringt mit Bodentruppen im Süden des Landes ein.
2006	Die radikale Hamas gewinnt demokratische Wahlen im Gazastreifen, beschießt Israel aus dem Gazastreifen mit Raketen.
2008	(28. Dezember) Israel startet eine Luftoffensive auf Ziele im Gazastreifen.
2014	Dritter Gaza-Krieg mit über 2200 Toten und 200 000 Flüchtlingen

M 8 Daten über Israel und Palästinensische Autonomiegebiete

	Israel	Palästinensische Autonomiegebiete
Bevölkerung	8,2 Mio. Einwohner (2016)	4,7 Mio. Einwohner (2016; davon Westjordanland 2,8 Mio., Gazastreifen 1,9 Mio.)
Fläche	Kernland 20 991 km², besetzte Gebiete 6831 km²	6020 km²
Sprache	Hebräisch, Arabisch	Arabisch
Religion	75,6 % Juden	Westjordanland: 83 % Muslime, 17 % Juden
	17,0 % sunnitische Muslime	Gazastreifen: 99 % Muslime
	2,0 % Christen	
	5,4 % sonstige	
Armutsrate	24,5 % (Stand 2008)	60 % bis 70 % (weniger als 2 US-Dollar am Tag, Stand 2007)
Bruttoinlandsprodukt	318 Mrd. US-Dollar (2016)	12,7 Mrd. US-Dollar (2015)

Quelle: Recherche des Autors

M 9 So könnten sich Israelis über Ziele äußern

Wir haben in den besetzten palästinensischen Gebieten Möglichkeiten zur Ansiedlung von jüdischen Einwanderern geschaffen. Durch diese systematische Siedlungspolitik kontrollieren wir strategisch wichtige Gebiete und schützen unser Kernland.
Die Hauptquellen unserer Wasserversorgung liegen in den besetzten palästinensischen Gebieten und auf den ehemals syrischen Golanhöhen unter staatlicher und militärischer Kontrolle. Wir können diese nicht aufgeben, da sonst die Wasserversorgung der Bevölkerung und der Landwirtschaft bedroht wäre.
Eine Rückkehr der palästinensischen Flüchtlinge lehnen wir ab. Sie sollen sich in arabischen Staaten ansiedeln. Eine Ausnahme soll die Zusammenführung von Familien sein.
Ost-Jerusalem und die Westmauer des Tempels (Klagemauer) gehören zu Israel. Wir sind zwar für eine Zwei-Staaten-Lösung, haben aber auf der palästinensischen Seite keinen verlässlichen Partner. Den Friedensprozess wollen wir natürlich unterstützen, sehen ihn allerdings auch recht skeptisch.

Siehe M 10.

Benjamin Netanjahu, Ministerpräsident Israels seit 2009

M 10 So könnten sich Palästinenser über Ziele äußern

Wir wollen einen palästinensischen Staat in den Grenzen von 1967 mit der Hauptstadt in Ost-Jerusalem. Wir verlangen den Rückzug Israels aus dem 1967 besetzten Gazastreifen, Westjordanland und Ost-Jerusalem. Damit unser Staat lebensfähig ist, muss sein Territorium zusammenhängend sein. Wir kritisieren die israelische Siedlungspolitik, die gemäß der Genfer Konvention unrechtmäßig ist. Wir benötigen die Wasserressourcen in den besetzten Gebieten, da wir an akutem Wassermangel leiden.
Etwa 3,9 Millionen registrierte Flüchtlinge leben in Lagern in Jordanien, Libanon, Syrien, im Westjordanland und im Gazastreifen. Wir fordern ihre Rückkehr.
Ost-Jerusalem und die muslimischen Pilgerstätten gehören den Palästinensern.
Nach den verheerenden Luftangriffen auf den Gazastreifen ist es für uns elementar wichtig, dass Hilfsleistungen aus dem Ausland schnell in unser Gebiet kommen. Israel muss einen Staat Palästina unbedingt anerkennen, damit wir gleichberechtigt in diesem Gebiet leben können.

Zusammengestellt und ergänzt nach: Bundeszentrale für politische Bildung (Hg.), Informationen zur politischen Bildung, Heft 278, Israel, 2003, S. 62 ff.

Mahmut Abbas, Präsident der palästinensischen Autonomiegebiete seit 2005

M11 Panorama von Jerusalem: Die Stadt wird von Israel als Hauptstadt betrachtet, zugleich soll sie die Hauptstadt eines künftigen palästinensischen Staates werden.

M12 Die beste aller schlechten Lösungen

Die Einstaatenlösung

Israel annektiert den Gazastreifen und das Westjordanland. Damit entstünde ein Staat auf dem gesamten Gebiet des historischen britischen Mandatsgebiets Palästina. Doch es wäre das Ende eines jüdischen und demokratischen Israel. Denn innerhalb dieses Staates lebten dann nach jetzigem Stand etwas mehr als sechs Millionen Juden und ungefähr genauso viele arabische Muslime und Christen. Gibt man ihnen die gleichen Rechte wie den Juden, wäre Israel kein jüdischer Staat mehr. Verwehrt man ihnen diese Rechte, wäre Israel kein demokratischer Staat mehr.

Deshalb haben selbst rechte Parteien in Israel eine Annektion der palästinensischen Gebiete bislang stets abgelehnt. Sie fordern vielmehr eine Abtrennung des Westjordanlands zu ihren Bedingungen, also unter Beibehaltung fast aller jüdischer Siedlungen und der Kontrolle über das Jordantal [...]

Die Jordanienlösung

Nach dem israelischen Unabhängigkeitskrieg 1948 übernahm Jordanien die Kontrolle über das Westjordanland und Ost-Jerusalem. Nachdem Israel die Gebiete im Sechstagekrieg 1967 erobert hatte, verzichtete Jordanien 1988 zugunsten der Palästinensischen Befreiungsbewegung PLO auf alle Ansprüche.

Trotzdem verweisen rechte Gruppen in

M13 Grenzmauer zwischen dem palästinensischen Bethlehem und den von Israel besetzten Gebieten Jerusalems

Israel darauf, dass es mit Jordanien ja schon längst einen palästinensischen Staat gebe, schließlich besteht die Bevölkerung des Landes mehrheitlich aus Nachfahren palästinensischer Flüchtlinge. Deshalb könnte Jordanien künftig auch die Kontrolle über das Westjordanland übernehmen – mit Ausnahme der jüdischen Siedlungen dort. Doch nicht nur die Palästinenser lehnen einen solchen Plan ab. Er würde wohl auch das Ende des Königshauses in Jordanien bedeuten, das seine Macht auf die beduinenstämmige Bevölkerung stützt.

Einseitiger Abzug Israels

In den vergangenen Jahren haben Vertreter verschiedener israelischer Regierungen einen unilateralen Abzug aus dem Großteil des Westjordanlands ins Spiel gebracht. Nach diesem Szenario würde Israel die Kontrolle über die Siedlungsblöcke und Ost-Jerusalem behalten, den Rest des Gebiets würde Israel der Palästinensischen Autonomiebehörde überlassen, ohne dass es ein Abkommen beider Seiten gibt.
Ähnlich ging der damalige Premierminister Ariel Scharon 2005 im Gazastreifen vor. Er räumte die wenigen Siedlungen dort und zog das Militär ab. Die Sicherheitskräfte der Palästinensischen Autonomiebehörde übernahmen die Kontrolle. Doch nicht einmal zwei Jahre später vertrieb die Hamas die Truppen der Palästinensischen Autonomiebehörde aus Gaza und errichtete eine Diktatur, die bis heute die Zerstörung Israels zu ihrem Ziel erkoren hat.
Seither hat Israel zwei Kriege gegen die Hamas im Gazastreifen geführt. Viele Israelis fürchten daher, dass sich dieses Szenario bei einem Abzug aus dem Westjordanland wiederholen könnte. Besonders, weil es noch viel dichter an den großen israelischen Bevölkerungszentren in der Landesmitte grenzt.

Fortsetzung des Status quo

Angesichts des stagnierenden Friedensprozesses ist das wahrscheinlichste Szenario, dass erst einmal alles so bleibt, wie es ist. Zumindest auf den ersten Blick: Denn Israel verändert die Bedingungen in den besetzten Gebieten permanent, indem der Staat die Siedlungen ausbaut. Derzeit leben rund 350 000 jüdische Siedler im Westjordanland und rund 250 000 in Ost-Jerusalem. Tendenz steigend [...]
Für die knapp drei Millionen Palästinenser im Westjordanland bedeutet der Status quo, dass sie auch nach 50 Jahren Besatzung weiter als Menschen zweiter Klasse leben müssen. Israel enteignet ihr Land für den Siedlungsbau, schränkt ihre Bewegungsfreiheit massiv ein, stellt sie unter Militärrecht. Das Schicksal der Palästinenser liegt in den Händen der israelischen Regierung und ihrer Behörden, die sie nicht ausgesucht haben und die sie selbst nicht wählen können [...]

Christoph Sydow, Spiegel-Online, 16.2.2017 (Zugriff: 23.8.2017)

M14 Karikatur: Klaus Stuttmann

Bemühungen um den Weltfrieden

Nach dem Ersten Weltkrieg versuchte die Pariser Friedenskonferenz im Frühjahr 1919 auf Drängen der USA eine Einrichtung zu schaffen, die weltweit für die Erhaltung des Friedens sorgen sollte. Mit dem Völkerbund wollten die Siegermächte unter Führung der USA eine Weltfriedensordnung schaffen. Konflikte zwischen Staaten sollten nun durch eine internationale Einrichtung in einem geordneten Verfahren beigelegt werden. Der Völkerbund war jedoch von Anfang an schwach, denn er hatte außer wirtschaftlichen Maßnahmen keine wirklichen Machtmittel. Beim Ausbruch des Zweiten Weltkrieges hat der Völkerbund keine bedeutsame Rolle mehr gespielt.

Vom Völkerbund zur UNO

Im Jahr 2015 feierte die Organisation der Vereinten Nationen (United Nations Organization, UNO) ihr 70-jähriges Bestehen. Als die UNO am 24. Juni 1945 ins Leben gerufen wurde, war dies eine Antwort auf die Schrecken des Zweiten Weltkrieges und das Versagen des Völkerbundes. Noch vor dem Ende des Zweiten Weltkrieges einigten sich die USA und die Sowjetunion darauf, eine Organisation zur Aufrechterhaltung des Weltfriedens zu schaffen. Die Vereinten Nationen sollten die Zusammenarbeit aller Länder fördern und über die Einhaltung des Friedens wachen. Grundlage der Vereinbarungen, die in der UN-Charta festgehalten worden sind, waren die Menschenrechte. Bewaffnete Konflikte durften nun auch mit militärischen Zwangsmaßnahmen beendet werden.

M1 Fahne der UNO

M2 „Non Violence“. Bronzeskulptur des schwedischen Künstlers Carl Fredrik Reuterswärd vor dem UN-Sitz in New York

M3 Charta der Vereinten Nationen vom 26. Juni 1945

Ziele und Grundsätze

Die Vereinten Nationen setzen sich folgende Ziele:

1. den Weltfrieden und die internationale Sicherheit zu wahren und zu diesem Zweck wirksame Maßnahmen zu treffen, um Bedrohungen des Friedens zu verhüten und zu beseitigen, Angriffshandlungen und andere Friedensbrüche zu unterdrücken und internationale Streitigkeiten [...] durch friedliche Mittel nach den Grundsätzen der Gerechtigkeit und des Völkerrechts zu bereinigen oder beizulegen,
2. freundschaftliche, auf der Achtung vor dem Grundsatz der Gleichberechtigung und Selbstbestimmung der Völker beruhende Beziehungen zwischen den Nationen zu entwickeln [...],
3. eine internationale Zusammenarbeit herbeizuführen, um internationale Probleme wirtschaftlicher, sozialer, kultureller und humanitärer Art zu lösen und die Achtung vor den Menschenrechten und Grundfreiheiten für alle ohne Unterschied der Rasse, des Geschlechts, der Sprache oder der Religion zu fördern und zu festigen.
4. ein Mittelpunkt zu sein, in dem die Bemühungen der Nationen zur Verwirklichung dieser gemeinsamen Ziele aufeinander abgestimmt werden.

M4 UN-Gebäude in New York

Artikel 41

Der Sicherheitsrat kann beschließen, welche Maßnahmen – unter Ausschluss von Waffengewalt – zu ergreifen sind, um seinen Beschlüssen Wirksamkeit zu verleihen; er kann die Mitglieder der Vereinten Nationen auffordern, diese Maßnahmen durchzuführen. Sie können die vollständige oder teilweise Unterbrechung der Wirtschaftsbeziehungen, des Eisenbahn-, See- und Luftverkehrs, der Post-, Telegrafen- und Funkverbindungen sowie sonstiger Verkehrsmöglichkeiten und den Abbruch der diplomatischen Beziehungen einschließen.

Artikel 42

Ist der Sicherheitsrat der Auffassung, dass die in Artikel 41 vorgesehenen Maßnahmen [...] sich als unzulänglich erwiesen haben, so kann er mit Luft-, See- oder Landstreitkräften die zur Wahrung oder Wiederherstellung des Weltfriedens und der internationalen Sicherheit erforderlichen Maßnahmen durchführen. Sie können Demonstrationen, Blockaden und sonstige Einsätze der Luft-, See- oder Landstreitkräfte von Mitgliedern der Vereinten Nationen einschließen.

United Nations, www.unric.org/de/charta (Zugriff: 18.9.2017)

1 Beschreibt die Zielsetzung der UNO mit eigenen Worten (**M3**, Text).

2 Erläutert die Möglichkeiten der UNO, in Konflikte einzugreifen (**M3**, Artikel 41 und Artikel 42).

M1 UN-Generalsekretär António Guterres

M2 Die UN-Generalversammlung in New York

Unterschiedliche Vorstellungen über die UNO

Die Vorstellungen über eine neue Weltfriedensordnung waren bei der Gründung der UNO recht unterschiedlich. Deswegen verständigte man sich 1945 darauf, dass die USA, die Sowjetunion, Großbritannien, Frankreich und China in der wichtigsten Einrichtung der UNO, dem Sicherheitsrat, ein Vetorecht erhielten. Jedes Mitglied im Sicherheitsrat hat das Recht, durch einen Einspruch einen Beschluss zu verhindern. Entscheidungen können also im Sicherheitsrat nur einstimmig gefasst werden. Zudem wurde beschlossen, dass diese fünf Staaten ständige Mitglieder des Sicherheitsrates sein sollten. Nach Auflösung der Sowjetunion hat nun Russland einen ständigen Sitz im Sicherheitsrat. Neben den fünf genannten ständigen Mitgliedern gehören zum Sicherheitsrat zehn weitere, nichtständige Mitglieder, die alle zwei Jahre von der Generalversammlung gewählt werden: fünf aus Afrika und Asien, je zwei aus Lateinamerika und der Gruppe der westeuropäischen und sonstigen Staaten, ein osteuropäisches Land.

Die Generalversammlung ist das organisatorische Zentrum der UNO. Sie tritt einmal im Jahr in New York zur Beschlussfassung über die wichtigsten Fragen der Weltpolitik zusammen. Alle Mitgliedstaaten der UNO sind in der Generalversammlung nach dem Prinzip „Ein Staat – eine Stimme" gleichberechtigt vertreten.

Die UNO – eine Weltorganisation

Seit 2011 gehören der UNO 193 Staaten an. Das sind praktisch alle Staaten der Erde. Eine der Lehren, welche die Siegermächte aus dem Zweiten Weltkrieg gezogen hatten, war die Einsicht, dass der Weltfriede nicht nur durch Kriege, sondern auch durch Armut und Elend bedroht wird. Sonderorganisationen widmen sich daher den Problemen der Entwicklungsländer, z.B. die WHO (Weltgesundheitsorganisation), die Infektionskrankheiten und Seuchen in der Welt ausrotten will, oder die FAO (Ernährungsorganisation). Mehr als 16 000 Menschen arbeiten heute für UN-Einrichtungen. Der Haushalt der UNO im Jahr 2016/2017 betrug über 5,4 Milliarden US-Dollar.

M3 Das UN-Spiel

Bildet Gruppen und versucht, die nachstehenden Fragen mithilfe von M4 zu beantworten. Notiert Kürzel und Bedeutung. Für jede richtige Lösung gibt es einen Punkt.

Wer ist zuständig?

1. Flüchtlinge müssen versorgt werden.
2. Absprachen zu weltweiten Gesundheitsfragen.
3. Einsatz von Friedenstruppen.
4. Anklagen von Kriegsverbrechern.
5. Übersicht über die Welternährung.
6. Ideenaustausch zur industriellen Entwicklung.
7. Entwicklungshelfereinsatz.
8. Asiatische Staaten verhandeln über Wirtschaftsfragen.
9. Der Generalsekrektär wird gewählt.
10. Umweltfragen sollen gelöst werden.
11. Sorge für Kinder in aller Welt.
12. Forschungen zur landwirtschaftlichen Entwicklung.
13. Weltweite Wirtschafts- und Sozialfragen.
14. Frauenförderung.
15. Menschenrechtsfragen.
16. Fragen des internationalen Postwesens.
17. Welthandelsprobleme.
18. Waffenverminderung in aller Welt.
19. Schule und Erziehung in aller Welt.
20. Atomenergiefragen.

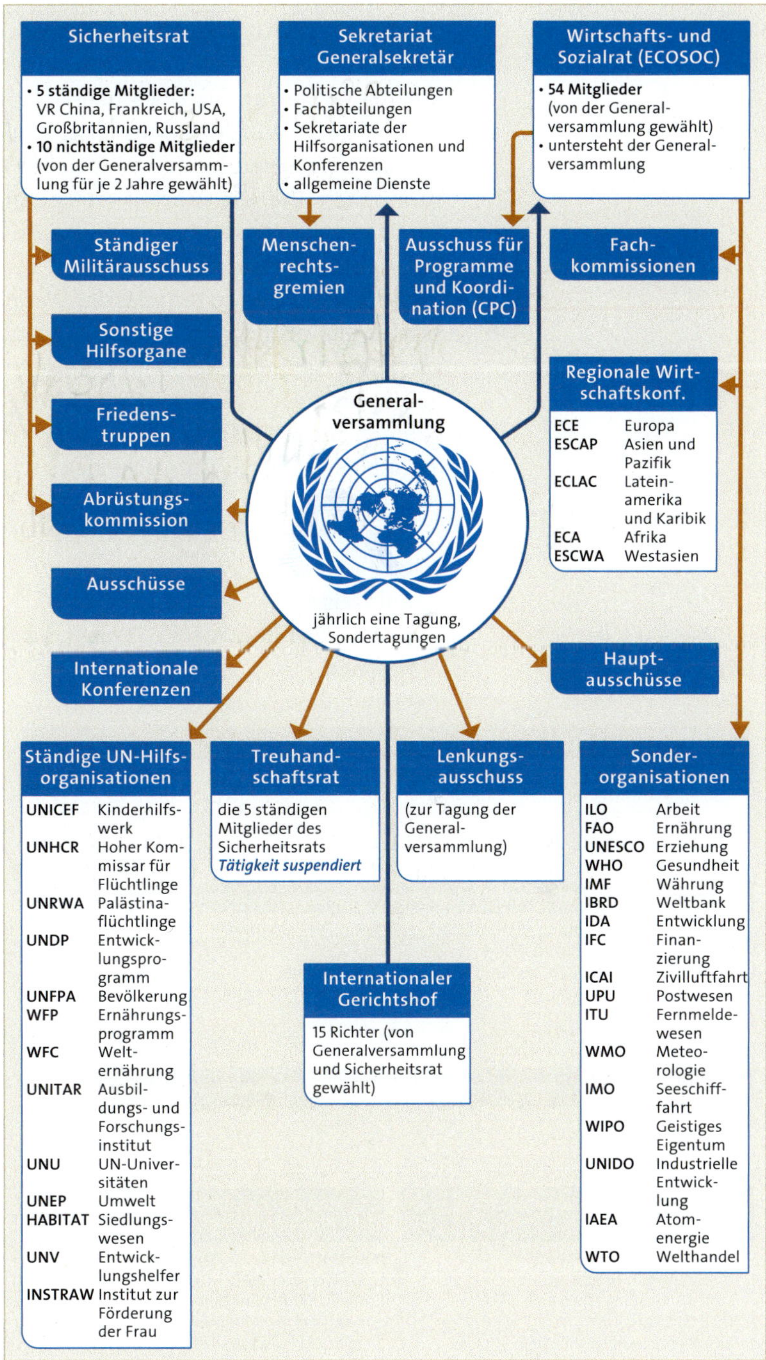

M4 Organisation der UNO

1 Schreibt zu den im Autorentext genannten Einrichtungen der UNO jeweils eine kurze Definition (Autorentext, **M4**).

2 Erklärt den Begriff Vetorecht. Überlegt, welche Vor- und welche Nachteile mit diesem Recht verbunden sein können.

3 Spielt das UN-Spiel (**M3**).

Konfliktbewältigung nach der UN-Charta

Mit ihrem Beitritt zur UNO haben 193 Staaten ihren Willen bekundet, gemeinsam an der Sicherung des Weltfriedens zu arbeiten. Die UN-Charta verpflichtet die Unterzeichnerstaaten, jede Androhung oder Anwendung von Gewalt gegen andere Staaten zu unterlassen. Wenn Staaten dennoch gegen die UN-Charta verstoßen und den Frieden gebrochen haben, kann der UN-Sicherheitsrat Maßnahmen zur Konfliktbewältigung ergreifen. Dabei gilt es zu unterscheiden zwischen

- friedenssichernden Maßnahmen sowie
- militärischen
- und nichtmilitärischen Zwangsmaßnahmen.

M1 Was kann der Sicherheitsrat entscheiden?

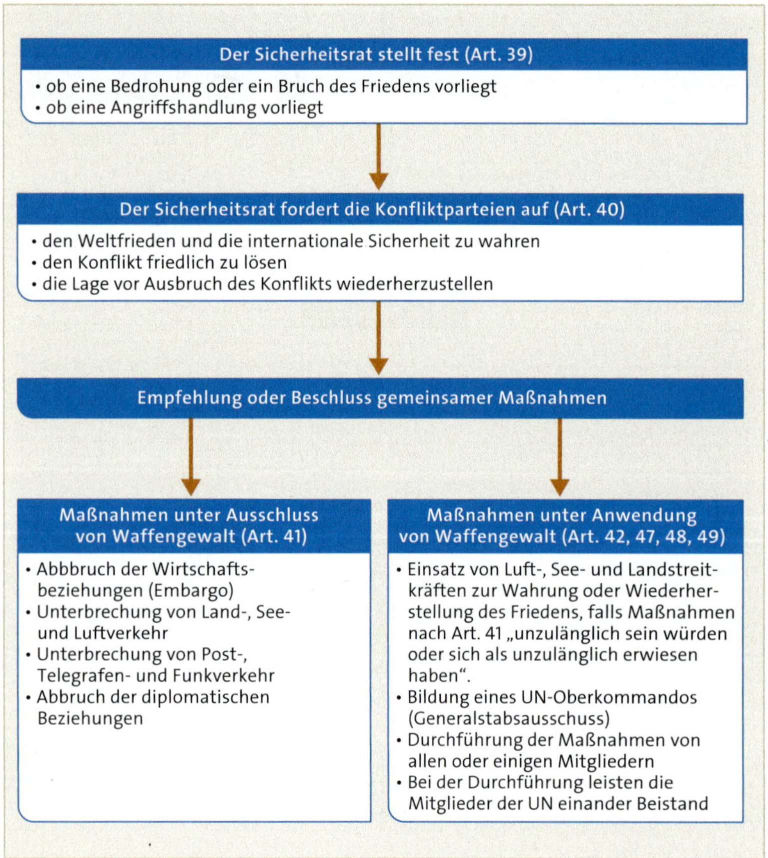

Keine eigenen Truppen

Als letzte und äußerste Maßnahme zur Konfliktbewältigung kann der Sicherheitsrat den Einsatz von Luft-, See- oder Landstreitkräften beschließen. Nach der UN-Charta sind alle Mitgliedstaaten verpflichtet, auf Ersuchen des Sicherheitsrates Streitkräfte zur Verfügung zu stellen und das Durchmarschrecht zu gewähren. In der Praxis überlässt der Sicherheitsrat die Ausführung der beschlossenen militärischen Maßnahmen den Mitgliedern der UNO, die sich dazu bereit erklären. So beteiligten sich 1950 bis 1953 fünfzehn Staaten, um Frieden zu stiften im Krieg zwischen Nord- und Südkorea. Im Jahr 1991 waren es dreizehn Staaten, die im ersten Golfkrieg die Eigenständigkeit Kuwaits gegenüber dem Irak durchsetzten. Das Oberkommando über die Truppen lag in beiden Einsätzen bei den USA.

Unerfüllte Hoffnung auf Frieden?

Zum ersten Mal in der Geschichte der Menschheit ist durch die UN-Charta anerkannt worden, dass militärische Maßnahmen der Völkergemeinschaft gegen einen Angreifer rechtmäßig sind.

Doch während der Zeit des Kalten Krieges zwischen Ost und West (1949–1989) wurden viele notwendige Friedensinitiativen der UNO durch die Uneinigkeit der USA und der Sowjetunion verhindert. Bis 1990 machten die USA und die Sowjetunion mehr als 200-mal von ihrem Vetorecht im Sicherheitsrat Gebrauch. In vielen kriegerischen Konflikten konnte die UNO nur Friedenstruppen, die Blauhelmtruppen, schicken, um die Kampfhandlungen zu beobachten oder Waffenstillstands- und Friedensverträge zu überwachen.

Darüber hinaus ist die UNO auch in der Lage, über Resolutionen Kriegsverbrechertribunale wie den Internationalen Strafgerichtshof für das ehemalige Jugoslawien* einzurichten, die für eine möglichst gerechte Strafe für Kriegsverbrechen sorgen sollen.

M2 UN-Friedensmissionen im Wandel

Als „klassisches“ Peacekeeping gilt das Entsenden leicht bewaffneter Soldaten oder unbewaffneter Militärbeobachter durch den UN-Sicherheitsrat, um Waffenstillstandsabkommen zu überwachen und eine Pufferzone zwischen Konfliktparteien zu schaffen. Durch die Präsenz unparteiischer Friedenstruppen („Blauhelme“), so der Gedanke, sollen Spannungen in einem Konflikt abgebaut und einer Verhandlungslösung der Weg geebnet werden [...]

Mit der Zunahme innerstaatlicher Konflikte seit Beginn der 1990er-Jahre wurde deutlich, dass allein die Anwesenheit unparteiischer Friedenssoldaten nicht ausreichte. Zivile Maßnahmen der Konfliktprävention und der Friedenskonsolidierung erlangten immer mehr Bedeutung.

Deutsche Gesellschaft für die Vereinten Nationen e.V., 2017, http://frieden-sichern.dgvn.de/friedenssicherung/un-friedensmissionen/ (Zugriff: 23.8.2017)

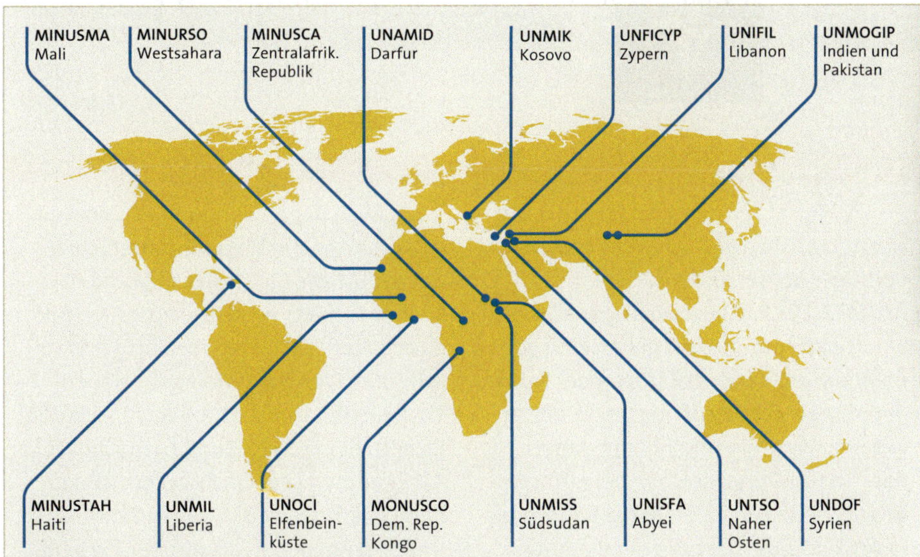

MINURSO	United Nations Mission for the Referendum in Western Sahara	seit 1991
MINUSCA	United Nations Multidimensional Integrated Stabilization Mission in the Central African Republic	seit 2014
MINUSMA	United Nations Multidimensional Integrated Stabilization Mission in Mali	seit 2013
MINUSTAH	United Nations Stabilization Mission in Haiti	seit 2004
MONUSCO	United Nations Organization Stabilization Mission in the Dem. Republic of the Congo	seit 2010
UNAMID	African Union-United Nations Hybrid Operation in Darfur	seit 2007
UNDOF	United Nations Disengagement Observer Force	seit 1974
UNFICYP	United Nations Peacekeeping Force in Cyprus	seit 1964
UNIFI	United Nations Interim Force in Lebanon	seit 1978
UNISFA	United Nations Interim Security Force for Abyei	seit 2011
UNMIK	United Nations Interim Administration Mission in Kosovo	seit 1999
UNMIL	United Nations Mission in Liberia	seit 2003
UNMISS	United Nations Mission in South Sudan	seit 2011
UNMOGIP	United Nations Military Observer Group in India and Pakistan	seit 1949
UNOCI	United Nations Operation in Côte d'Ivoire	seit 2004
UNTSO	United Nations Truce Supervision Organization	seit 1948

UNO, DPI/1634/Rev. 193, 6/ 2017; Übersetzung: UNRIC Westeuropa, 31.5.2017

M3 Aktuelle friedenssichernde Einsätze der Vereinten Nationen

M4 Sitzung des UN-Sicherheitsrates

* **Jugoslawien**
ehemaliger Staat (1918 bis 1991/92) in Südosteuropa. Nach seinem Zerfall kam es zu Bürgerkriegen mit über 100 000 Toten.
Heute bestehen diese Nachfolgestaaten: Bosnien-Herzegowina, Kroatien, Mazedonien, Montenegro, Slowenien und Serbien. Um die Republik Kosovo wird noch gestritten. Seit 1999 läuft dort ein UN-Friedenssicherungseinsatz.

1 Ordnet die Maßnahmen, die der UNO zur Konfliktbewältigung zur Verfügung stehen, in einer Tabelle. Unterscheidet dabei zwischen friedenssichernden Maßnahmen, militärischen Zwangsmaßnahmen und nichtmilitärischen Zwangsmaßnahmen (M1, M2, Text).

2 Erklärt den Anstieg von UN-Einsätzen nach Beendigung des Ost-West-Konflikts (M3).

3 Informiert euch über aktuelle UN-Einsätze und berichtet in der Klasse (M3, Internet).

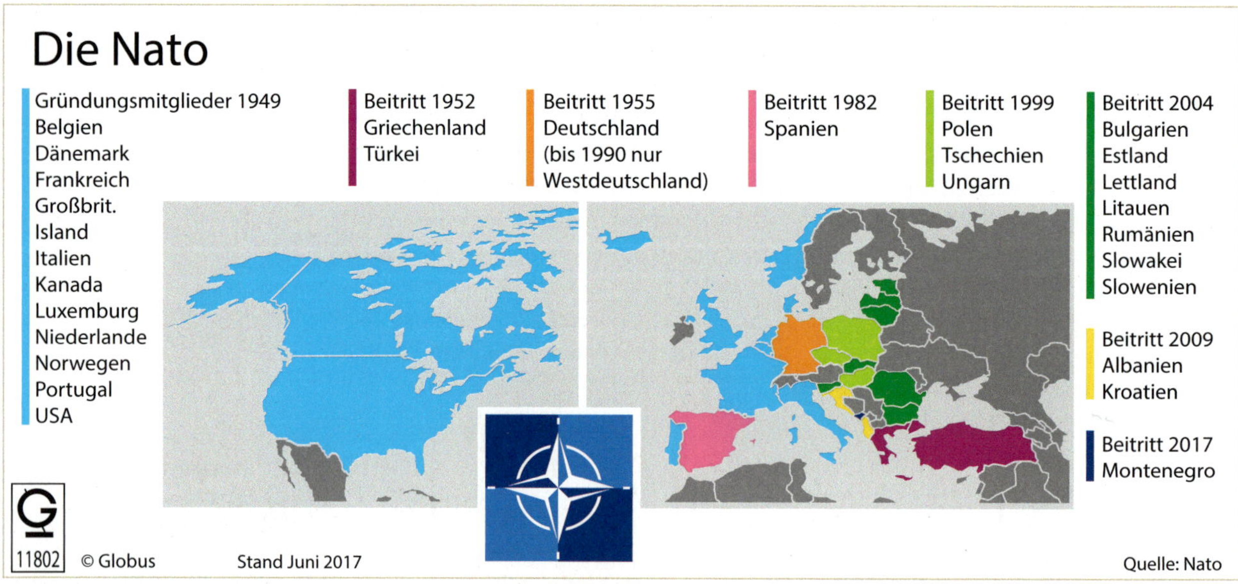

M1 Die NATO-Staaten

M2 Nordatlantikvertrag von 1949

Als wichtigste Vertragsgrundlage gilt der Nordatlantikvertrag. Das Herzstück des Vertrages ist hierbei Artikel 5:

Artikel 5. Die Parteien vereinbaren, dass ein bewaffneter Angriff gegen eine oder mehrere von ihnen in Europa oder Nordamerika als ein Angriff gegen sie alle angesehen wird; sie vereinbaren daher, dass im Falle eines solchen bewaffneten Angriffs jede von ihnen in Ausübung des in Artikel 51 der Satzung der Vereinten Nationen anerkannten Rechts der individuellen oder kollektiven Selbstverteidigung der Partei oder den Parteien, die angegriffen werden, Beistand leistet, indem jede von ihnen unverzüglich für sich und im Zusammenwirken mit den anderen Parteien die Maßnahmen, einschließlich der Anwendung von Waffengewalt, trifft, die sie für erforderlich erachtet, um die Sicherheit des nordatlantischen Gebiets wiederherzustellen und zu erhalten. Von jedem bewaffneten Angriff und allen daraufhin getroffenen Gegenmaßnahmen ist unverzüglich dem Sicherheitsrat Mitteilung zu machen. Die Maßnahmen sind einzustellen, sobald der Sicherheitsrat diejenigen Schritte unternommen hat, die notwendig sind, um den internationalen Frieden und die internationale Sicherheit wiederherzustellen und zu erhalten.

Ständige Vertretung der Bundesrepublik Deutschland bei der Nordatlantikvertrags-Organisation, Nordatlantikvertrag, www.nato.diplo.de/Vertretung/nato/de/04/Rechtliche__Grundlagen/Nordatlantikvertrag.html (Zugriff: 22.8.2017)

Veränderte NATO

Als die NATO 1949 gegründet wurde, hatte sie eine völlig andere Aufgabe als im 21. Jahrhundert. Damals sollte sie ein Gegengewicht gegen die Sowjetunion und die Staaten des Warschauer Paktes bilden. Im Kalten Krieg* hatte die NATO hier eine wichtige Bündnisfunktion. Im Artikel 5 des Nordatlantikvertrages war festgehalten, dass im Falle eines Angriffes auf einen der Mitgliedstaaten alle anderen Nationen Beistand leisten sollten.

Nach dem Ende des Kalten Krieges hat sich die NATO zu einem international agierenden Bündnis entwickelt und hat auch Staaten des früheren Warschauer Paktes als Mitglieder. Im April 2014 konnte sie ihr 65-jähriges Bestehen feiern.

* **Kalter Krieg**
Bezeichnung für den ab 1946 beginnenden Konflikt zwischen der marktwirtschaftlich-demokratischen USA (mit den NATO-Staaten) und der planwirtschaftlich-kommunistischen Sowjetunion und ihrem Militärbündnis, dem Warschauer Pakt. Beide Militärblöcke misstrauten sich zutiefst und rüsteten stark auf. Sie verfügten über Atomwaffen und hätten sich gegenseitig vernichten können. Der Konflikt blieb „kalt", d.h., beide Seiten vermieden den offenen Krieg. Die Grenze zwischen den Machtblöcken verlief durch Deutschland, denn die Bundesrepublik Deutschland gehörte zur NATO und die DDR zum Warschauer Pakt. Mit dem Zusammenbruch der Sowjetunion und der Auflösung des Warschauer Pakts 1991 endete der Kalte Krieg.

Zur Umstrukturierung und Anpassung an neue Kriegsformen im 21. Jahrhundert gehören auch eigene kleinere, mobile Einsatztruppen, die sogenannte NATO Response Force.

Afghanistan: Ein Land auf der Suche nach Frieden

Seit 2001 sind internationale Truppen in Afghanistan stationiert. Nach den Anschlägen auf das World Trade Center in New York am 11. September 2001 wurde Osama Bin Laden als Drahtzieher der Anschläge ausgemacht. Dieser sollte – so wurde vermutet – sich in Afghanistan versteckt halten und dort von den Taliban, einer radikalen Organisation, unterstützt werden. Die von den US-Amerikanern durchgeführten Angriffe brachten nicht den gewünschten Erfolg. Osama Bin Laden wurde erst 2011 in Pakistan aufgespürt und von Soldaten einer US-Spezialeinheit erschossen.

Nach der Besetzung des Landes versuchte die internationale Staatengemeinschaft staatliche Strukturen zu errichten. Seit 2004 gibt es eine demokratisch gewählte afghanische Regierung. Projekte zur Förderung der Bildung, insbesondere der Wiederaufbau von Schulen und andere Hilfsprojekte unterstützen die Rückkehr des Landes zur Normalität. Hierbei übernahm die ISAF bis 2014 das Oberkommando der Sicherheits- und Aufbaumission mit Genehmigung der UNO. Die Taliban verüben nach wie vor Anschläge, kämpfen gegen die Regierung und die ausländischen Truppen.

* **ISAF**
Die International Security Assistance Force (ISAF) war eine Sicherheits- und Wiederaufbaumission unter NATO-Führung im Rahmen des Afghanistan-Krieges von 2001 bis 2014.

Soldaten der Bundeswehr unterwegs in Afghanistan

M 3 Bundeswehreinsatz in Afghanistan

[...] Der Einsatz am Hindukusch bleibt damit vorerst die größte und teuerste Auslandsmission der Bundeswehr. Fast zehn Milliarden Euro hat der Einsatz in Afghanistan bis heute allein an „einsatzbedingten Zusatzausgaben" wie bspw. Einsatzzuschlägen gekostet. Und darin sind die Gehälter der Soldaten und Kosten für die Beschaffung von auch für den normalen Bundeswehrbetrieb genutztem Material und Fahrzeugen noch gar nicht enthalten [...]

Am 15. Dezember 2016 hat der Deutsche Bundestag der Verlängerung von „Resolute Support" um ein weiteres Jahr zugestimmt. Aus dem auf sechs Monate angelegten Einsatz wurden anderthalb Jahrzehnte. Und es werden, so sieht es derzeit aus, noch ein paar Jahre mehr.

Thomas Wiegold, Bundeszentrale für politische Bildung, www.bpb.de, 15.12.2016 (Zugriff: 22.8.2017)

Anzahl der Bundeswehrsoldaten in Afghanistan nach Jahren	
2001	1200
2005	3000
2009	4500
2013	3300
2017	950

1 Schreibt alle NATO-Mitgliedstaaten heraus (M 1).
2 Ermittelt, welche Staaten früher zum Warschauer Pakt gehörten.
3 Erläutert, wie sich die NATO nach dem Ende des Kalten Krieges gewandelt hat (Text, M 2).
4 Recherchiert in den Medien über aktuelle Herausforderungen in Afghanistan (M 3) und berichtet in der Klasse darüber.

M1 Grundausbildung bei der Bundeswehr

Lehren aus der Geschichte

Bei ihrer Staatsgründung 1949 besaß die Bundesrepublik Deutschland keine Armee. Nach dem Zweiten Weltkrieg konnten viele Menschen sich gar nicht mehr vorstellen, dass es jemals wieder deutsche Soldaten geben könnte. Doch mit dem Aufbau der feindlichen Militärbündnisse im Kalten Krieg wurden in der Bundesrepublik Deutschland wie in der DDR neue Armeen aufgebaut.

Die neue Armee, die Bundeswehr, sollte eine demokratische Armee sein. Sie sollte aus einem neuen Typ von Soldaten bestehen: Die militärische Ausbildung und Einsatzbereitschaft sollte kombiniert sein mit staatsbürgerlichem Verantwortungsbewusstsein. Entsprechend hatte die politische Bildung der „Staatsbürger in Uniform" zumindest im Konzept einen hohen Stellenwert. Mit dem vom Bundestag gewählten Wehrbeauftragten wurde eine Instanz eingerichtet – als Anlaufstation bei Verstößen gegen die neuen demokratischen Grundsätze. Die allgemeine Wehrpflicht sollte die enge Verbindung zwischen Armee und Bevölkerung sicherstellen. Das Recht auf Kriegsdienstverweigerung aus Gewissensgründen war bereits durch die Verfassung garantiert. Für die Verweigerer wurde ein ziviler Ersatzdienst eingerichtet. 1957 rückten die ersten Wehrpflichtigen ein. Im Jahr 2011 wurde die Wehrpflicht ausgesetzt. Sie ist seitdem auf den Spannungs- oder Verteidigungsfall beschränkt.

Die Aufgaben ändern sich

Bis 1990 war es die Aufgabe der Bundeswehr, im Rahmen der NATO die Bundesrepublik Deutschland zu verteidigen bzw. NATO-Partnern im Falle eines Angriffs Beistand zu leisten. Mit dem Zerfall des Ostblocks und der deutschen Einheit 1990 gab es keine territoriale Bedrohung Deutschlands mehr.

Sollte Deutschland nun nicht Verpflichtungen im Rahmen der zahlreicher werdenden UN-Einsätze wahrnehmen? Darüber entbrannte ein innenpolitischer Streit. Als die Bundesregierung beschloss, dass die Bundeswehr sich am UN-Einsatz in Somalia 1992–1994 mit humanitärer und technischer Hilfe beteiligt, zogen die Kritiker vor das Bundesverfassungsgericht. Mit dessen Urteil vom 12. Juli 1994 wurde klargestellt, dass Bundeswehreinsätze aufgrund internationaler Verpflichtungen (UNO, NATO, EU) verfassungsgemäß sind – aber nur bei vorheriger Zustimmung des Bundestags.

* **irregulär** ungesetzlich, regelwidrig
* **fragil** zerbrechlich
* **humanitäre Katastrophe** eine Menschen betreffende Katastrophe
* **Fiktion** etwas, was es nur in der Fantasie gibt

M 2 Neue Herausforderungen

Transnationaler Terrorismus, zwischenstaatliche Konflikte, fragile* Staatlichkeit, Klimawandel, humanitäre Katastrophen* sowie unkontrollierte und irreguläre* Migration stellen unmittelbare und mittelbare Bedrohungen für Deutschland dar. Insgesamt ist das Gefährdungsspektrum für Sicherheit und Frieden breiter und unberechenbarer geworden. Für die Bundeswehr als wichtiges Instrument der deutschen Außen- und Sicherheitspolitik sind daraus vielfältige neue Aufgaben entstanden, die sie gemeinsam mit den Bündnispartnern bewältigt [...]

Innere und äußere Sicherheit fallen in wenigen Bereichen so eng zusammen wie im Cyberraum. Vom Hacker- und Virenangriff bis hin zu komplexen, schwer erkennbaren Attacken: Cyberangriffe auf Staaten und kritische Infrastrukturen sind längst keine Fiktion* mehr [...]

Die Wahrung der Cybersicherheit als Zusammenwirken von Cyberabwehr und -verteidigung ist somit eine gesamtstaatliche Aufgabe, an der auch die Bundeswehr beteiligt ist [...]

Nach einem Schrumpfungsprozess in den vergangenen Jahren wird die Bundeswehr wieder wachsen [...] Angestrebt wird eine Personalstärke von insgesamt rund 198 000 Soldatinnen und Soldaten und 61 400 Stellen für Mitarbeiterinnen und Mitarbeiter im zivilen Bereich [...]

Bundesministerium der Verteidigung (Hg.): Arbeitgeber Bundeswehr im Visier, Nr. 5, 2017, S. 3, 5/6., 22

Die Bundeswehr im internationalen Einsatz

Deutschland beteiligt sich aktuell mit rund 3500 Soldaten an diesen Einsätzen

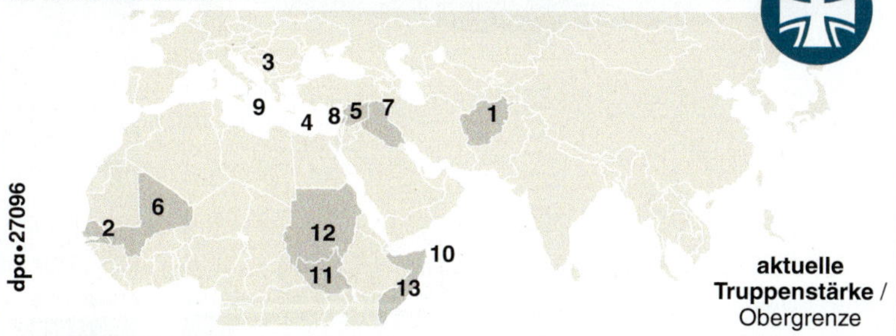

			aktuelle Truppenstärke	Obergrenze
1	**Resolute Support** Int. Sicherheitsunterstützungstruppe der Nato	Afghanistan	**950**	980
2	**MINUSMA** Friedensmission der UN	Mali, Senegal	**885**	1000
3	**KFOR** Friedenstruppe der Nato	Kosovo	**466**	800
4	**Sea Guardian** Nato: Seeraumüberwachung u. Terrorismusabwehr	Mittelmeer	**403**	650
5	**Anti-IS-Einsatz**	Syrien, Nahost	**279**	1200
6	**EUTM Mali** Trainingsmission der EU	Mali	**149**	300
7	Ausbildungsunterstützung	Nordirak	**143**	150
8	**UNIFIL** Friedensmission der UN	Libanon	**122**	300
9	**Operation Sophia** EU-Mission gegen Schleuser	Mittelmeer	**84**	950
10	**Atalanta** Anti-Piraterie-Mission der EU	Horn von Afrika	**19**	600
11	**UNMISS** Friedensmission der UN	Südsudan	**16**	50
12	**UNAMID** Friedensmission der UN und Afrikan. Union	Sudan	**9**	50
13	**EUTM Somalia** Trainingsmission der EU	Somalia	**8**	20

Quelle: Bundeswehr Stand 14. August 2017

M 3 Auslandseinsätze der Bundeswehr

1 Fasst den Text zusammen, wie sich die Aufgaben der Bundeswehr in den letzten Jahrzehnten verändert haben.

2 Beschreibt, welche neuen Aufgaben die Bundeswehr hat (M 2).

3 Informiert euch im Internet über aktuelle Bundeswehreinsätze und berichtet in der Klasse darüber.

4 Deutschland ist ein vollwertiger Teil der internationalen Gemeinschaft. Trotzdem wird die historische Vergangenheit noch immer herangezogen, um deutsche Soldaten nicht in bestimmte Gefahrengebiete zu entsenden. Diskutiert in der Klasse, inwieweit ihr dieses Vorgehen für gerechtfertigt haltet.

M1 Szenen aus Kriegen

Neue Kriegsformen

Kriege waren lange Zeit recht einfach zu beschreiben. Eine oder mehrere Nationen kämpften für einen klar definierten Zeitraum gegeneinander. Am Ende stand ein Friedensschluss sowie der Wiederaufbau der Länder und eine Integration der unterlegenen Mächte. Der Politikwissenschaftler Münkler beschreibt mit seinem Begriff der „neuen Kriege“ eine Veränderung.

M2 Neue Kriege

Dass der klassische Staatenkrieg, der in älteren Geschichtsbüchern so viel Platz eingenommen hat, ein historisches Auslaufmodell sei, mag vor zwei Jahrzehnten noch eine hochriskante Prognose gewesen sein; inzwischen gehört diese Feststellung zum festen Repertoire* der Voraussagen für das 21. Jahrhundert [...] In den neuen Kriegen an der Peripherie* der Wohlstandszonen sind wir nämlich seit einiger Zeit mit einer dramatischen Verbilligung des Kriegsgeschehens konfrontiert, in deren Gefolge Akteure kriegsführungsfähig geworden sind, an die man zuvor nicht im Entferntesten gedacht hätte. Kriegsführungsfähig ist, wer über ein paar Millionen Dollar verfügt. Selbstverständlich haben diese Kriegsakteure keine Luftabwehr, schon gar keine Kriegsmarine [...] Stattdessen bewaffnen sie Jugendliche mit Handfeuerwaffen und machen sie mit Pickups mobil. Von unzähligen Beobachtern sind die neuen Kriege als besonders grausam beschrieben worden. Übereinstimmung herrscht jedenfalls darin, dass in ihnen mehr Unschuldige als direkt am Krieg Beteiligte getötet werden. Weil in den neuen Kriegen Friedensschlüsse nach herkömmlichen Mustern nicht möglich sind bzw. keine Bindewirkung entfalten, spricht man inzwischen von Friedensprozessen, in denen ein langwieriger und schrittweiser Übergang vom Krieg zum Frieden organisiert und moderiert werden soll.

Herfried Münkler: Neues vom Chamäleon Krieg. In: Aus Politik und Zeitgeschichte, 16.4.2007, S. 142 ff., gekürzt

* **Repertoire** eingeübte Rollen

* **Peripherie** Randgebiet

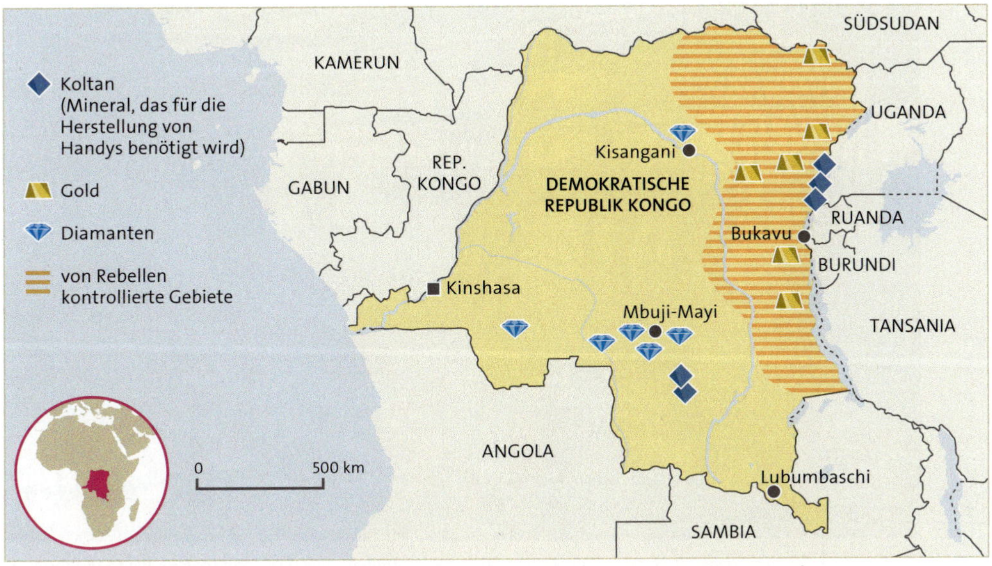

M 3 Die Rohstoffvorkommen im Kongo

M 4 Das Beispiel Kongo

Es ist die größte und teuerste UN-Mission der Welt: Knapp 17 000 Soldaten, 1300 Polizisten sowie mehrere Tausend zivile Mitarbeiter sind in der Demokratischen Republik Kongo stationiert. Eine gewaltige Mission – allerdings geht es auch um einen der schlimmsten Krisenherde weltweit. Frieden herrscht in dem riesigen Land im Herzen Afrikas seit mehr als 20 Jahren nicht mehr, die immer wieder aufflammende Gewalt hat geschätzt fünf Millionen Kongolesen das Leben gekostet, mehr als zwei Millionen Menschen befinden sich bis heute auf der Flucht [...]

In den rohstoffreichen Provinzen im Osten herrscht ein Machtvakuum; unzählige Milizen ziehen dort seit Jahren marodierend* durch die Dörfer, quälen die Menschen und finanzieren sich über Rohstoffschmuggel. Einige tun es mit Unterstützung der Nachbarstaaten Ruanda und Uganda: Dort hat man Interesse an einem instabilen Kongo und dessen Bodenschätzen. Zusammen mit Regierungssoldaten versuchen die Blauhelme die Milizen im Ostkongo zu bekämpfen – bisher mit mäßigem Erfolg [...]

Die meisten Kongolesen misstrauen dem Staat und seinen Sicherheitskräften zutiefst – zu korrupt und unfähig ist die Regierung, zu gewalttätig und unberechenbar sind ihre Soldaten. Die UN-Mission ist unter solchen Umständen die einzige Instanz, die ein Minimum an Sicherheit und Vertrauen im Land herstellen könnte [...]

Isabel Pfaff: Die Lage im Kongo war lange nicht mehr so gefährlich, 2.4.2017, www.sueddeutsche.de (Zugriff: 23.8.2017)

* **marodieren** plündern

1 a Schreibt die wichtigsten Aspekte der „neuen Kriege“ (**M 2**) heraus.
b Erstellt dann eine für euch verständliche Definition dieses Begriffs.

2 Welche Fotos passen eurer Meinung nach besser als Illustration zu dem Text **M 2** „Neue Kriege“? Begründet eure Auswahl.

3 Erläutert auf der Grundlage von **M 2 – M 4**, warum es sich im Kongo um einen neuen Krieg handelt.

4 Recherchiert in Gruppen, welche weiteren neuen Kriege es gibt. Stellt euch die Informationen gegenseitig vor.

M1 Terroranschlag in Berlin 2016

Gedenken an die Opfer auf dem Breitscheidplatz in Berlin. Am 19. Dezember 2016 tötete ein Terrorist auf dem Weihnachtsmarkt mit einem Lastwagen elf Menschen und verletzte zahlreiche andere schwer.

M 2 Anschlag auf das World Trade Center

Die Anschläge* auf das World Trade Center in New York und das Pentagon in Washington [am 11. September 2001] waren der Höhepunkt einer neuen Form des Terrorismus im ausgehenden 20. und beginnenden 21. Jahrhundert. Sie forderten Tausende von Opfern und verursachten einen kaum messbaren wirtschaftlichen Schaden. Die Urheber waren 19 Attentäter des radikalislamischen Terrornetzwerkes al-Qaida unter Führung des saudischen Millionärs Osama Bin Laden. Der UN-Sicherheitsrat stufte die Terroranschläge als Gefahr für den Weltfrieden und die internationale Sicherheit ein.

Ulrich Schneckener, Globaler Terrorismus, in: Informationen zur politischen Bildung, Bundeszentrale für politische Bildung (Hg.) 3/2003, S. 53–56

* Am 11.9.2001 verübten Terroristen der al-Qaida in den USA drei Anschläge. Sie steuerten zwei Flugzeuge in die Türme des World Trade Centers in New York, ein drittes in das US-amerikanische Verteidigungsministerium nahe Washington. Ein viertes Flugzeug stürzte nach Kämpfen an Bord ab, ohne ein Gebäude zu treffen. 3000 Menschen starben bei den Anschlägen, etwa 6000 wurden verletzt.

M 3 Globaler Terror

Kai Hirschmann vom Institut für Sicherheitspolitik in Essen spricht von „globalem Terrorismus", wenn mindestens eine von vier Bedingungen zutrifft:

1. Die Zielsetzungen und Begründungen der Terroristen für ihre Anschläge beziehen sich nicht auf eine begrenzte Region, sondern sind global angelegt.
2. Der Aktionsraum der Terroristen ist nicht auf eine bestimmte Region beschränkt, sondern sie operieren global.
3. Die Mitglieder der Terrorgruppen stammen aus vielen Ländern, sodass mit der Ausweitung ihrer Aktivitäten in diesem Umfeld gerechnet werden muss.
4. Es handelt sich um eine weltweite „Idee in den Köpfen" (Ideologie), wie im Fall „al-Qaidas".

Peter Brokemper u. a.: Geschichte Real 3, Berlin 2005, S. 219

Islamistisch motivierte Attacken, bei denen Menschen von Attentätern getötet wurden

		Todesopfer
1	August 2017	13*
2	Juni 2017	8
3	Mai 2017	23
4	April 2017	1
5	April 2017	5
6	März 2017	5
7	Dezember 2016	12
8	Juli 2016	86
9	März 2016	32
10	Januar 2016	12
11	November 2015	130
12	Februar 2015	2
13	Januar 2015	17
14	Mai 2014	4
15	Juli 2005	56
16	März 2004	191

Quelle: dpa, Auswahl, *Stand: 18.8.2017, 13 Uhr

M4 Schwere Terroranschläge in Europa

M5 Was ist Islamismus?

Der Islamismus in Deutschland ist kein einheitliches Phänomen. Allen Ausprägungen gemeinsam ist der Missbrauch der Religion des Islam für die politischen Ziele und Zwecke der Islamisten. Islamistische Ideologie geht von einer göttlichen Ordnung aus, der sich Gesellschaft und Staat unterzuordnen haben. Dieses „Islam"-Verständnis steht im Widerspruch zur freiheitlich demokratischen Grundordnung. Verletzt werden dabei vor allem die demokratischen Grundsätze der Trennung von Staat und Religion, der Volkssouveränität, der Gleichstellung der Geschlechter sowie der religiösen und sexuellen Selbstbestimmung.
Die verschiedenen Ausprägungen des Islamismus unterscheiden sich nicht nur in ihren ideologischen Prämissen, sondern auch in den Mitteln, mit denen sie ihre Ziele erreichen wollen. Gruppierungen wie die „Islamische Gemeinschaft Milli Görüs e.V." (IGMG) lehnen Gewalt ab. Sie versuchen mit politischen Mitteln, ihren Mitgliedern ein, nach ihrer Interpretation, islamkonformes Leben in Deutschland zu ermöglichen.
Organisationen wie die Hamas und die „Hizb Allah" dagegen, die stark auf ihre Herkunftsregionen ausgerichtet sind, befürworten Gewalt als ein mögliches Mittel und wenden es dort auch an [...]
Die auch Jihadisten genannten islamistischen Terroristen propagieren und praktizieren terroristische Gewalt als das primäre Mittel zur Durchsetzung ihrer Ziele. Die wichtigsten islamistisch-terroristischen Organisationen sind der „Islamische Staat" in Syrien und dem Irak sowie weiterhin „al-Qaida" und ihre regionalen Ableger.

Bundesamt für Verfassungsschutz, www.verfassungsschutz.de (Zugriff: 23.8.2017)

1 Recherchiert im Internet, ob Gründe für die in **M4** genannten Anschläge ermittelt wurden.

2 Schlagt in einem Lexikon den Begriff „Terrorismus" nach und stellt fest, worin sich diese Definition von der von Hirschmann (**M3**) unterscheidet.

3 Führt eine Pro-und-Kontra-Diskussion zu der Frage: „Kann einer Religion die Verantwortung für die Terroranschläge gegeben werden?"

M 1 Soldaten einer amerikanischen Spezialeinheit in Afghanistan, Provinz Kandahar am 12. August 2012

Terrorismus als Bedrohung der internationalen Gemeinschaft

Der UN-Sicherheitsrat rief nach dem Anschlag am 11. September 2001 in zwei Resolutionen zum Kampf gegen den Terrorismus als Bedrohung von Frieden und Sicherheit auf. Die NATO erklärte den Bündnisfall, d.h., sie sah die Terrorangriffe als kriegerische Aktion gegen die USA an und war zur gemeinsamen Verteidigung bereit.

Der wichtigste Stützpunkt des Terrornetzwerks al-Qaida war das von radikalen Islamisten, den Taliban, regierte Afghanistan. Da diese sich weigerten, Bin Laden auszuliefern, stürzten die USA in einer Militäraktion das Talibanregime. Eine Übergangsregierung, in der alle afghanischen politischen Gruppen mit Ausnahme der Taliban vertreten sind, betreibt seit 2002 den Wiederaufbau des durch Bürgerkrieg und Luftkrieg zerstörten Afghanistan. Dabei wird sie durch zahlreiche Staaten und eine internationale Schutztruppe mit deutscher Beteiligung unterstützt.

M 2 UN-Beschluss gegen Terrorismus

Der Sicherheitsrat [...] (verurteilt) in Anerkennung des naturgegebenen Rechts zur individuellen und kollektiven Selbstverteidigung im Einklang mit der Charta, [...] unmissverständlich mit allem Nachdruck die grauenhaften Terroranschläge am 11. September 2001 [...] und betrachtet diese Handlungen, wie alle internationalen terroristischen Handlungen, als Bedrohung des Weltfriedens [...]

Der Sicherheitsrat [...] fordert alle Staaten dringend zur Zusammenarbeit auf, um die Täter, Organisatoren und Förderer dieser Terroranschläge vor Gericht zu stellen, und betont, dass diejenigen, die den Tätern, Organisatoren und Förderern dieser Handlungen geholfen, sie unterstützt oder ihnen Unterschlupf gewährt haben, zur Verantwortung gezogen werden [...]

Resolution 1368, UN-Sicherheitsrat 12.9.2001, www.un.org/Depts/german/sr/sr_01-02/sr1368.pdf (Zugriff: 25.9.2017)

M 3 Der Bündnisfall nach Art. 5 des NATO-Vertrags

Erklärung des Nordatlantikrats vom 12. September 2001: [...] Der Rat stimmt überein, dass dieser Anschlag, falls festgestellt wird, dass er vom Ausland aus gegen die Vereinigten Staaten verübt wurde, als Handlung im Sinne des Artikels 5 des Washingtoner Vertrags angesehen wird, in dem es heißt, dass ein bewaffneter Angriff gegen einen oder mehrere Verbündete in Europa oder Nordamerika als Angriff gegen sie alle angesehen wird [...]

Nordatlantikrat im Wortlaut, Blätter für deutsche und internationale Politik, 10/2001, S. 1263

M 4 Folgen des Irak-Krieges

Der Irak ist in mehrfacher Hinsicht ein gescheiterter Staat*. Das Staatsgebiet ist in drei Quasi-Staaten gespalten. Die Verwaltung funktioniert nur noch in den großen Städten. Die Wirtschaft ist im Niedergang begriffen. Soziale Probleme wie Vertreibung, Arbeitslosigkeit und Armut nehmen überhand [...]
Die 2015 mit 35 Mio. bezifferte irakische Bevölkerung zeichnet sich durch eine große religiöse, kulturelle und ethnische Diversität aus. Seit dem Sturz Saddam Husseins* im Jahr 2003 und der Besetzung des Landes durch eine westliche Allianz unter Führung der USA sind verstärkt konfessionelle Spannungen sichtbar geworden, vor allem zwischen sunnitischen und schiitischen Akteuren. Allein in den Jahren von 2003 bis 2011, besonders aber in der Hochzeit des Bürgerkrieges, fielen mehr als 160 000 Menschen den Kampfhandlungen und Bombenattentaten zum Opfer.
Die Folge der interethnischen und -religiösen Gewalt war die zunehmende räumliche Entflechtung und Fragmentierung* der irakischen Gesellschaft entlang konfessioneller Linien sowie die Verschlechterung der Lage religiöser und ethnischer Minderheiten (Christen, Jesiden, Turkmenen, Assyrer u.a.). Die gegenwärtigen Auseinandersetzungen verschlimmern ihre Lage zusätzlich. Innerhalb Iraks bietet die seit den 1990er-Jahren autonome kurdische Region heute die größte Sicherheit und auch wirtschaftlich die besten Lebensbedingungen. Sie ist daher Ziel vieler Binnenflüchtlinge. Angesichts der allgemeinen Perspektivlosigkeit und der Angst, in die Kampfhandlungen verwickelt zu werden, fliehen gerade junge und gut ausgebildete Leute ins Ausland. Dieser „Braindrain" schwächt das Land zusätzlich und mindert die Chancen auf einen erfolgreichen Wiederaufbau. Dabei hätte der Irak genügend natürliche Ressourcen, um seiner Bevölkerung ein gutes Leben zu ermöglichen [...]
Aktuell ist schwer vorstellbar, dass der Irak – ebenso wie Syrien, Jemen, Libyen – in der bisherigen Form weiter bestehen wird. Die weitere Eskalation des innerstaatlichen und regionalen Machtkampfes könnte die geopolitische Landkarte der Region des Mittleren Ostens nachhaltig verändern.

Achim Rohde: Irak, 9.11.2015, www.bpb.de (Zugriff: 23.8.2017)

* **Saddam Hussein**
war seit 1979 der Machthaber im Irak. Im Jahr 2003 griffen die USA, Großbritannien und weitere Staaten den Irak an, um ihn zu stürzen. Nach dem Kriegsende 2003 versank das Land im Chaos, der IS breitete sich aus.

* **gescheiterter Staat**
Wenn ein Staat in seinem Staatsgebiet nicht mehr für die Sicherheit, Rechtsstaatlichkeit und Wohlfahrt seiner Bürgerinnen und Bürger sorgen kann, spricht man von einem gescheiterten Staat. Zur Gruppe dieser Staaten zählt der Irak. Weitere Beispiele sind z.B. Afghanistan, Jemen, Kongo, Libyen, Syrien, Sudan, Südsudan oder Somalia.

* **Fragmentierung**
Zergliederung, Zerteilung

Eine zerstörte Moschee in der Altstadt von Mossul. Die Stadt wurde 2017 vom IS zurückerobert.

1 Fasst die UN-Resolution (M 2) mit euren Worten zusammen.
2 Erklärt, warum Maßnahmen gegen den Terrorismus nur mit großem Aufwand zum Erfolg führen können.
3 Erläutert die Folgen des Irak-Krieges (M 4).
4 Beurteilt, inwieweit internationale Diplomatie helfen kann, um gegen den Terrorismus vorzugehen.

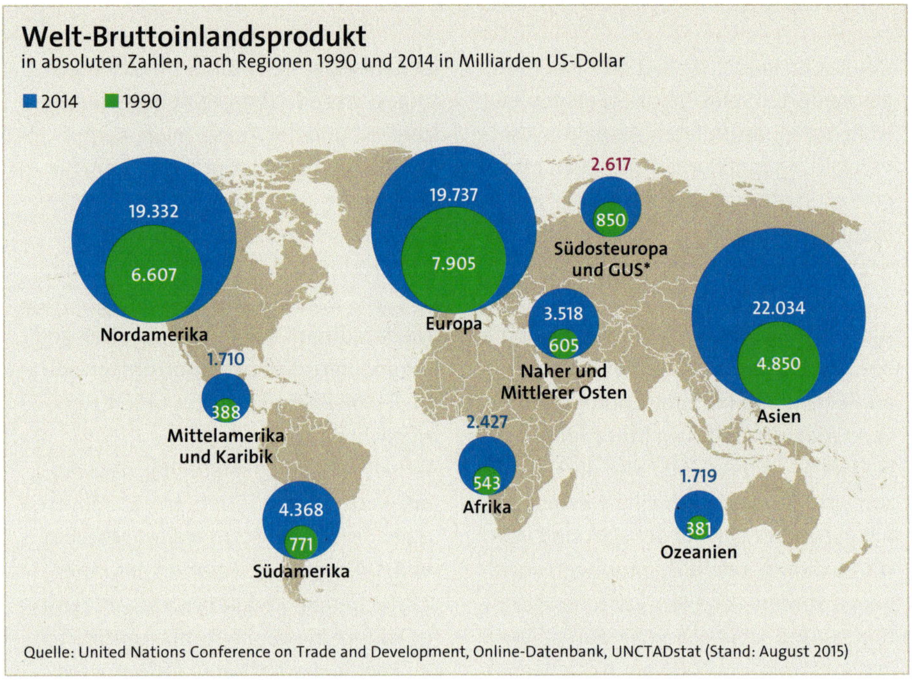

M1 Arme und reiche Regionen

* **GUS**
Gemeinschaft Unabhängiger Staaten; Organisation, in der sich einige Nachfolgestaaten der Sowjetunion zusammengeschlossen haben

* **Nachhaltige Entwicklungsziele**
Bei der UN-Generalversammlung 2015 haben sich 193 Staaten auf 17 „Nachhaltige Entwicklungsziele" oder „Sustainable Development Goals" geeinigt. Diese Zielvorgaben richten sich an alle Staaten.

Armut in Entwicklungsländern

In den letzten Jahren hat sich die Situation der Entwicklungsländer in vielen Bereichen deutlich verbessert, doch die Kluft zwischen den Reichsten und Ärmsten der Weltbevölkerung bleibt erhalten. Auch Unterschiede zwischen den Entwicklungsländern liegen weiterhin vor. Besonders die ärmsten Staaten stehen unverändert vor großen Herausforderungen, vor allem dort, wo kriegerische Auseinandersetzungen und instabile politische Verhältnisse, aber auch Naturkatastrophen wie Dürren und Überschwemmungen die wirtschaftliche Entwicklung behindern.

Die internationale Armutsgrenze lag 2017 bei 1,90 US-Dollar pro Kopf und Tag. Zwischen 2002 und 2012 halbierte sich der Anteil der Weltbevölkerung unter der Armutsgrenze von 26 auf 13 Prozent. Würde die Wachstumsrate dieser zehn Jahre bis 2030 anhalten und käme das Wachstum allen Einkommensgruppen gleichermaßen zugute, könnte der Anteil extremer Armut weltweit auf vier Prozent sinken.

Das alles heißt nicht, dass das Armutsproblem gelöst ist. Noch immer verhungern Menschen, es sterben viele Neugeborene, zudem sind mehr Menschen auf der Flucht als jemals zuvor, was neue Herausforderungen schafft. Aber das Problem an sich ist geschrumpft. Selbst in der bitterarmen Region südlich der Sahara gibt es Fortschritte.

Arme Menschen sind vom wirtschaftlichen, gesellschaftlichen und sozialen Leben ausgeschlossen. Sie sind bedroht von Hunger, Unter- und Mangelernährung, Krankheit, geringer Lebenserwartung, Kinder- und Säuglingssterblichkeit, niedriger Bildung, schlechten Wohnverhältnissen und Obdachlosigkeit. Extreme Armut führt auch zu Umweltzerstörungen und bedroht Frieden sowie Sicherheit.

Nur wenn die Menschen in den ärmsten Regionen der Erde durch gezielte Maßnahmen eine Chance erhalten, sinkt die Gefahr von Gewalt und Krieg. Sie werden dann gegenüber ökologischen Notwendigkeiten aufgeschlossen sein, können in ihrer Heimat bleiben und dazu beitragen, dass sich die Wirtschaft ihres Landes entwickelt.

M2 Nachhaltigkeit gegen Hunger und Armut

Im Jahr 2000 verständigte sich die Weltgemeinschaft auf acht Millennium-Entwicklungsziele. Bis 2015 sollten so unter anderem extreme Armut, Hunger, Kindersterblichkeit, HIV und Malaria bekämpft, Primärschulbildung für alle und die Gleichstellung der Geschlechter erreicht werden. Als 2015 Bilanz gezogen wurde, waren nur drei von acht Millenniumszielen flächendeckend erreicht [...]

Wie die Nachhaltigkeitsziele erreicht werden können

Momentan bräuchte es mehr als drei Erden, wenn jeder Mensch auf der Welt so viele Ressourcen verbrauchen würde wie ein Mensch in Deutschland. Deshalb muss sich hier einiges ändern, vor allem wie wir wirtschaften und konsumieren. Es geht um nicht weniger als eine sozial-ökologische Transformation hin zu mehr Nachhaltigkeit [...] Deutschland muss hier eine Vorreiterrolle übernehmen. Zugleich sollte die Bundesregierung Länder unterstützen, die die Ziele nicht aus eigener Kraft erreichen können.

Brot für die Welt – Evangelischer Entwicklungsdienst, Berlin: 17 Ziele für eine nachhaltige Welt, 2017, https://www.brot-fuer-die-welt.de/themen/nachhaltigkeit-sdg/ (Zugriff: 23.8.2017)

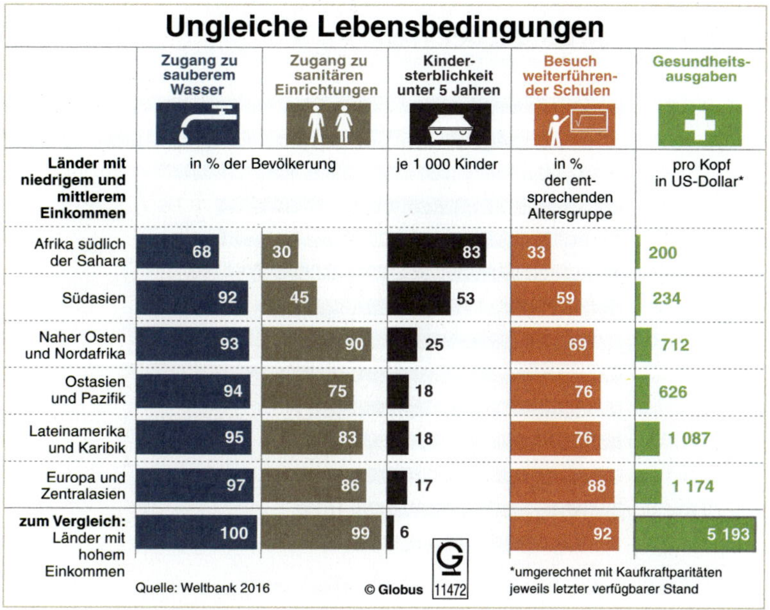

M3 Die Kluft zwischen Arm und Reich

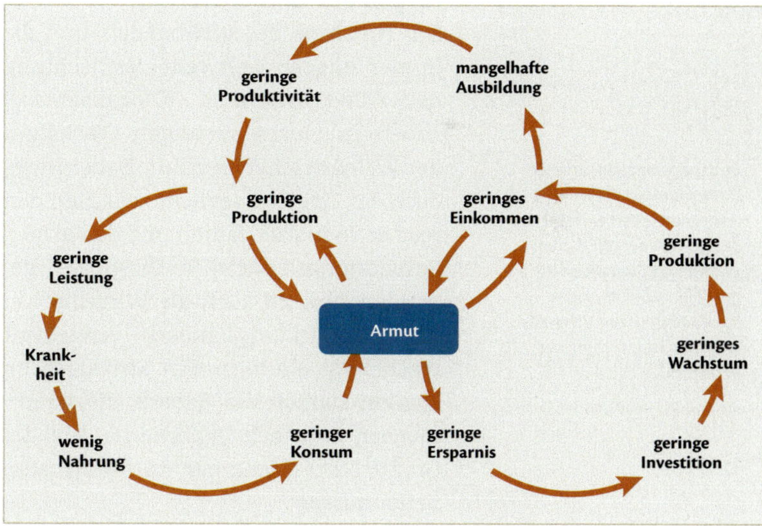

M4 Der Teufelskreis der Armut

1 Nennt die Regionen der Erde, wo die meisten armen Menschen leben (**M1**, **M3**).

2 Berichtet, was Armut für die betroffenen Menschen und für ein Land bedeutet (Text, **M3**).

3 Was bedeutet „Teufelskreis der Armut" (**M4**)? Erklärt die Abfolge von Ursachen und Wirkungen mit euren eigenen Worten.

4 Recherchiert, welche 17 Ziele für nachhaltige Entwicklung die UNO verabschiedet hat.

M1 Arm und Reich in einer Welt

* **Bruttonationaleinkommen**
Das ist eine wichtige volkswirtschaftliche Kennzahl. Sie bezeichnet den Wert aller Waren und Dienstleistungen, die in einem Jahr erstellt werden. Das Volkseinkommen ist eine ähnliche Kennzahl.

Folgen der Globalisierung

Die Zunahme des Welthandels und die immer engere weltweite Verflechtung der Güterherstellung (Globalisierung) haben zu einem ständigen Wachstum der Weltwirtschaft geführt. Dabei ist jedoch das Ungleichgewicht zwischen den reichen Industriestaaten und den armen Entwicklungsländern noch größer geworden, obwohl auch die Wirtschaft in den Entwicklungsländern insgesamt wuchs. Vor allem in den afrikanischen Staaten südlich der Sahara, die hauptsächlich Rohstoffe exportieren, lebt der Großteil der Menschen in ärmlichsten Verhältnissen.

Gewinner und Verlierer

Globalisierung bedeutet, dass weltweite Märkte für Waren, Kapital und Dienstleistungen sowie die damit verbundenen internationalen Verflechtungen entstehen. Hauptakteure der Globalisierung sind multinationale Unternehmen. Der Globalisierungsprozess wird durch neue Technologien im Kommunikations-, Informations- und Transportwesen vorangetrieben. Diese Neuerungen ermöglichen es den Unternehmen, die Standortvorteile weltweiter Produktionsstätten zu nutzen, statt an nationalen Standorten zu produzieren. Der Prozess der Globalisierung erhöht damit entscheidend den Wettbewerbsdruck zwischen den einzelnen Unternehmen und Staaten. Arme, wenig entwickelte Länder fallen weiter zurück. Darüber hinaus hat die Globalisierung erhebliche Auswirkungen auf die Stabilität und Sicherheit von Arbeitsplätzen.

Arbeitslosigkeit

Sowohl in vielen Industrie- als auch in Entwicklungsländern ist die Arbeitslosigkeit sehr hoch. In den Entwicklungsländern wird die hohe Arbeitslosigkeit vor allem durch das starke Bevölkerungswachstum und die Zuwanderung vom Land in die Städte verursacht.

In den Industriestaaten gehen Arbeitsplätze in der industriellen Produktion verloren. Viele Arbeitsschritte werden dort entweder durch Maschinen erledigt, oder die Produktion wird in Billiglohnländer verlagert. So verlieren in den Industriestaaten immer mehr Menschen ihren sicheren und gut bezahlten Job. Unsichere Beschäftigungsverhältnisse werden immer mehr zur Regel.

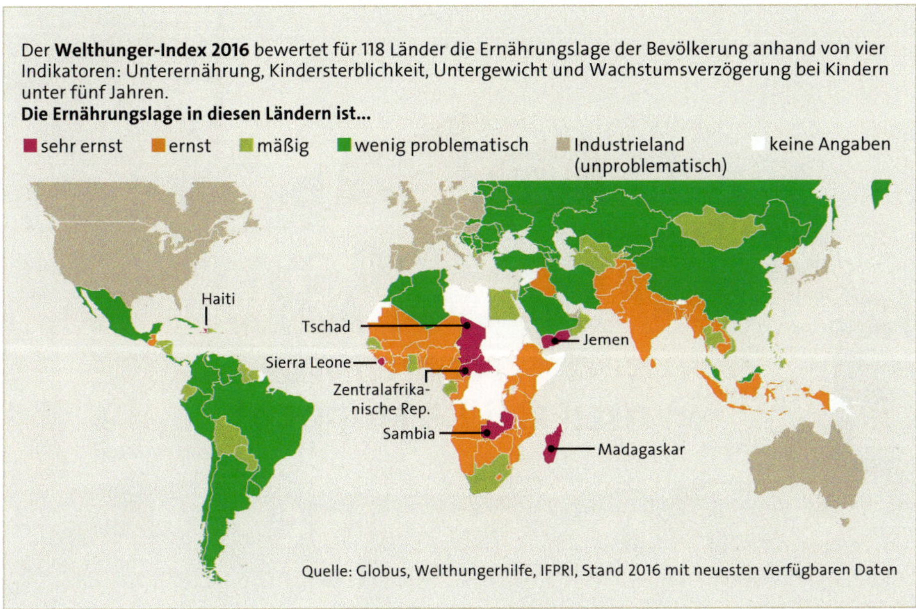

M 2 Hunger in der Welt

Wer erfolgreich an der Globalisierung teilhaben will, für den sind schnelle Kommunikation und Internet unverzichtbar. In vielen Entwicklungsländern gibt es zu wenige Telefon- oder Internetanschlüsse. Häufig fehlen hier die technischen Voraussetzungen und eine flächendeckende sichere Stromversorgung.

M 3 Flüchtlinge und Migranten schicken 440 Milliarden Dollar heim

Laut Weltbank überweisen Migranten und Flüchtlinge allein in diesem Jahr 440 Milliarden Dollar in ihre Herkunftsländer. Nach Einschätzung der Experten werden die Geldströme angesichts der aktuellen Völkerwanderungen weiter zulegen, auch aus Deutschland heraus.
Das Geld ist in der Regel für die zurückgelassenen Ehepartner, Eltern und Kinder bestimmt, die damit Lebensmittel kaufen, Medizin bezahlen oder eine Schule besuchen sollen. Der direkte Geldfluss übertrifft die offizielle staatliche Entwicklungshilfe mittlerweile um das Dreifache. Ökonomen begrüßen dies [...] Wenn das Geld von privat an privat geschickt werde, komme es laut Einschätzung der Ökonomen dort an, wo es gebraucht wird und gezielt zur Armutsbekämpfung verwendet werden kann.

© WeltN24 GmbH, 13.9.2015, www.welt.de (Zugriff: 23.8.2017)

1 Sucht im Atlas die zwölf reichsten und die acht ärmsten Staaten (**M 1**). Auf welchen Kontinenten liegen sie jeweils?

2 Armut und hohe Arbeitslosigkeit veranlassen Menschen, in fernen Ländern Arbeit zu suchen. Fasst die Aussagen von **M 3** mit euren Worten zusammen.

3 Informiert euch zur aktuellen politischen Situation in den Ländern, über die keine Angaben zum Welthunger-Index (**M 2**) vorliegen.

4 Afrikas Länder südlich der Sahara werden als Verlierer der Globalisierung bezeichnet. Nehmt ausführlich Stellung zu dieser Behauptung (**M 1**, **M 2**, Text).

5 Globalisierung – Chance oder Katastrophe? Sammelt Informationen zu dieser Fragestellung und entwickelt daraus eine Diskussion.

Demonstration für einen gerechten Welthandel in Berlin, 2016

M1 Aktivistinnen und Aktivisten gehen auf die Straße

Nur freier Marktzugang hilft

Experten unterschiedlicher Richtungen sind sich in einem Punkt einig: Nur der ungehinderte Zugang von Produkten der Entwicklungsländer zu den Märkten der Industriestaaten würde den Entwicklungsländern wirklich helfen. Aber die WTO-Verhandlungen* sind gescheitert. Alle staatlichen oder privaten Entwicklungshilfeprojekte haben nur kurzfristige oder geringe Wirkung und schaffen keine langfristigen Arbeitsplätze in nennenswerter Zahl.

Hilfe von Nichtregierungsorganisationen (NGO)

Zahlreiche private Organisationen versuchen trotz des Scheiterns der staatlichen Entwicklungspolitik des Westens im Kleinen zu helfen. Das sind zum Beispiel Terres des hommes, Brot für die Welt oder Misereor. In Deutschland versuchen vor allem die GEPA* und Transfair* die Produzenten in den Ländern der Dritten Welt zu unterstützen, indem sie den Bauern garantierte Festpreise für ihre Produkte zahlen und sie so vor den Schwankungen des Weltmarktes schützen (Fairer Handel/engl. Fair Trade).

M2 Was ist Fairer Handel?

Wenn ein Bauer trotz harter körperlicher Arbeit seine Familie nicht ernähren kann, dann liegt das zum Teil auch an ungerechten Welthandelsstrukturen. Im Fairen Handel sind die Strukturen anders: Die Produkte werden zu fairen Bedingungen hergestellt und importiert. Im Mittelpunkt stehen die Produzentinnen und Produzenten, denn: Der Faire Handel ist mehr als Import und Vertrieb von Produkten. Er gibt den Menschen hinter den Produkten ein Gesicht. Ihre Lebens- und Arbeitsbedingungen zu verbessern, ist das Ziel des Fairen Handels [...] Beim Fairen Handel geht es nicht nur um den Warenhandel, sondern es geht auch darum, auf politischer Ebene für mehr Gerechtigkeit einzutreten [...] In vielen Bereichen hat der Faire Handel Pionierarbeit geleistet und in der Bevölkerung ein Bewusstsein für kritischen Konsum geschaffen. Seit es vielen Menschen nicht mehr egal ist, wie ein Produkt entsteht, achten zunehmend mehr Firmen auf die Einhaltung von Sozialstandards.

GEPA, www.fairtrade.de/index.php/mID/1.1/lan/de (Zugriff: 23.8.2017)

* **WTO-Verhandlungen**
Die Welthandelsorganisation (engl. World Trade Organization/WTO) ist eine Sonderorganisation der UNO und beschäftigt sich mit Fragen des freien Handels, dem Abbau von Zöllen und anderen Handelsschranken. Industriestaaten und die Entwicklungsländer konnten sich bis heute trotz jahrelanger Verhandlungen nicht auf den gegenseitigen freien Zugang zu ihren Märkten einigen. Vor allem die Industriestaaten (EU/USA) verweigern den Entwicklungsländern die Einfuhr von landwirtschaftlichen Produkten oder Textilien zu geringen oder gar keinen Zollsätzen. Damit wollen sie ihre Märkte schützen und ihre eigenen Produkte fördern. Auf der anderen Seite fördern die USA und EU ihre landwirtschaftlichen Erzeugnisse mit staatlichen Hilfen, sodass die Waren der Länder der Dritten Welt mit diesen verbilligten Produkten preislich nicht konkurrieren können.

M 3 Kritik an der Entwicklungshilfe

Interview mit der Wirtschaftswissenschaftlerin Dambisa Moyo.

Frage: Ihr Buch ist ziemlich umstritten. Sie wollen die Entwicklungshilfe in fünf Jahren komplett streichen. Warum?

Dambisa Moyo: [...] In den vergangenen 50 Jahren sind über zwei Billionen Dollar an Hilfen von den reichen an die armen Länder geflossen. Aber dieses Modell hat nirgendwo auf der Welt wirtschaftlichen Aufschwung gebracht. Dabei wissen wir, wie es geht. Wir haben gesehen, welche Konzepte die Armut in China, Indien, Südafrika und Botsuana vermindert haben. Diese Länder haben auf den Markt als Motor für Wirtschaftswachstum gesetzt.

F: Warum hat die Entwicklungshilfe versagt?

Moyo: Wenn Sie ein Land abhängig machen von Hilfen, dann nehmen Sie die Karotte weg und den Prügel: Niemand wird bestraft, wenn er nicht innovativ ist, denn die Hilfen fließen trotzdem. Und niemand wird belohnt, wenn er sich anstrengt. Es gibt in Afrika viele sehr smarte Leute, aber die wirtschaftlichen Rahmenbedingungen ermutigen sie nicht dazu, ihr Schicksal selbst in die Hand zu nehmen

F: Sie sagen, Afrika soll auf den Markt statt auf Almosen setzen. Ist das eine gute Idee mitten in der größten Krise der Marktwirtschaft seit achtzig Jahren?

Moyo: Diese Krise ist für Afrika eine großartige Chance zur Veränderung. Alle anderen Regionen der Welt werden ihre Wirtschaftspolitik verändern, und das sollte Afrika auch tun.

F: Was empfehlen Sie als afrikanische Ökonomin?

Moyo: Wir müssen den Außenhandel stärken. Nicht mit Nordamerika oder Europa – diese Märkte sind gegen Güter aus Afrika, etwa landwirtschaftliche Produkte, weitgehend abgeschottet. Ich würde auf den Handel mit Ländern wie China setzen, die brauchen Lebensmittel aus Afrika [...]

F: Hilft es, wenn wir Fair-Trade-Schokolade essen?

Moyo: Theoretisch ist es ja eine gute Idee, dass deutsche Kunden mehr bezahlen, weil sie wissen, dass diese Schokolade nicht auf Kosten der Umwelt und von Kindern hergestellt wurde. Aber hat Fair Trade dazu geführt, dass afrikanische Güter die europäischen Märkte überschwemmen? Nein, weil diese immer noch abgeschottet sind. Der Handel mit China ist vielversprechender als Fair Trade mit Europa [...] Der auf Mitleid und Almosen basierte Ansatz der westlichen Entwicklungshilfe ist gescheitert. Das chinesische Modell hat in Afrika innerhalb von fünf bis zehn Jahren mehr Arbeitsplätze und Infrastruktur geschaffen als der Westen in 60 Jahren [...]

Interview Marcus Theurer, „Wir Afrikaner sind keine Kinder", 12.4.2009, www.faz.net (Zugriff 23.8.2017), gekürzt

*Dambisa Moyo (*1969, Sambia) ist eine international anerkannte Ökonomin und Autorin. Sie lebt in London und New York.*

* **GEPA**
Gesellschaft zur Förderung der Partnerschaft mit der Dritten Welt (GEPA). Sie wurde 1975 vom Kirchlichen Entwicklungsdienst, Misereor und der Arbeitsgemeinschaft der Weltläden gegründet.

* **Transfair**
„Transfair e.V. – Verein zur Förderung des Fairen Handels in der Einen Welt" wurde 1991 gegründet. Die Gründungsorganisationen kommen aus der Entwicklungszusammenarbeit, aus Kirchen und dem Verbraucherschutz. Der Verein vergibt das Fairtrade-Siegel.

1 Sucht in Gruppenarbeit aktuelle Informationen zu WTO, Terres des hommes, Brot für die Welt, Misereor, GEPA und anderen Organisationen und stellt diese auf Lernplakaten vor.

2 Erklärt, was „Fair Trade" bedeutet und welche Ziele damit verfolgt werden.

3 Erkundigt euch, ob es in den Geschäften in der Nähe Fair-Trade-Produkte gibt.

4 Lest M 3 und erläutert, warum die afrikanische Wirtschaftswissenschaftlerin ein Ende der bisherigen Form der westlichen Entwicklungshilfe fordert.

CHECK UP

M 1 Ziele für nachhaltige Entwicklung

Das Kernstück der Agenda 2030 sind 17 Ziele für nachhaltige Entwicklung. Sie wurden von der Generalversammlung der Vereinten Nationen beschlossen. Sie berücksichtigen erstmals alle drei Dimensionen der Nachhaltigkeit – Soziales, Umwelt, Wirtschaft – gleichermaßen. Hier siehst du die ersten zehn Ziele:

1	Armut in allen ihren Formen und überall beenden.	6	Verfügbarkeit und nachhaltige Bewirtschaftung von Wasser und Sanitärversorgung für alle gewährleisten.
2	Den Hunger beenden, Ernährungssicherheit und eine bessere Ernährung erreichen und eine nachhaltige Landwirtschaft fördern.	7	Zugang zu bezahlbarer, verlässlicher, nachhaltiger und moderner Energie für alle sichern.
3	Ein gesundes Leben für alle Menschen jeden Alters gewährleisten und ihr Wohlergehen fördern.	8	Dauerhaftes, breitenwirksames und nachhaltiges Wirtschaftswachstum, produktive Vollbeschäftigung und menschenwürdige Arbeit für alle fördern.
4	Inklusive, gleichberechtigte und hochwertige Bildung gewährleisten und Möglichkeiten lebenslangen Lernens für alle fördern.	9	Eine widerstandsfähige Infrastruktur aufbauen, breitenwirksame und nachhaltige Industrialisierung fördern und Innovationen unterstützen.
5	Geschlechtergleichstellung erreichen und alle Frauen und Mädchen zur Selbstbestimmung befähigen.	10	Ungleichheit in und zwischen Ländern verringern.

Vereinte Nationen: A/RES/69/315, 10.9.2015, www.un.org (Zugriff: 23.8.2017)

M 2 Deutschland will wieder in den Sicherheitsrat

Zuletzt hatte Deutschland 2011/2012 einen Sitz im Sicherheitsrat inne. In dem höchsten UNO-Gremium sind 15 Staaten vertreten, fünf davon als ständige Mitglieder (USA, Russland, China, Frankreich und Großbritannien). Letztere verfügen als einzige Mitglieder des Gremiums über ein Vetorecht. Die weiteren zehn Mitgliedstaaten werden für jeweils zwei Jahre in den Sicherheitsrat gewählt.

Jedes Jahr scheiden am 31. Dezember fünf der nichtständigen Mitglieder aus. Die Bundesrepublik Deutschland kandidiert in einem regelmäßigen Acht-Jahres-Rhythmus und war seit 1977/1978 bisher fünf Mal nichtständiges Mitglied des Sicherheitsrats. Ziel Deutschlands ist es, in zwei Jahren im ersten Wahlgang gewählt zu werden und mit einem guten Ergebnis den Anspruch auf einen ständigen Sitz im Sicherheitsrat zu unterstreichen [...] Die Bundesregierung sei der Ansicht, dass die globalen Krisen nur gemeistert werden könnten, wenn „die Institutionen der Vereinten Nationen tatsächlich die Welt des 21. Jahrhunderts widerspiegeln – und nicht die von 1945“, sagte [der frühere Außenminister] Frank-Walter Steinmeier. Deshalb setze sich Deutschland mit Brasilien, Indien und Japan „für Fortschritte ein hin zu einer Reform“ des UNO-Sicherheitsrats. [...]

sev/AFP, Spiegel-Online, 27.6.2017, www.spiegel.de (Zugriff: 23.8.2017)

M 3 Mitmachen! Was kann ich tun?

Der Erfolg der Agenda 2030 hängt in großem Maße davon ab, dass alle mitmachen – nicht nur Staaten und Organisationen, sondern jede und jeder Einzelne von uns [...] Der erste Schritt zum Handeln ist, dass man sich über die Folgen seiner Lebens- und Konsumgewohnheiten bewusst wird. Denn viele kleine Schritte sind nötig, um das gemeinsame große Ziel zu erreichen. Je mehr Menschen diese kleinen Schritte gehen, desto schneller und erfolgreicher wird es gelingen, eine globale Partnerschaft für nachhaltige Entwicklung aufzubauen. In unserem Alltag gibt es eine Vielzahl von Gelegenheiten, die genannten Ziele konkret umzusetzen.

Bundesministerium für wirtschaftliche Zusammenarbeit und Entwicklung: Der Zukunftsvertrag für die Welt. Die Agenda 2030 für nachhaltige Entwicklung, Berlin 2017, S. 27

Sachkompetenz

1 a Benennt die verschiedenen Schritte der Konfliktanalyse.
b Beschreibt, mit welchen Zielsetzungen eine Konfliktanalyse die historische Ebene mit berücksichtigt.

Methodenkompetenz

3 a Erläutert den Unterschied zwischen den UNO-Gremien „Sicherheitsrat“ und „Generalversammlung“.
b Findet Gründe, warum Deutschland um einen Platz im Sicherheitsrat bemüht ist, und nennt die vorgebrachten Argumente (**M 2**).
c Tragt durch eine Internetrecherche weitere Argumente für, aber auch gegen einen deutschen Sitz im Sicherheitsrat zusammen.
d Diskutiert die Frage anschließend in der Klasse.

Urteilskompetenz

3 Teilt eure Klasse in zehn Gruppen ein.
a Wählt jeweils ein Ziel für nachhaltige Entwicklung aus **M 1** und informiert euch darüber im Internet.
b Wählt geeignete Arbeitsformen (z. B. Gruppenpuzzle) aus, um eure Ergebnisse den anderen Gruppen zu präsentieren.
c Entwickelt Ideen, wie die Ziele in eurer Umgebung erreicht werden könnten (**M 3**).

KAPITEL 3

BMW
Atos
WIR FÜR MEHR
Tarifrunde 2016
Wir unterstützen die Forderung
5,0 %
Arbei

Soziale Marktwirtschaft in Deutschland

Marktwirtschaft nennen wir unser Wirtschaftssystem, weil der Markt und seine Regeln das Herzstück dieser Wirtschaftsform bilden. Daneben spielen aber auch soziale Aspekte eine wichtige Rolle. Der Staat hat die Aufgabe, die Spielregeln festzulegen, nach denen die soziale Marktwirtschaft funktionieren soll, damit Einkommens- und Vermögensverteilung geregelt sind und ein sozialer Ausgleich für Benachteiligte geschaffen wird.

In diesem Kapitel könnt ihr erarbeiten,
- *welche Prinzipien die soziale Marktwirtschaft prägen,*
- *wo die Möglichkeiten und Grenzen des Sozialstaats liegen,*
- *welche Rechte für Arbeitnehmer/-innen und Arbeitgeber/-innen gelten,*
- *wie ein Betrieb funktioniert.*

Was ihr sonst noch machen könnt ...
- *in den Medien Stellungnahmen der Wirtschaft zu politischen Fragen verfolgen.*

Wirtschaftsordnung – Folge der Gesellschaftsordnung

M 1 Merkmale der sozialen Marktwirtschaft

Freiheitliche Prinzipien, z. B.	Soziale Prinzipien, z. B.
Art. 2 GG; „Freie Entfaltung der Persönlichkeit", z. B.: Konsum-, Gewerbe-, Handlungs-, Vertragsfreiheit beim Abschluss von Kaufverträgen.	Schutzvorschriften schützen die Verbraucher/-innen, z. B. bei Fernabsatz-, Haustürgeschäften oder beim Abschluss von Kreditverträgen.
Art. 9 GG; „Vereinigungsfreiheit", z. B. Interessenvertretung durch Arbeitgeberverbände und Gewerkschaften.	Tariflicher Schutz, z. B. Lohn- und Manteltarifverträge sowie deren Allgemeinverbindlichkeit, Tarifautonomie der Sozialpartner/-innen.
Art. 12 GG; „Freie Berufswahl und Berufsausübung", d. h. Auswahlrecht bei der Besetzung eines Arbeitsplatzes haben Arbeitnehmer/-innen und Arbeitgeber/-innen.	Technischer und sozialer Arbeitsschutz schaffen Rechtssicherheit, z. B. Arbeitsstättenverordnung, Jugendarbeitsschutzgesetz, Kündigungsschutzgesetz.
Art. 14 GG; „Sozialpflichtigkeit des Eigentums", d. h.: Wer über Eigentum verfügt, kann dadurch auch Verpflichtungen gegenüber der Allgemeinheit haben.	Enteignung des Eigentums ist möglich, wenn das Interesse der Allgemeinheit höher zu bewerten ist als das Einzelinteresse. Der Eigentümer oder die Eigentümerin ist zu entschädigen.

Artikel 14 GG

(1) Das Eigentum und das Erbrecht werden gewährleistet. Inhalt und Schranken werden durch die Gesetze bestimmt.

(2) Eigentum verpflichtet. Sein Gebrauch soll zugleich dem Wohle der Allgemeinheit dienen.

(3) Eine Enteignung ist nur zum Wohle der Allgemeinheit zulässig. Sie darf nur durch Gesetz oder aufgrund eines Gesetzes erfolgen, das Art und Ausmaß der Entschädigung regelt.

Zwei Sozial- und Wirtschaftssysteme

Nach dem Zweiten Weltkrieg entstanden 1949 in Deutschland zwei Staaten mit unterschiedlichen Sozial- und Wirtschaftssystemen.

Im Westen entwickelte sich die Bundesrepublik Deutschland mit der sozialen Marktwirtschaft und im Osten die Deutsche Demokratische Republik (DDR) mit der sozialistischen Planwirtschaft.

Die soziale Marktwirtschaft

Der rasche wirtschaftliche Aufschwung in der Bundesrepublik Deutschland nach 1950 beruhte auch auf der sozialen Marktwirtschaft. Sie verband die freie Marktwirtschaft mit staatlichen sozialen Maßnahmen.

In der freien Marktwirtschaft, wie sie im 19. Jahrhundert vorherrschte, gab es keine staatliche Kontrolle oder Regulierung des Marktgeschehens.

Angebot und Nachfrage bestimmten den Preis, auch die Löhne der arbeitenden Menschen. Die Produktionsmittel wie Maschinen und Land lagen in privater Hand. Private Unternehmer/-innen (reiche Kaufleute, Banken) legten ihr Kapital in gewinnversprechenden Industrieunternehmen an, das private Eigentum wurde durch den Staat geschützt.

In der sozialen Marktwirtschaft hingegen sollten durch Gesetze vor allem die Menschen geschützt werden, die im freien Markt benachteiligt wurden.

In der sozialen Marktwirtschaft sicherte der Staat

- die freie Preisbildung für Waren und Dienstleistungen durch den Markt,
- das Privateigentum von Produktionsmitteln und
- das Aushandeln der Löhne zwischen den Tarifpartnern (Unternehmen und Gewerkschaften) ohne staatliche Einmischung.

Das Streikrecht der Arbeitnehmer/-innen war bereits im Grundgesetz (Art. 9,3) gesichert.

Zahlreiche Gesetze zum Schutz der wirtschaftlich schwächeren Bürgerinnen und Bürger dienten dem sozialen Ausgleich in der sozialen Marktwirtschaft. Es entstand ein soziales Netz.

Sozialistische Planwirtschaft

Die DDR hatte die Wirtschaft der Sowjetunion zum Vorbild. Nach diesem Vorbild wurde die Wirtschaft in der DDR als sozialistische Planwirtschaft organisiert.

In der sozialistischen Planwirtschaft bestimmte ein staatlicher Fünfjahresplan, was in der DDR produziert und verkauft wurde. Auch die Materialien (Rohstoffe) wurden den Betrieben nach Plan zugeteilt.

Es stand unter Strafe, den Plan nicht zu erfüllen. Deshalb fälschten viele Betriebe ihre Zahlen. Sie meldeten die Erfüllung des Plans, auch wenn sie Waren und Maschinen nicht produziert hatten. Eine Folge davon waren Versorgungskrisen in der Wirtschaft.

In fast allen Bereichen – besonders in der modernen Computerindustrie – verlor die DDR-Wirtschaft den Anschluss an den Weltmarkt.

Warteschlange vor einem Konsum (Lebensmittelgeschäft) in Leipzig, Foto ca. 1987

Die Landwirtschaft wurde ebenfalls nach sowjetischem Vorbild neu organisiert. Sie wurde in großen Landwirtschaftlichen Produktionsgenossenschaften (LPGs) fabrikmäßig betrieben.

M 2 Die Rolle des Staates in der DDR

[...] Der Staat war oberster Wirtschaftslenker, regelte die Abläufe in der Produktion, dem Handel und dem Verkehr, und zwar bis ins kleinste Detail. Der Staat beherrschte die Schule, die Wissenschaft, Kunst und Kultur. Staatliche Stellen waren zuständig für die Vergabe von Wohnungen, Kindergartenplätzen, Kraftfahrzeugen und Telefonanschlüssen [...]

„Es gibt alles zu kaufen", witzelten die Leute, „nur nicht immer und überall und schon gar nicht, wenn man es gerade braucht." [...] Einmal fehlten Schreibpapier und Briefumschläge, ein andermal gab es keinen Honig oder kein Knäckebrot. Obst und Gemüse waren fast immer knapp, nicht nur Südfrüchte, auch Tomaten und Gurken. Fleisch und Wurst für das Wochenende kaufte die kluge Hausfrau möglichst schon am Donnerstag [...]

Der Kunde kaufte nicht mehr, was er brauchte, sondern das, was vorrätig war. Der Mangel führte nicht zu Sparsamkeit, sondern zu Verschwendung. Die Preise richteten sich im Sozialismus nicht nach Angebot und Nachfrage, sondern waren staatlich festgelegt, teilweise erheblich subventioniert*. Mieten, Strom, Gas, Wasser und manche Grundnahrungsmittel waren so billig, dass die Menschen allzu großzügig damit umgingen [...]

Robert Rückel (Hg.): DDR-Führer, Reise in einen vergangenen Staat, Berlin 2012, S. 41 f.; 96 f.

* **Subvention**
s. Seite 92

1 Beschreibt mithilfe von **M 1** und anhand des Textes Kennzeichen der sozialen Marktwirtschaft.

2 Charakterisiert Elemente der sozialistischen Planwirtschaft der DDR (Text).

3 Untersucht **M 2** und beschreibt die Rolle des Staates in der sozialistischen Planwirtschaft sowie das Verhalten der Bürgerinnen und Bürger in der DDR.

Grundlage ist der Markt

Der Markt steuert Produktion, Investitionen und Verbrauch durch Preis, Gewinn oder Verlust. Die wirtschaftlichen Entscheidungen werden nicht einer zentralen Instanz überlassen, sondern dezentral von den einzelnen Unternehmen und Haushalten getroffen. Der Markt koordiniert diese unzähligen Einzelentscheidungen. Antriebskräfte für die Unternehmer/-innen sind die Aussicht auf Gewinn, aber auch die Drohung des Verlustes, im äußersten Fall des Bankrotts.

* **Sozialstaat im Grundgesetz** Art. 20 Abs. 1 fordert den sozialen Bundesstaat, und in Art. 28 wird die Bundesrepublik Deutschland als „sozialer Rechtsstaat" bezeichnet.

M 1 Karikatur: Burkhard Mohr

Der Markt muss gebändigt werden

Es ist jedoch problematisch, den Markt sich selbst zu überlassen. Dies führt über das Gewinnstreben zur Macht des Monopols, sei es durch Absprachen über die Preise, durch Kartelle oder durch Zusammenschlüsse von Unternehmen zu größeren Einheiten. Der Staat muss diese Kräfte bändigen, den Wettbewerb erhalten und sichern sowie den Machtmissbrauch unterbinden.

Die Bedeutung der Eigeninitiative

Ludwig Erhard* sah 1958 in seinem Buch „Wohlstand für alle" in der Eigeninitiative das wesentliche Element für den individuellen und den gesellschaftlichen Wohlstand: „Das mir vorschwebende Ideal beruht auf der Stärke, dass der Einzelne sagen kann: Ich will mich aus eigener Kraft bewähren, ich will das Risiko meines Lebens selbst tragen, will für mein Schicksal verantwortlich sein. Sorge Du, Staat, dafür, dass ich dazu in der Lage bin." Der Staat muss vor allem durch Bildung und Ausbildung hierfür sorgen.

* **Ludwig Erhard** (1897–1977), deutscher Politiker und Wirtschaftswissenschaftler. Er war von 1949 bis 1963 Bundesminister für Wirtschaft und gilt als Vater der sozialen Marktwirtschaft. Von 1963 bis 1966 war er der zweite Bundeskanzler der Bundesrepublik Deutschland.

Die Rolle des Staates

Die Rolle des Staates besteht darin, die sozialen Interessen der Arbeitnehmer/-innen und Verbraucher/-innen wahrzunehmen: Kündigungsschutz, Altersversorgung, Krankengeld, Mutterschutz, Unfallverhütung, Verbraucherschutz usw.
Der Sozialstaat* ist im Grundgesetz verankert. Allerdings lässt sich soziale Gerechtigkeit nicht ein für alle Mal verbindlich festlegen. Der Gesetzgeber ist verpflichtet, die sozialen Verhältnisse immer wieder neu zu regeln.

M 2 „Der Sozialstaat ist zu teuer"

[...] Jeder zweite Euro, den der Staat ausgibt, fließt in soziale Leistungen. Diesen gewaltigen Sozialstaatskonsum bezahlt Deutschland seit Jahrzehnten auch mit Krediten: Pensionen, Renten, Leistungen für Arbeitslose wie für Familien. Zins und Zinseszins dafür verschlingen Jahr für Jahr Unsummen [...] Viele Landkreise und Kommunen in Deutschland finanzieren mit Kassenkrediten Sozialausgaben. In vielen Bundesländern explodieren vor allem die Pensionsausgaben für ausscheidende Beamte, die zum Teil mit Krediten bezahlt werden, weil es dafür keine Rückstellungen gibt. Die Kosten des Wohlfahrtsstaates haben längst auf allen staatlichen Ebenen die Investitionen verdrängt. Dabei entsteht künftiger Wohlstand vorwiegend aus Investitionen und Innovationen [...]

Oswald Metzger: Teurer Sozialstaat verdrängt Investitionen und Innovationen, Ökonomen-Blog, 3.5.2014, www.insm-oekonomenblog.de (Zugriff: 12.9.2016)

M 3 „Der Sozialstaat ist unverzichtbar“

[...] Es wird so getan, als beeinträchtige das Soziale die wirtschaftliche Leistungsfähigkeit. Dabei sind fast alle auf dem Weltmarkt führenden Volkswirtschaften hoch entwickelte Wohlfahrtsstaaten. Noch nie war der Wohlfahrtsstaat für die Gesellschaft als Ganze, erst recht für Arbeitnehmer/-innen und sozial Benachteiligte, so unverzichtbar wie heute. Gerade die Bundesrepublik, deren in starkem Maße exportorientierte Wirtschaft seit Beginn zu den Hauptgewinner(inne)n des ökonomischen Globalisierungsprozesses zählt, kann sich einen großzügigen Sozialstaat aufgrund ihres relativ hohen und kontinuierlich [...] wachsenden Wohlstandes [...] nicht nur weiterhin leisten, sondern darf ihn auch nicht abbauen, wenn sie die Demokratie und den inneren Frieden bewahren sowie auf den Weltmärkten konkurrenzfähig bleiben will [...]

Christoph Butterwegge: Krise und Zukunft des Sozialstaates, Wiesbaden (VS Verlag für Sozialwissenschaften), 4. Aufl., 2012, S. 106

M 4 „Soziale Marktwirtschaft existiert nicht mehr“

[...] Die unteren 40 Prozent haben hierzulande praktisch überhaupt kein Nettovermögen [...] Und die oberen 10 Prozent haben besonders viel, ihnen gehören fast zwei Drittel des gesamten Privatvermögens [...]

Auch das Einkommen ist sehr ungleich verteilt. Seit vielen Jahren läuft die Lohnentwicklung stark auseinander. Die unteren 50 Prozent der Einkommen sind real – also die Inflation eingerechnet – geringer als vor 15 Jahren [...] Die soziale Mobilität ist gering. Es ist für Menschen aus einem sozial schwachen, bildungsfernen Milieu unheimlich schwierig, aufzusteigen. Das liegt auch daran, dass diese Menschen vom Kindesalter an hohe Barrieren in den Weg gelegt bekommen [...]

Marcel Fratscher: Ungleichheit in Deutschland: „Soziale Marktwirtschaft existiert nicht mehr“, ntv.de, 18.3.2016, Interviewer: Jan Gänger (Zugriff: 23.8.2016)

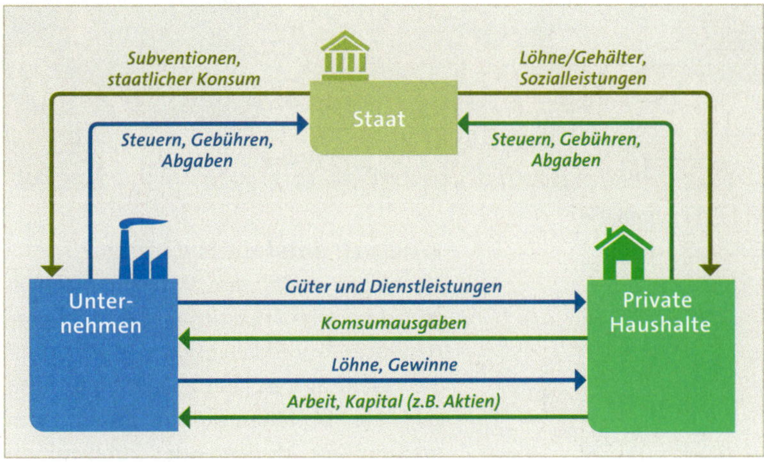

M 5 Das erweiterte Modell des Wirtschaftskreislaufs

1 Beschreibt mit dem Text und **M 1** die Rolle des Staates in der sozialen Marktwirtschaft.

2 a Erläutert, was Ludwig Erhard mit „Eigeninitiative“ meint (Text).
b Recherchiert zu Ludwig Erhard im Internet.

3 Erarbeitet, worin die gegensätzlichen Meinungen in **M 2** und **M 3** bestehen. Stellt die Argumente gegenüber und nehmt Stellung dazu.

4 Beurteilt, wie in **M 4** begründet wird, dass die soziale Marktwirtschaft nicht mehr existiere. Zieht hierzu die Äußerung von Ludwig Erhard heran (Text) sowie die Karikatur (**M 1**).

Wettbewerb und Preisbildung

M 1 Verschiedene Einkaufsorte

Wodurch entsteht Nachfrage?

Nachfrage meint den Wunsch, eine bestimmte Dienstleistung oder ein bestimmtes Produkt zu erwerben. Wie groß die Nachfrage ist, hängt nicht nur vom Preis ab. Mit höherem Einkommen kann man größere Mengen oder Güter mit einer höheren Qualität erwerben.

Neue technische Entwicklungen z. B. auf dem Gebiet der Unterhaltungselektronik führen zu einer verstärkten Nachfrage – die Preise sind zunächst hoch. Wenn immer mehr Firmen die Neuheit anbieten, das Angebot also steigt, fallen selbst bei gleichbleibender Nachfrage die Preise.

Einfluss auf die Nachfrage hat auch die Dringlichkeit des Bedarfs. Bei nicht so dringend gewünschten Gütern (z.B. Softeis) reagieren die Kunden preisempfindlicher als bei dringend benötigten Gütern (z. B. Brot). Was man als besonders dringend einstuft, ist individuell verschieden. Die Bedürfnisse werden in hohem Maße von außen beeinflusst, z. B. durch die Werbung oder Modeerscheinungen. So erklärt es sich, dass die Nachfrage nach manchen Luxusgütern trotz steigender Preise zunimmt (z. B. bei Markenartikeln in der Bekleidungsindustrie).

M 2 Das ideale Preisbildungsmodell

Wenn der Preis steigt, dann ...
- steigt das Angebot
- sinkt die Nachfrage

Ist die Nachfrage größer als das Angebot, dann ...
- steigt der Preis

Ist die Nachfrage kleiner als das Angebot, dann ...
- sinkt der Preis

Wenn der Preis sinkt, dann ...
- sinkt das Angebot
- steigt die Nachfrage

Beispiele:
Wenn ein Nachtfrost im Frühjahr die Blüten der Obstbäume zerstört, steigen im Sommer die Preise für Äpfel.
Wenn die Schulferien beginnen und viele Familien in Urlaub fahren, steigen die Preise für Benzin und Diesel.
Eine Handtasche für 5000 €uro findet nur wenige Käuferinnen oder Käufer.

Wettbewerb – Fluch oder Segen?

Ein Händler auf einem Wochenmarkt bekommt Probleme, wenn er zu hohe Preise fordert und die Qualität seiner Ware schlechter ist als die seiner Konkurrenten. Die Qualität der Ware kann er nicht mehr steigern. Die Preise senken, das geht. Doch wie weit? Die äußerste Grenze wäre erreicht, wenn er seine Ware verschenken würde.

Aber am Ende steht nicht die Frage, ob er alle Waren losgeworden ist. Die Frage ist, ob er genug Umsatz* gemacht hat, um seine Kosten zu decken, und dabei genug Gewinn* erzielt, um den Lebensunterhalt bestreiten zu können. Der Gewinn ist die Grundlage einer selbstständigen Tätigkeit. Wird kein oder zu wenig Gewinn erzielt, droht früher oder später die Insolvenz (Pleite).

Das theoretische Marktmodell geht davon aus, dass der Markt ausgeglichen ist, wenn die Kaufkraft der Nachfrage dem Angebot entspricht. Dieser Zustand ist aber nur ein Ideal. In der Wirklichkeit bilden sich die Preise nicht, wie von einer unsichtbaren Hand gelenkt. Die verschiedenen Anbieter kämpfen um Marktanteile, neue Konkurrenten – auch aus dem Ausland – erscheinen auf dem Markt. In Zeiten einer Konsumflaute ist ein erbitterter Wettbewerb zu beobachten. Dabei werden die Preise gesenkt, um mehr Nachfrage zu erzeugen. Aber fallende Preise erzeugen nicht automatisch Nachfrage, wenn das Produkt nicht nachgefragt wird.

M3 Mit Sonderangeboten locken Händler/-innen Kunden an

M4 Die Funktionen des Preises

Signalfunktion: Preise zeigen, wie knapp ein Gut ist, wenn es also in geringerer Menge vorhanden ist, als man seiner bedarf.
Lenkungsfunktion: Ein hoher Marktpreis regt die Unternehmen an, dieses Gut zu produzieren. Die Produktionsfaktoren werden dorthin gelenkt, wo sich die besten Gewinnchancen bieten.
Ausschaltungsfunktion: Unternehmen, die aus Preis- oder Qualitätsgründen nicht genügend Abnehmer/-innen für ihre Güter finden, werden vom Markt verdrängt. Gleiches gilt für Käufer/-innen, die nicht über die entsprechenden finanziellen Mittel verfügen.
Messfunktion: Durch die Preise werden Güter vergleichbar gemacht.
Ausgleichsfunktion: Preise stimmen Angebot und Nachfrage aufeinander ab.

* **Umsatz**
Gesamtwert aller verkauften Waren oder erbrachten Leistungen

* **Gewinn**
Umsatz abzüglich aller Kosten; ein negativer Gewinn ist ein Verlust

1 Beschreibt die im Text auf Seite 88 genannten Beispiele zur Preisbildung.
2 Findet weitere Beispiele für das Preisbildungsmodell (M2).
3 „Der Preis allein entscheidet nicht über Erfolg oder Misserfolg.“ Erklärt diese Aussage anhand von M2 und M3.
4 Welche Auswirkungen hat eine Konsumflaute auf Angebot und Nachfrage? Beantwortet diese Frage aus der Sicht der Anbieter/-innen und der Verbraucher/-innen.
5 Erörtert die Funktionen des Preises (M4).
6 Vergleicht Wochenmarkthändler/-innen mit M1. Nennt Unterschiede und Gemeinsamkeiten.

M 1 Karikatur: Klaus Stuttmann

Konkurrenz belebt das Geschäft

Wettbewerb macht es möglich: In einer Marktwirtschaft sorgt er dafür, dass die Anbieter/-innen auf den Märkten miteinander konkurrieren, möglichst kostengünstig produzieren und die Wünsche der Kunden berücksichtigen. Normalerweise. Immer wieder kommt es aber vor, dass diese Mechanismen unterlaufen werden, denn Unternehmen wollen ihre Stellung am Markt ausbauen und möglichst hohe Gewinne erzielen.

- Unternehmen schalten den Wettbewerb aus, indem sie Preise absprechen oder Vertriebsregionen aufteilen. Sie bilden ein verbotenes Kartell.
- Wenige Unternehmen gelangen zu so großer Marktmacht, dass sie die Konkurrenz ausschalten (Oligopole). Wenn dies nur einem Unternehmen gelingt, spricht man von einem Monopol.
- Große Unternehmen können ihre Lieferanten zu niedrigen Preisen zwingen, weil sie eine sehr große Nachfragemacht haben.
- Von unlauterem Wettbewerb spricht man, wenn z. B. Handelsunternehmen Waren unter dem Einkaufspreis verkaufen, um Wettbewerber/-innen aus dem Markt zu drängen.

Behörden überwachen deshalb die Unternehmen. Dazu zählt das Bundeskartellamt. Aber auch die EU-Kartellbehörde überwacht, was auf dem europäischen Binnenmarkt geschieht, und prüft, ob die Gesetze eingehalten werden. Das Wettbewerbsrecht der EU beeinflusst auch die deutsche Wirtschaftsordnung, denn viele Wettbewerbsgefährdungen gehen über den nationalen Markt hinaus (Beispiel **M 3**). Bei Verstößen werden von den Behörden Geldbußen verhängt.

Der Markt ist nie perfekt

Keine Marktwirtschaft funktioniert ohne Mängel.

- Manche Unternehmen sind so groß, dass sie den Markt, Kundinnen und Kunden oder politische Entscheidungen beeinflussen können (Beispiel: Automobilindustrie).
- Was auf dem Markt passiert, ist nie vollständig erkennbar. Informationen über Vor- und Nachteile von Produkten sind unvollständig, nicht zu erhalten oder falsch (Beispiel: Datenschutz in sozialen Netzwerken).
- Nicht alle Kosten des Wirtschaftens gehen in die Preise ein (Beispiel: Schadstoffausstoß der Industrie) oder nützliche Güter werden nicht produziert.

M 2 Millionen-Strafe gegen Wurstkartell

Millionen Verbraucher in Deutschland haben offenbar jahrelang zu viel Geld für Wurst und Schinken bezahlt. Wegen verbotener Preisabsprachen verhängte das Bundeskartellamt am Dienstag Geldbußen von mehr als 338 Millionen Euro gegen 21 Wursthersteller und zahlreiche Führungskräfte der Branche [...] Die Hersteller hätten sich jahrelang über Preisspannen für Produktgruppen wie Brühwurst oder Schinken abgestimmt und beim Handel so höhere Preise durchgesetzt, erklärte die Wettbewerbsbehörde.
Kartellamtspräsident Andreas Mundt betonte: „Die Preisabsprachen wurden über viele Jahre praktiziert." [...]

Die hohen Strafen zeigen, wie ernst es dem Bundeskartellamt im Kampf gegen verbotene Preisabsprachen ist. Damit stieg die Summe der von der Wettbewerbsbehörde allein in diesem Jahr verhängten Bußgelder auf fast eine Milliarde Euro. Das ist ein neuer Rekord [...] Auch andere Branchen bekamen in diesem Jahr bereits den Zorn der Wettbewerbshüter zu spüren. In der ersten Jahreshälfte verhängte das Bundeskartellamt auch gegen elf Brauereien Geldbußen von fast 340 Millionen Euro. Die Branche soll nach den Ermittlungen der Wettbewerbshüter Preiserhöhungen für Fass- und Flaschenbier abgesprochen haben [...]

AFP, www.faz.net, 15.7.2014 (Zugriff: 1.9.2017)

M 3 Google muss Rekordstrafe zahlen

Die EU-Kommission hat Google die mit Abstand höchste Geldbuße gegen ein einzelnes Unternehmen wegen Missbrauchs seiner Marktmacht aufgebrummt. Der US-Internetkonzern müsse 2,42 Milliarden Euro Strafe zahlen, weil er seine marktbeherrschende Stellung mit seinem Preisvergleichsdienst missbraucht habe, teilte die Brüsseler Behörde mit [...]

Michael Grytz, www.tagessschau.de, 27.6.2017 (Zugriff: 1.9.2017)

M 4 Das Kartellgesetz

Die Gefahr einer Beeinträchtigung des Wettbewerbs droht sozusagen ständig und von den verschiedensten Seiten her [...] Es bedeutet wirklich keine Übertreibung, wenn ich behaupte, dass ein auf Verbot gegründetes Kartellgesetz als das unentbehrliche „wirtschaftliche Grundgesetz" zu gelten hat. Versagt der Staat auf diesem Felde, dann ist es auch bald um die „soziale Marktwirtschaft" geschehen [...] „Wohlstand für alle" und „Wohlstand durch Wettbewerb" gehören untrennbar zusammen [...]

Ludwig Erhard: Wohlstand für alle, 7. Aufl., Düsseldorf 1960, S. 19

1 a Beschreibt mit euren Worten die Begriffe Monopol, Oligopol und Kartell (Text).
b Findet Beispiele für die drei Begriffe.

2 a Erklärt, warum Wursthersteller oder Brauereien Preise absprechen (**M 2**).
b Warum sind diese Absprachen verboten?

3 Interpretiert die Karikatur **M 1**.

4 „Erfolgreiche Unternehmen streben danach, besser als die Konkurrenz zu sein, sie auszuschalten und ihre Marktanteile zu erhöhen." Diskutiert diese Aussage in der Klasse. Bezieht dabei **M 4** mit ein.

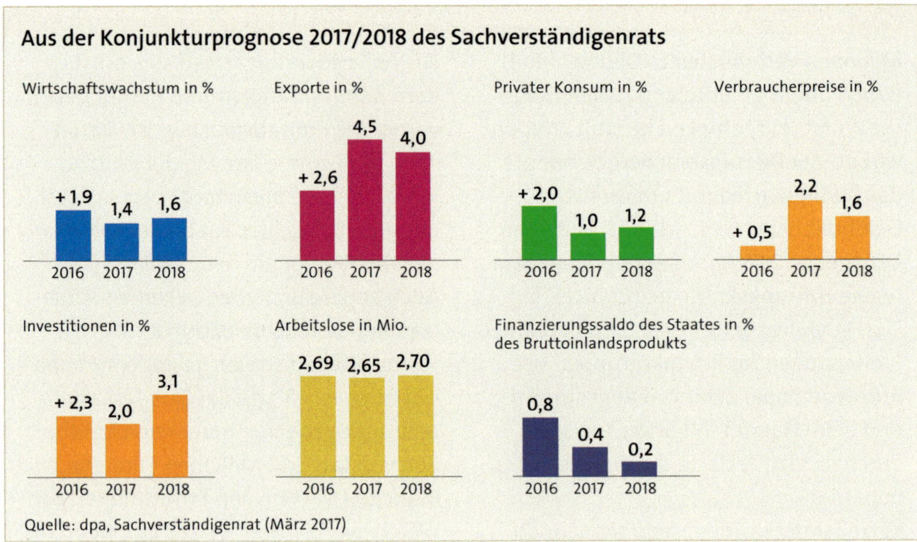

M1 Das Jahresgutachten des Sachverständigenrates

* **Stabilitäts- und Wachstumsgesetz**
1967 wurde in der Bundesrepublik Deutschland dieses Gesetz verabschiedet. Es hatte zum Ziel, die Preise stabil zu halten, einen hohen Beschäftigungsstand zu sichern, das außenwirtschaftliche Gleichgewicht zu halten und ein stetiges und angemessenes Wirtschaftswachstum zu erreichen.
Da es fast unmöglich ist, alle Ziele gleichzeitig zu erreichen, sprach man vom magischen Viereck.
Die Wirtschafts- und Finanzpolitik soll auch für eine gerechte Einkommens- und Vermögensverteilung sorgen. Der Schutz der natürlichen Lebensgrundlagen ist das sechste Ziel. Daher bezeichnet man diese Vorgaben heute als magisches Sechseck.

* **Subventionen**
allgemein: staatliche Unterstützung; im engeren Sinn: öffentliche Gelder als Zuschuss zur Unterstützung bestimmter Wirtschaftszweige oder einzelner Unternehmen

Konjunkturforschung

Der Sachverständigenrat hat die Aufgabe, die gesamtwirtschaftliche Lage und deren absehbare Entwicklung zu analysieren. Außerdem untersucht er, wie im Rahmen der marktwirtschaftlichen Ordnung eine Stabilität des Preisniveaus, ein hoher Grad an Beschäftigung und eine außenwirtschaftliche Ausgewogenheit bei stetigem und angemessenem Wachstum gesichert werden können. Auf der Grundlage der Empfehlungen der „fünf Weisen" gestaltet die Regierung ihre Konjunkturpolitik.

Einflussnahme der Politik

Konjunkturpolitik zielt auf die Stabilisierung* der konjunkturellen Entwicklung. Der Staat soll mit den öffentlichen Einnahmen und Ausgaben eine zu große oder zu geringe Nachfrage der privaten Haushalte ausgleichen. In einer überhitzt wachsenden Wirtschaft (Boom), die sich durch eine Überlastung der Produktionskapazitäten, hohe Preissteigerungsraten und einen hohen Beschäftigungsgrad auszeichnet, sollte der Staat die Nachfrage senken. Der Staat sollte in einer Boomphase selbst möglichst wenig als Nachfrager auftreten und durch Steuererhöhungen den privaten Haushalten Kaufkraft entziehen und Subventionen* und Schulden abbauen. In einer Phase der Rezession dagegen sollte der Staat die Ausgaben erhöhen, selbst verstärkt investieren und durch Steuersenkungen Anreize für private Nachfrage schaffen. Notfalls sollte der Staat zur Finanzierung dieser Ausgaben Schulden machen.
Das wiederum ist sehr umstritten. Eine zu hohe Staatsverschuldung schränkt den wirtschaftspolitischen Handlungsspielraum auf lange Zeit ein, da über viele Jahre große Summen für Zinszahlungen und die Rückzahlung der Schulden aufgewendet werden müssen. Diese Wirtschaftspolitik wird, da sie stets gegenläufig zur aktuellen Konjunkturlage wirkt, auch als antizyklisch bezeichnet.

Streit um die richtige Politik

Der Weg zu mehr Wirtschaftswachstum ist allerdings politisch umstritten:
- Wirtschaftsverbände befürworten angebotsorientierte Politik, wodurch die Unternehmerfreiheit gestärkt wird. Als Folge hiervon kann kostengünstiger produziert und angeboten werden.
- Gewerkschaften befürworten nachfrageorientierte Politik. Ein höheres verfügbares Einkommen stärkt die Kaufkraft der Verbraucher/-innen und es entsteht mehr Nachfrage.

M 2 Jahresgutachten 2017/18

Die deutsche Wirtschaft befindet sich weiterhin in einem Aufschwung. Der Sachverständigenrat erwartet jahresdurchschnittliche Zuwachsraten des Bruttoinlandsprodukts* (BIP) von 1,4 % beziehungsweise 1,6 % in den Jahren 2017 und 2018 [...] Die Perspektiven der deutschen Wirtschaft stellen sich damit im Frühjahr 2017 nahezu unverändert dar.

Die Lage am Arbeitsmarkt ist ebenfalls unverändert gut. Die Ausweitung der Produktion geht vollständig auf einen Anstieg der inländischen Verwendung zurück, während der Außenbeitrag leicht negativ ist. Getrieben wird der Aufschwung durch die expansive Geldpolitik der EZB* und eine prozyklische Fiskalpolitik*. Das Wachstum liegt nach wie vor merklich oberhalb seines Potenzials*, und die Kapazitäten der Wirtschaft sind bereits überausgelastet. Zuletzt haben steigende Verbraucherpreise die Realeinkommensanstiege etwas abgeschwächt. In den Jahren 2017 und 2018 dürfte die Verbraucherpreisinflation* in Deutschland 2,2 % beziehungsweise 1,6 % betragen.

Die außenwirtschaftlichen Perspektiven haben sich im Vergleich zum Herbst 2016 leicht verbessert. Die konjunkturelle Erholung im Euro-Raum setzt sich fort. Mit erwarteten Zuwachsraten von 1,7 % beziehungsweise 1,6 % in diesem und dem kommenden Jahr dürfte das BIP im Jahr 2018 das geschätzte Potenzialniveau* erreichen [...]

Sachverständigenrat: Konjunkturprognose 2017/2018, 20.3.2017, S.1, www.sachverstaendigenrat-wirtschaft.de (Zugriff: 1.9.2017), Auszug

* **Bruttoinlandsprodukt**
s. Seite 126

* **Inflation**
Erhöhung des Preisniveaus, die Folge: Konsumenten und Konsumentinnen müssen mehr für Waren bezahlen

* **EZB**
Europäische Zentralbank, Währungshüterin des Euro, der Sitz der EZB ist in Frankfurt am Main, s. Seite 130

* **Fiskalpolitik**
Mit der Fiskalpolitik wird auf das Auf und Ab der Wirtschaft (Konjunkturverlauf) reagiert. Ziel ist ein stabiles Wirtschaftswachstum. Eigentlich soll der Staat im Abschwung Geld ausgeben, um die Nachfrage und damit die Wirtschaft anzukurbeln (antizyklische Fiskalpolitik). Dagegen gleicht eine prozyklische Fiskalpolitik nicht aus, sondern unterstützt die Auf- oder Abwärtsbewegung der Konjunktur.

* **Potenzial**
Leistungsfähigkeit, Möglichkeit

M 3 Möglichkeiten staatlicher Konjunkturpolitik

Nachfragesteuerung durch ...	Angebotssteuerung durch ...
▪ Stärkung der Investitionen, z. B. Steuerentlastung, mehr direkte Subventionen	▪ Entlastung der Unternehmen, z. B. Senkung von Sozialabgaben, Lohnnebenkosten und Steuern
▪ Stärkung des privaten Verbrauchs, z. B. Senkung der Lohn- und Einkommensteuer, Ausweitung der Sozialleistungen, Subventionen für Privatinvestitionen (z. B. Solaranlagen, Heizungssanierung)	▪ Vereinfachung von Steuergesetzen und Vorschriften ▪ Lockerung sozialer Schutzvorschriften, z. B. Kündigungsschutz
▪ Erhöhung der Steuerausgaben, z. B. Konjunkturprogramme durch mehr öffentliche Aufträge	▪ Erleichterung von Unternehmensgründungen ▪ Förderung von Wissenschaft, Bildung und Schlüsseltechnologien
Kritik: Staatsverschuldung steigt, da diese in Phasen der Hochkonjunktur nicht abgebaut wird	Kritik: Belastung der Arbeitnehmer/-innen ist keine Garantie dafür, dass Arbeitsplätze erhalten oder zusätzlich geschaffen werden

1 Fasst das Jahresgutachten 2016/2017 (**M 1**, **M 2**) in einem kurzen Text zusammen. Informiert euch über aktuelle Prognosen der führenden Wirtschaftsinstitute.

2 Erklärt, wie eine Regierung handeln kann, wenn sich die Wirtschaft in einer Rezessionsphase befindet (Text).

3 Wertet **M 3** aus. Stellt die Vorteile der beiden Möglichkeiten der Konjunkturpolitik in einer Tabelle nebeneinander. Diskutiert in der Klasse.

M 1 *Zeichnung: Koufogiorgos*

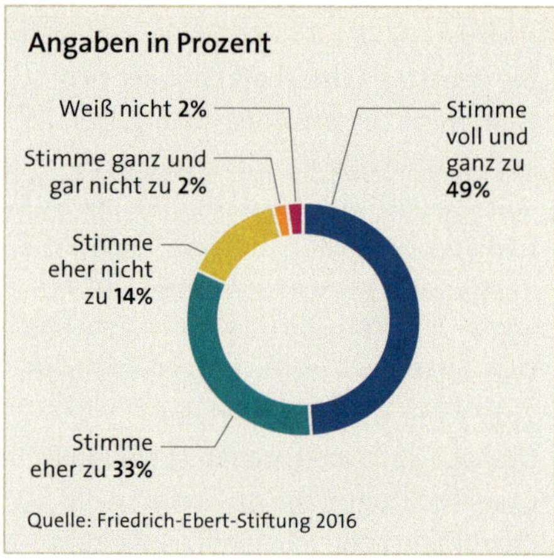

M 2 Ergebnisse einer Umfrage zur Aussage: „Die soziale Ungleichheit in Deutschland ist mittlerweise zu groß."

Gibt es soziale Gerechtigkeit?

Wie gleich müssen die Bürgerinnen und Bürger, wie unterschiedlich dürfen sie sein? Wer soziale Gerechtigkeit anstrebt, muss Ungleichheit berücksichtigen. Damit kann soziale Gerechtigkeit nicht die Gleichheit aller Gesellschaftsmitglieder zum Ziel haben, sondern das richtige Maß der Ungleichheit. Es wird allgemein akzeptiert, dass jemand, der viel und fleißig arbeitet, mehr verdient als jemand, der faul und nachlässig ist. Umstritten ist allerdings die Frage, welche Voraussetzungen vorliegen müssen, damit man von sozialer Gerechtigkeit sprechen kann. Ist jeder Einzelne für seinen Erfolg oder Misserfolg selbst verantwortlich? Oder liegen Umstände vor, die er nicht verantwortet, die ihn aber benachteiligen? Inwieweit muss der Staat dafür sorgen, dass diese Benachteiligung einigermaßen ausgeglichen wird?

Gerechte Besteuerung?

Bei dem Versuch, soziale Gerechtigkeit herzustellen, spielen die Steuern eine große Rolle. Steuern sind Geldleistungen an ein Gemeinwesen, die dieses allen steuerpflichtigen Personen auferlegt. Sie werden vor allem gebraucht, um öffentliche Ausgaben für Schulen, Straßen usw. zu finanzieren. Die Erhebung von Steuern durch den Staat wird heute zumeist auch damit gerechtfertigt, dass die wirtschaftliche Belastung gleichmäßig verteilt werden soll.

M 3 Vermögen ungleich verteilt

[...] Nach Informationen der Passauer Neuen Presse verfügten die oberen zehn Prozent der Haushalte im Jahr 2013 über 51,9 Prozent des Nettovermögens. Im Jahr 1998 waren es noch 45,1 Prozent gewesen. Die Zeitung beruft sich auf vom Bundessozialministerium vorgelegte Zahlen zur Vermögensverteilung [...] Zuletzt war sie im Jahr 2013 erhoben worden. Demnach verfügten die unteren 50 Prozent der Haushalte 2013 über ein Prozent des Nettovermögens in Deutschland, im Jahr 1998 waren es noch 2,9 Prozent gewesen [...]
Zuletzt hatte eine Studie der Hilfsorganisation Oxfam für Aufsehen gesorgt, wonach die 62 reichsten Menschen der Welt so viel besitzen wie die ärmere Hälfte der Weltbevölkerung.

Zeit online u. a.: Vermögen in Deutschland sind immer ungleicher verteilt, 25.1.2016, www.zeit.de/politik/deutschland/2016-01/ungleichheit-vermoegen-reichtum-armut (Zugriff: 23.8.2016)

M 4 Die Mittelschicht verliert

[...] Zählt man zur Mittelschicht alle Menschen, die zwischen 67 und 200 Prozent des Medianeinkommens* verdienen, umfasst diese in Deutschland noch 61 Prozent der Bevölkerung [...] Seit Anfang der Achtzigerjahre ist die Mittelschicht in Deutschland um acht Prozentpunkte geschrumpft. Zwischen 2000 und 2014 sank das reale Medianeinkommen in Deutschland nach Jahrzehnten des Wachstums um ein Prozent (bis 2013) [...] Während die Einkommen immer weiter auseinandergehen, gewinnt eine kleine Gruppe massiv hinzu, die Mehrheit der Bevölkerung aber verliert real an Einkommen. Das belegt der Vergleich der Einkommensanteile der verschiedenen Schichten in Deutschland: Während der Bevölkerungsanteil der Mitte seit 1983 um fünf Prozentpunkte sank, verringerte sich der Einkommensanteil um neun Punkte [...]

Nach: Konrad Fischer: Deutschlands Mittelschicht schwindet, Wirtschaftswoche v. 6.5.2016, www.wiwo.de (Zugriff: 23.8.2016)

M 5 Vorschläge zum Abbau von sozialer Ungleichheit

- Die Steuern für die Reichen müssten erhöht werden. Auch die Erbschaftssteuer* müsste erhöht werden. Die Vermögenssteuer* müsste wieder erhoben werden. Der Spitzensteuersatz, also die Steuern, die Bezieher von hohen Einkommen bezahlen, müsste wieder erhoben werden.
- Die Steuern für mittlere und niedrige Einkommen müssten gesenkt werden, damit sich Leistung wieder lohnt. Wer mehr arbeitet, soll auch mehr davon haben.
- Der Staat müsste jedem, der will, eine eine gute Ausbildung und einen Arbeitsplatz beschaffen. So hätte jeder die gleichen Möglichkeiten.
- Der Staat müsste ab dem Kindergarten in die Förderung aller Kinder aktiv eingreifen. Dann hätte z. B. das Kind eines Hilfsarbeiters die gleichen Chancen wie das eines Professors.

Autorentext

* **Medianeinkommen**
Mittleres Einkommen, bei dem es genauso viele Menschen mit einem höheren, wie mit einem niedrigeren Einkommen gibt.
Für Familien mit zwei Kindern lag im Jahr 2016 das mittlere Nettomonatseinkommen bei 3.392 €. Für Einpersonenhaushalte betrug der Wert 1.615 €.

* **Vermögenssteuer**
eine auf das Vermögen, d. h. das bewertbare Eigentum des Steuerpflichtigen erhobene Steuer, in Deutschland seit 1997 ausgesetzt

* **Erbschaftssteuer**
Steuer, die bei einer Erbschaft entrichtet werden muss

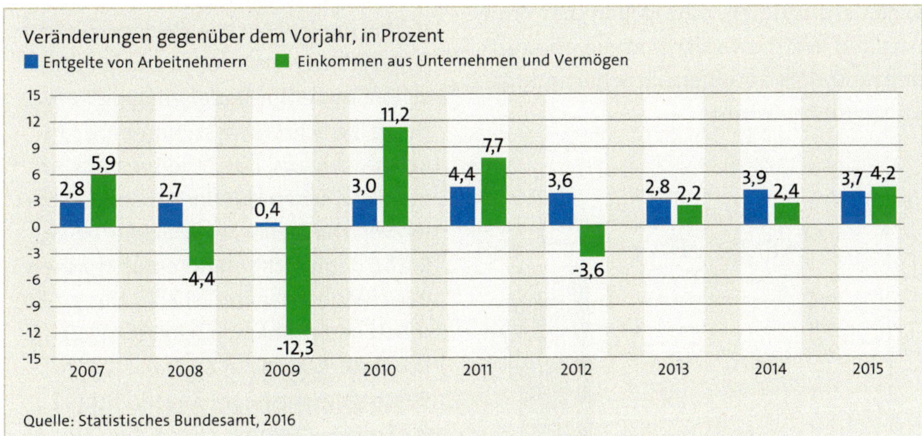

M 6 Arbeitnehmerentgelte und Einkommen aus Unternehmen und Vermögen

1 Besprecht, was ihr unter sozialer Gerechtigkeit versteht (Text).
2 Wertet **M 2** aus. Verfasst einen kurzen Text über die Aussage der Grafik.
3 Erklärt die Karikatur **M 1** und bringt sie in Verbindung mit **M 2**.
4 Diskutiert, welchen Maßnahmen in **M 5** ihr zustimmen könnt, welchen nicht. Sammelt weitere Ideen.
5 Prüft, ob die Realität mit eurer Idee von sozialer Gerechtigkeit vereinbar ist (**M 3–M 6**).
6 Analysiert die Grafik **M 6**. Was geschah 2009? Recherchiert im Internet.
7 Erörtert, warum es für einen Staat wichtig ist, soziale Ungleichheit zu bekämpfen.

Streit um den Mindestlohn

M1 Seit Anfang 2015 gibt es in Deutschland einen Mindestlohn.

Beispiel: Mindestlohn

Der Mindestlohn* ist ein Beispiel dafür, wie der Staat steuernd in das Wirtschaftsleben eingreift. Der Deutsche Bundestag verabschiedete 2014 ein Mindestlohngesetz, das 2015 in Kraft trat. Mit der Einführung des gesetzlichen Mindestlohns 2015 wurde eine langjährige Forderung des Deutschen Gewerkschaftsbundes (DGB) erfüllt. Arbeitgeberverbände sahen dagegen im Mindestlohn einen überflüssigen staatlichen Eingriff in die Entgeltfindung. Sie argumentierten, dass Mindestlöhne Arbeit so verteuern würden, dass gegenüber dem Ausland Wettbewerbsnachteile entstünden und dies zu einem Beschäftigungsabbau führen könnte.

* **Mindestlohn**
In der Höhe festgelegtes kleinstes rechtlich zulässiges Arbeitsentgelt. In Deutschland ist der Mindestlohn gesetzlich festgelegt. Seit 2017 beträgt er 8,84 Euro pro Stunde.

M2 Karikatur: Thomas Plaßmann

M3 Wirte und der Mindestlohn

[...] Sie spülen Gläser, schlagen Kopfkissen auf oder zapfen Bier. Immer mehr Menschen arbeiten in Hotels, Kneipen und Restaurants, und immer mehr von ihnen tun dies als Minijobber. Mittlerweile verdient fast jeder zweite der 1,8 Millionen Beschäftigten in der Branche auf diese Weise sein Geld, also: ohne Steuern abzuführen und, falls gewünscht, auch ohne Sozialabgaben zu zahlen. Bis maximal 450 Euro. Die Arbeitgeber schätzen das, weil sie die Minijobber flexibel einsetzen können, egal ob Biergartenwetter oder ein Champions-League-Abend Besucher anlockt. Doch von 2015 an gilt der Mindestlohn von 8,50 Euro. Und der dürfte Wirten und Hoteliers gerade wegen der vielen Minijobber noch einige Probleme bereiten [...]

Thomas Öchsner: Mindestlohn zwingt Wirte zum Umdenken, Süddeutsche Zeitung, 2.6.2014, www.sudeddeutsche.de (Zugriff: 10.9.2016)

M4 Ein Jahr Mindestlohn

[...] Bei denjenigen, die die gesetzliche Untergrenze von 8,50 Euro pro Stunde schon immer für Teufelszeug hielten, fielen die Schreckensszenarien besonders düster aus. Das Arbeitgeberlager etwa sah schon Hunderttausende Stellen verloren gehen, weil viele Arbeitskräfte dann nicht mehr rentabel wären. Zwölf Monate später ist klar: Das große Jobsterben ist nicht eingetreten [...] Die Untergrenze hat auch nicht den Beschäftigungsboom abgewürgt [...] Bis Ende September wuchs die Zahl der regulären sozialabgabenpflichtigen Stellen um fast 700 000. Nun ist zugleich die Zahl der Minijobs, bei denen die Stundenlöhne bislang besonders niedrig waren, deutlich zurückgegangen [...]

Thomas Öchsner: Ein Jahr Mindestlohn – geht doch!, Süddeutsche Zeitung, 28.12.2015, www.sueddeutsche.de (Zugriff: 10.9.2016)

M 5 Kein Mindestlohn für Studenten?

[...] Die Union fordert, den Mindestlohn für Studenten abzuschaffen. Die seit Januar 2015 geltende Regelung, nach der Studenten, die ein freiwilliges Praktikum absolvieren, der Mindestlohn von 8,50 Euro pro Stunde gezahlt werden muss, habe dazu geführt, dass die Anzahl der Praktikumsplätze zurückgegangen sei. Paul Ziemiak, Chef der Jungen Union, fordert Gesetze, die Menschen nicht in ihrer Ausbildung behindern. Carsten Linnemann, der Chef des CDU-Wirtschaftsflügels, befürchtet, dass eine generelle Abschaffung des Praktikums bevorstehen könne. Die Bundesvereinigung der Deutschen Arbeitgeberverbände (BDA) fordert, Praktikumsverhältnisse generell für mindestens zwölf Monate vom Mindestlohn freizustellen [...]

n-tv.de/AFP: Unionspolitiker fordern Abschaffung, n-tv.de, 1.8.2016 (Zugriff: 10.9.2016)

M 6 Friseurin bei der Arbeit. Vor Einführung des Mindestlohns betrug ihr tariflicher Stundenlohn 7,50 Euro.

M 7 Ausnahmen vom Mindestlohn

Rund vier Millionen Arbeitnehmer/-innen erhalten in Deutschland den gesetzlichen Mindestlohn. Er gilt aber nicht für alle Beschäftigten:

- Praktikanten
  bei Pflichtpraktika generell, bei freiwilligen Praktika bis zu drei Monate
- Auszubildende
- ehrenamtlich Tätige
- Volontäre und Journalistenschüler/-innen in Medienunternehmen
- Langzeitarbeitslose
- in den ersten sechs Monaten einer neuen Beschäftigung
- Jugendliche unter 18 Jahren ohne abgeschlossene Berufsausbildung
- Beschäftigte in Behindertenwerkstätten
- Strafgefangene, die in ihrer Haftanstalt arbeiten
- Saisonarbeiter/-innen erhalten den Mindestlohn, aber Kost und Logis dürfen davon abgezogen werden

1 Nennt Gründe für die Einführung des Mindestlohns in Deutschland (Text, **M 1**, **M 3**, **M 6**).
2 Erläutert die Karikatur **M 2**.
3 Vergleicht die Erfahrungen zum Mindestlohn mit den Argumenten, die gegen seine Einführung vorgebracht wurden (Text, **M 4**).
4 Diskutiert, ob in einer sozialen Marktwirtschaft der Mindestlohn als ein staatlicher Eingriff in die Tarifautonomie zulässig ist (Text).
5 Erörtert, ob es berechtigt ist, Ausnahmen vom Mindestlohn festzulegen (**M 5**, **M 7**).

M1 Nichts Neues aus der Verhaltensforschung. Karikatur: Horst Haitzinger

★ **Gewerkschaft**
Vor über 150 Jahren gründeten Arbeiter Selbsthilfevereine, um ihre Forderungen nach besseren Arbeitsbedingungen, genügend Lohn und Mitbestimmung in den Betrieben durchzusetzen. Daraus entstanden die heutigen Gewerkschaften. Der Deutsche Gewerkschaftsbund (DGB) zählt rund sechs Millionen Mitglieder. Die größten Einzelgewerkschaften im DGB sind die IG Metall (2,3 Mio. Mitglieder) und ver.di (2,0 Mio. Mitglieder).

★ **Tarifvertrag**
So ein Vertrag gilt grundsätzlich nur zwischen den Mitgliedern der Vertragsparteien, also den Gewerkschaftsmitgliedern und den Unternehmen bzw. dem Arbeitgeberverband. Noch Anfang der 1990er-Jahre waren mehr als 80 Prozent aller Beschäftigten in einem Unternehmen mit Tarifvertrag tätig. Heute sind es nur noch knapp 50 Prozent. Viele Arbeitgeber/-innen unterliegen keiner Tarifbindung, weil sie sich daraus Vorteile erhoffen. Der Staat kann aber Tarifverträge für allgemeinverbindlich erklären.

Tarifautonomie

Unsere Wirtschaftsordnung sieht vor, dass Gewerkschaften und Arbeitgeberverbände Entgelte und Arbeitsbedingungen vereinbaren. Um diese Verträge zu schließen, finden in regelmäßigen Abständen Tarifverhandlungen statt. Die Gewerkschaften vertreten dabei die Interessen der Arbeitnehmer/-innen, die Arbeitgeberverbände die Interessen der Arbeitgeber/-innen. Beide, Arbeitgeber/-innen und Gewerkschaften, nennt man Tarifparteien. Sie müssen über ihre unterschiedlichen Ziele verhandeln und zu einer Vereinbarung gelangen. Der Staat darf dabei nicht mitwirken. Das nennt man Tarifautonomie.

Tarifverträge★ bringen für beide Seiten Vorteile: Da die Vereinbarungen als Mindestnorm gelten, sind die Beschäftigten vor Konkurrenz um Arbeitsplätze geschützt. Der im Tarifvertrag vereinbarte Lohn darf nicht unterschritten werden. Auch die Arbeitgeber/-innen haben Vorteile. Durch eine gute Bezahlung binden sie die Beschäftigten an sich. Zudem herrscht während der Laufzeit eines Tarifvertrages Friedenspflicht, d. h., niemand darf Kampfmaßnahmen ergreifen.

Ablauf einer Tarifverhandlung

Können sich die Tarifparteien nicht auf den Abschluss eines neuen Tarifvertrags einigen, so kann eine Schlichtung eingeleitet werden. Der Schlichter ist eine unabhängige Person, die das Vertrauen beider Seiten genießt. Er unterbreitet einen Kompromissvorschlag. Wenn dieser Kompromissvorschlag nicht angenommen wird, beginnt ein Arbeitskampf. Beim Streik verweigern die Angehörigen eines Betriebes die Arbeit, um durch den Schaden, der durch den Produktionsausfall entsteht, die Arbeitgeber/-innen zur Annahme ihrer Forderungen zu zwingen. Gewerkschaftsmitglieder erhalten von ihrer Gewerkschaft Streikgeld als Ersatz für den entgangenen Lohn. Ein Streik darf nur begonnen werden, wenn 75 Prozent der Gewerkschaftsmitglieder in einer Urabstimmung zugestimmt haben. Für seine Beendigung reichen 25 Prozent Ja-Stimmen in der Urabstimmung aus.

Die Aussperrung ist eine mögliche Antwort der Arbeitgeber/-innen auf einen Streik oder eine Streikdrohung. Mit ihr werden alle Belegschaftsmitglieder eines Betriebes von der Arbeit ferngehalten, wobei kein Lohn für die Zeit der Aussperrung gezahlt wird.

M 2 IG Metall zum Tarifabschluss in NRW 2016

Der Tarifabschluss zwischen der IG Metall und dem Arbeitgeberverband in der Metall und Elektroindustie vom Mai 2016 wurde im ganzen Bundesgebiet übernommen.
Der Vorstand der IG Metall erklärte: „Die Beschäftigten bekommen eine deutliche Erhöhung ihrer Realeinkommen und damit einen fairen Anteil am wirtschaftlichen Erfolg", sagte Jörg Hofmann, Erster Vorsitzender der IG Metall. Hofmann dankte den rund 760 000 Warnstreikenden. Das Ergebnis sieht eine Einmalzahlung in Höhe von 150 Euro für die Monate April bis Juni 2016 vor. Ab 1. Juli werden die Entgelte in einer ersten Stufe um 2,8 Prozent erhöht. Die zweite Stufe folgt ab 1. April 2017 mit einer Erhöhung um 2 Prozent.

IG Metall Vorstand: Tarifabschluss erhöht Kaufkraft und sichert Beschäftigung, Pressemitteilung, 13.5.2016, https://www.igmetall.de/tarifticker-21135.htm?seite=3 (Zugriff: 17.9.2016)

M 3 Erklärung der Arbeitgeber der Metall und Elektroindustrie

[...] Wir haben heute eine gute Lösung gefunden – für die Unternehmen, für die Beschäftigten und nicht zuletzt auch für den Standort und die Tarifbindung [...]
Der Abschluss sei ein solider Dreiklang aus akzeptabler Lohnerhöhung, betrieblicher Flexibilität und langer Laufzeit. Damit habe man erreicht, dass die Belastung der Unternehmen deutlich unter den Vorjahren liegt, dass die Laufzeit deutlich länger ist und dass den Unternehmen die Möglichkeit gegeben wird, Teile des Abschlusses zu differenzieren. „Die Erhöhungen von 2,8 % in 2016 und 2,0 % für 2017 sind für die Unternehmen gerade noch tragbar, auch weil für uns elementar wichtige Abweichungen nach unten durch Differenzierung für einzelne Unternehmen in Schwierigkeiten möglich sind [...]

www.pressebox.de/inaktiv/gesamtmetall-gesamtverband-der-arbeitgeberverbaende-der-metall-und-elektro-industrie-ev/Einigung-in-Tarifrunde-2016-erreicht/boxid/796248 (Zugriff: 16.9.2016)

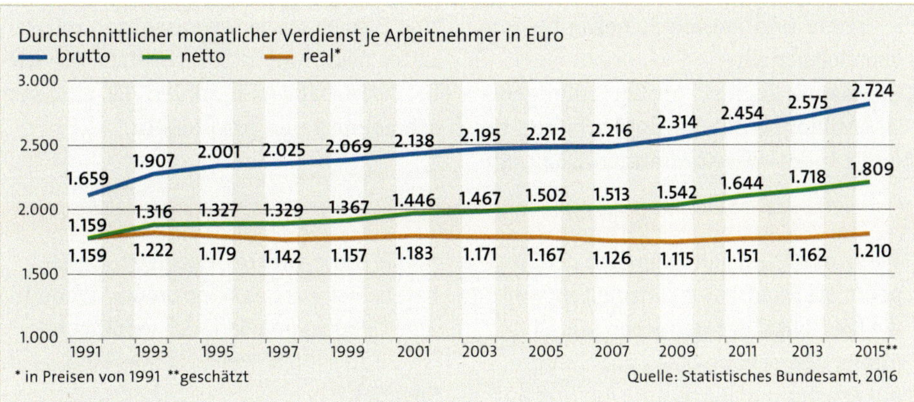

M 4 So entwickelten sich die Löhne über 25 Jahre.

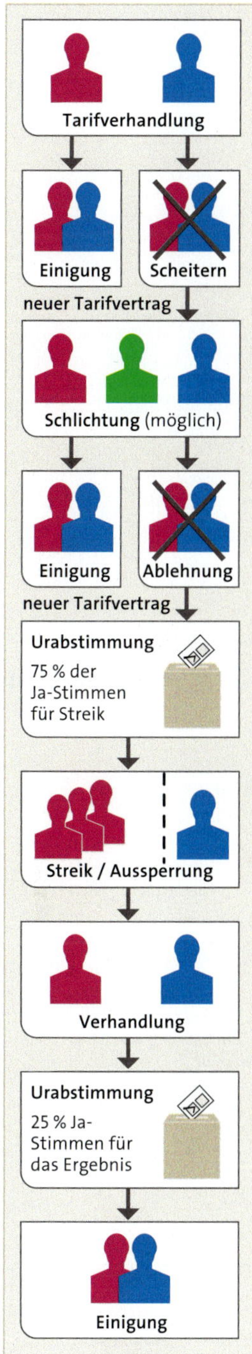

M 5 Ablauf einer Tarifverhandlung

1 Gebt mithilfe des Textes wieder, was der Begriff Tarifautonomie bedeutet.
2 Beschreibt den Ablauf von Tarifverhandlungen (Text, **M 1**, **M 5**).
3 Vergleicht die Stellungnahmen der Gewerkschaft IG Metall und des Arbeitgeberverbandes (**M 2** und **M 3**).
4 Untersucht **M 4** und beurteilt die dort sichtbare Entwicklung aus der Sicht von Arbeitnehmerinnen und Arbeitnehmern.

M 1 Aufgaben des Staates

Wirtschaftsfaktor Staat

Der Staat (Bund, Länder, Gemeinden) hat in unserer Gesellschaft viele wichtige Aufgaben. Er ist zuständig für Kindergärten, Schulen, die Förderung der Wissenschaft, den Bau von Straßen, das Rechtswesen, die Sozialhilfe, soziale Sicherung, die innere und äußere Sicherheit – und noch vieles mehr.

Der Staat ist auch ein großer Arbeitgeber – 4,7 Millionen Beschäftigte arbeiten für Bund, Länder oder Kommunen. Dazu zählen die Beamten/-innen, Richter/-innen, Berufs- und Zeitsoldaten/-innen sowie Arbeitnehmer/-innen.

Zur Erfüllung seiner Aufgaben benötigt der Staat Geld. Die wichtigste Einkommensquelle sind Steuern. Bürgerinnen und Bürger sowie Unternehmen müssen unter bestimmten Voraussetzungen diese Zwangsabgaben zahlen. Es gibt verschiedene Arten von Steuern.

M 2 Was sind Steuern?

Wenn es darum geht, das Geld der Bürger in die Staatskasse umzuleiten, war die Kreativität der Herrschenden schon immer unerschöpflich. Es gab Steuern auf Fenster und Bärte, auf Urin und auf Papier, auf Spatzen und auf Hunde – die Hundesteuer gibt es sogar heute noch. Und natürlich ist die Erfindung der Steuern älter als die des Geldes: Von irgendetwas mussten Könige, Fürsten und Priester ja leben.

Steuern unterscheiden sich von allen anderen Geldzahlungen dadurch, dass man für sie keine direkte Gegenleistung erhält (sonst wäre es keine Steuer, sondern eine Gebühr) und dennoch verpflichtet ist, sie zu zahlen (sonst wäre es eine Spende).

Früher waren alle Steuern direkte Steuern: Wer etwas hatte, das steuerpflichtig war, musste den dafür fälligen Betrag in bar oder in Naturalien entrichten. Heute werden viele Steuern – wie die Mehrwertsteuer, die Branntwein-, Kaffee- oder Mineralölsteuer – indirekt erhoben, sie sind also im Preis enthalten, den der

Verbraucher zum Beispiel an der Kasse im Supermarkt oder an der Tankstelle zahlen muss. Dabei spielt es keine Rolle, wer etwas kauft: Der jeweilige Steuersatz ist für alle Kunden gleich [...]
Bei den meisten direkten Steuern hingegen, die unter anderem auf Einkommen (Lohn-, Einkommen-, Kapitalertrags-, Körperschafts-und Gewerbesteuer), auf Immobilienbesitz (Grundsteuer) und auf Erbschaften erhoben werden, gibt es Freibeträge, die Geringverdiener entlasten. Außerdem kann der Steuersatz in diesen Fällen variieren: Bei der Einkommensteuer etwa liegt er zwischen 15 und 45 Prozent. All das addiert sich zu einer ansehnlichen Summe [...]

Detlef Gürtler in Zusammenarbeit mit der Redaktion der Tagesschau: Die Tagesschau erklärt die Wirtschaft, Reinbek bei Hamburg 2010, S. 174 f., gekürzt

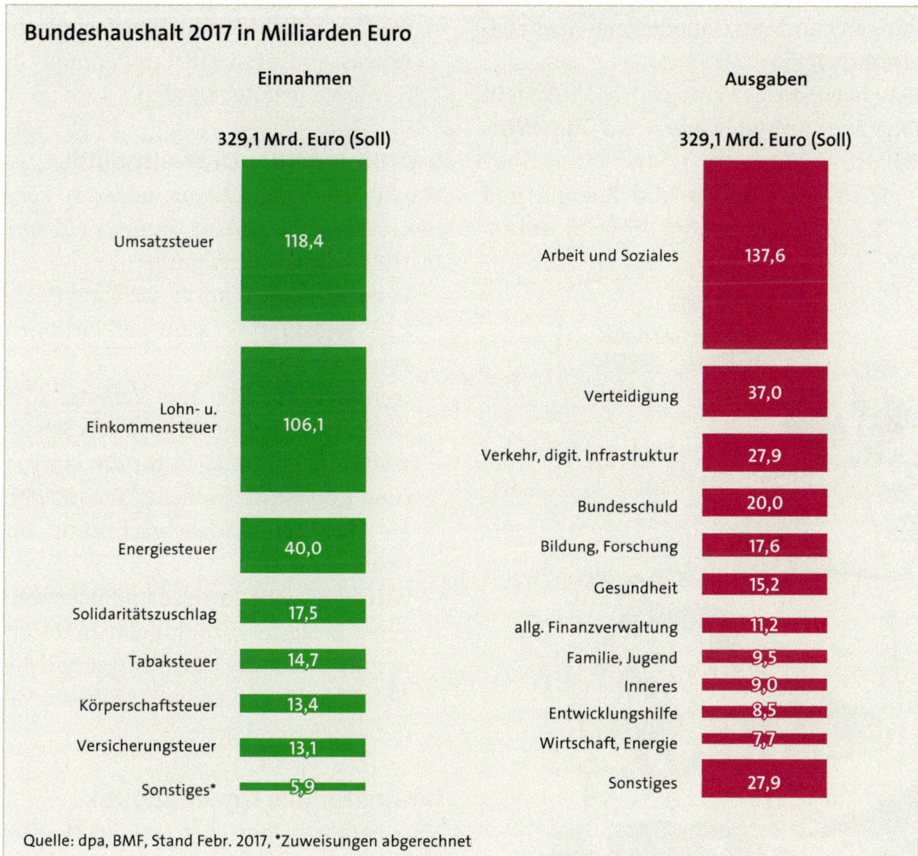

* Die Haushalte von Bund und Ländern sind grundsätzlich ohne Einnahmen aus Krediten auszugleichen (Art. 109 Abs. 3 GG). Das bedeutet, dass Bund und Länder normalerweise nur so viel ausgeben dürfen, wie sie einnehmen.

M 3 Einnahmen und Ausgaben des Bundes

1. Beschreibt **M 1** und nennt weitere typische Aufgaben des Staates aus Bund, Land oder Gemeinde.
2. Besprecht, wem diese Leistungen nützen und was wäre, wenn der Staat sie nicht bereitstellen würde.
3. Arbeitet aus **M 2** den Unterschied zwischen direkten und indirekten Steuern heraus.
4. Analysiert die Grafik **M 3**.
5. Nehmt Stellung zu folgender Aussage: „Der Staat soll die Steuern senken und seine Aufgaben einschränken. Das meiste können auch private Unternehmen leisten.“

Umwelt und Wirtschaftspolitik

Als Anfang der 1990er-Jahre deutlich wurde, dass das rasche Wirtschaftswachstum erhebliche Umweltschäden zur Folge hatte, verankerte man 1994 den Schutz der natürlichen Lebensgrundlagen im Grundgesetz. Die Wirtschaftspolitik in Deutschland sieht sich unter anderem dem Prinzip der Nachhaltigkeit verpflichtet. Sie sollte so ausgerichtet sein, dass die Befriedigung der Bedürfnisse der heutigen Generation die Lebensbedingungen künftiger Generationen nicht beeinträchtigt.

Eine nachhaltige Wirtschaftspolitik stellt folgende Anforderungen an die Wirtschaft:

- Sparsamer Einsatz von Energie und Rohstoffen: Es sollten Produkte entwickelt werden mit langer Lebensdauer, die bevorzugt aus recycelbaren Materialien hergestellt werden.
- Produktionsabfälle sollten wiederverwertet (recycelt) werden.
- Produktionsverfahren sollten energiesparend arbeiten.
- Erneuerbare Energien sollten bevorzugt werden.
- Der Ausstoß von Schadstoffen sollte verringert werden, z. B. durch den Einbau von Filteranlagen oder durch umweltfreundliche Produktionstechniken.
- Abwasser dürfen nicht ungereinigt in Gewässer geleitet werden.

* **EEG – Erneuerbare-Energien-Gesetz**
Es regelt die bevorzugte Einspeisung von Strom aus erneuerbaren Quellen ins Stromnetz und garantiert deren Erzeugern feste Preise.

M1 Karikatur: Horst Haitzinger, 1981

Instrumente der Umweltpolitik

Um die Umweltpolitik umsetzen zu können, stehen dem Staat unterschiedliche Instrumente zur Verfügung:

- Vereinbarungen auf freiwilliger Basis, z.B. Selbstverpflichtungserklärungen von Unternehmen;
- rechtliche Gebote und Verbote, z. B. Grenzwerte für die Abgabe von Schadstoffen oder Auflagen für die Einführung umweltfreundlicher Technologien (Beispiel: Abgasvorschriften für Pkw);
- wirtschaftliche Anreize und Belastungen, z. B. Zuschusszahlungen an Unternehmen für die umweltfreundliche Abfallbeseitigung oder Einführung einer Abwasserabgabe.

Internationale Umweltpolitik

Schadstoffe in der Luft oder in Gewässern machen jedoch an Landesgrenzen nicht Halt. Auch Umweltschäden, die weit entfernt verursacht werden, können sich bei uns auswirken, ebenso wie unser Umgang mit den natürlichen Lebensgrundlagen weltweit Konsequenzen hat. Deshalb muss die nationale Umwelt- und Klimapolitik durch internationale Abkommen ergänzt werden. Internationale Vereinbarungen werden dabei unter dem Dach der UNO geschlossen (vgl. Kapitel 2).

M 2 15 Jahre Ökosteuer: Das Phantom aus Berlin

Seit dem 1. April 1999 gibt es die Rasen-für-die-Rente-Steuer [...] Damals startete die Ökologische Steuerreform mit dem Ziel, Energie zu verteuern und die Einnahmen der Rentenversicherung zuzuführen [...] Zum einen sollten die Bürger zu mehr Sparsamkeit im Umgang mit vor allem fossiler Energie erzogen werden, zum anderen ging es um eine Senkung der Lohnnebenkosten, also eine Begünstigung von Arbeitsplätzen.

In mehreren Schritten stieg die Mineralölsteuer um 15,35 Cent je Liter Benzin, auch Strom, Gas oder Heizöl wurden teurer. Entsprechend groß war die Empörung vieler Bürger. Damals. Seit einigen Jahren haben sich die Bürger offenkundig mit der Ökosteuer arrangiert. Das liegt vielleicht auch nur daran, dass ein anderer Aufreger an deren Stelle getreten ist, nämlich die EEG*-Umlage, die (fast) alle Stromverbraucher für die erneuerbaren Energien berappen müssen [...]

Das Forum Ökologisch-soziale Marktwirtschaft spricht von einem Erfolgsmodell. Die Ökosteuer habe dazu beigetragen, dass der Mineralölverbrauch über Jahre gesunken sei [...] Anders sieht das der Deutsche Industrie- und Handelskammertag (DIHK). Die Ökosteuer ist nur fiskalisch ein Erfolg [...] Eine Lenkungswirkung mag der Leiter der DIHK-Steuerabteilung nicht erkennen [...]

Christian Ramthun, www.wiwo.de, 1.4.2014 (Zugriff: 1.9.2017)

M3 Deutsche Nachhaltigkeitsstrategie

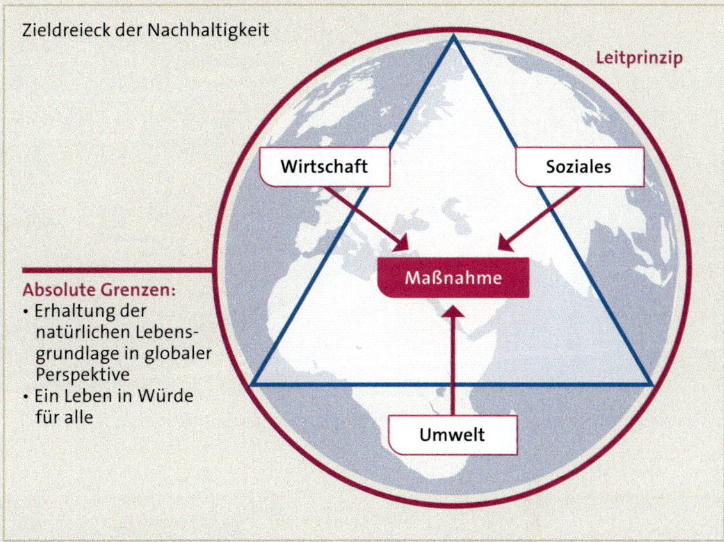

Die Planetaren Belastbarkeitsgrenzen [...] definieren einen sicheren Handlungsspielraum, innerhalb dessen Entwicklung, globale Gerechtigkeit, Wohlstand und ein „gutes Leben" erreicht und dauerhaft gesichert werden können. Danach hat die Menschheit im Hinblick auf den Verlust biologischer Vielfalt, die Störung der Nährstoffkreisläufe von Stickstoff und Phosphor, den Klimawandel und die Veränderung der Flächennutzung den sicheren Handlungsspielraum bereits verlassen [...]

Die Reserven fossiler Energieträger wie Öl und Gas sind begrenzt, gleichzeitig ist ihre Nutzung mit der Emission von Treibhausgasen verbunden. Ein Umstieg auf erneuerbare Energien, die sich als natürliche Energiequellen ständig regenerieren, verringert die energetisch bedingten Emissionen und damit das Ausmaß des Klimawandels. Zusätzlich werden die Abhängigkeit von Energieimporten und der Ressourcenverbrauch gemindert sowie technische Innovationen gefördert. Ziel der Bundesregierung ist es daher, den Anteil der erneuerbaren Energien am Brutto-Endenergieverbrauch bis zum Jahr 2020 auf 18 Prozent, bis 2030 auf 30 Prozent und bis 2050 auf 60 Prozent zu erhöhen. [Anm. der Redaktion: Im Jahr 2016 betrug der Anteil regenerativer Energien am Brutto-Endenergieverbrauch knapp 15 Prozent.]

Bundesregierung (Hg.): Deutsche Nachhaltigkeitsstrategie, 1.10.2016, S. 24 f., 118, Auszüge

1 Beschreibt den Begriff Nachhaltigkeit (Text).

2 Analysiert die Karikatur **M 1** und diskutiert, ob ihre Aussage noch gültig ist.

3 Erläutert am Beispiel der Ökosteuer (**M 2**) Ziele und Instrumente der Umweltpolitik.

4 Erklärt, welche Ziele eine Wirtschaftspolitik im Hinblick auf Nachhaltigkeit verfolgen sollte (Text, **M 3**). Nennt Beispiele.

5 Entwickelt Ideen, wie eine nachhaltige Wirtschaft aussehen müsste. Berücksichtigt dabei die Entwicklungsziele der Agenda 2030 (siehe S. 74 und 80).

Größter Arbeitgeber in Berlin und Brandenburg ist das Großunternehmen Deutsche Bahn.

Kleinunternehmen Bäckerei

Ein kompliziertes System

Allen Betrieben ist gemeinsam, dass in ihnen etwas produziert wird, das verkauft werden soll, also der Bedarfsdeckung anderer und nicht dem Eigenbedarf dient. Das können sowohl Sachgüter sein wie Autos oder Maschinen als auch Dienstleistungen, die ein Friseur, Krankenhaus oder Theater anbieten.

Um seinen Aufgaben gerecht werden zu können, benötigt jeder Betrieb Produktionsmittel. Darunter fallen sowohl die Betriebsgebäude und benötigte Maschinen als auch alle Rohstoffe und die finanziellen Mittel. Vor allem aber ist menschliche Arbeit nötig. Man unterscheidet hier zwischen ausführender und leistender Arbeit.

Die Betriebsleitung ist dafür verantwortlich, dass die Arbeit im Betrieb organisiert wird und der Betrieb wirtschaftlich arbeitet. Sie legt fest, welche und wie viele Produkte erzeugt werden, wie die Produktion finanziert wird, in welcher Kombination die Produktionsfaktoren einzusetzen sind, wie sie beschafft und bereitgestellt werden und wie die Produkte gewinnbringend verkauft werden können.

In Deutschland gibt es rund 3,5 Millionen Unternehmen – davon sind 82 % Kleinstunternehmen mit bis zu neun Beschäftigten. Ca. 17 % sind kleine und mittlere Unternehmen. Nur 0,7 % sind Großunternehmen mit mindestens 250 Beschäftigten.

M 1 Grundeinteilung von Betrieben

Betriebsarten	
Produktionsbetriebe	**Dienstleistungsbetriebe**
▪ Rohstoffgewinnungsbetriebe (Erzbergwerk, Kohlengrube)	▪ Handelsbetriebe (Großhandel, Einzelhandel, aber auch Restaurants usw.)
▪ Investitionsgüterbetriebe (Maschinenfabrik, Walzwerk)	▪ Verkehrsbetriebe (Bus, Eisenbahn, Flugzeug)
▪ Konsumgüterbetriebe (Textil-, Nahrungsmittelunternehmen usw.)	▪ Bankbetriebe (Sparkassen, Großbanken)
▪ Gebrauchsgüterbetriebe (Möbelfabrik)	▪ Versicherungsbetriebe (Krankenversicherung, Lebensversicherung, Haftpflichtversicherung)
▪ Verbrauchsgüterbetriebe (Nahrungsmittel-, Getränkeindustrie)	▪ sonstige Dienstleistungsbetriebe (Friseur, Reinigung)

M 2 Flache Hierarchie – hohe Motivation

Damit eine Firma gut läuft, müssen alle am selben Strick ziehen. In der Realität sieht das jedoch oft anders aus. Einer der Gründe, weshalb das so sein könnte, ist die Unternehmensstruktur. Eine These lautet: Je mehr Hierarchiestufen eine Firma hat, desto weniger fühlen sich die Mitarbeitenden der gemeinsamen Sache verpflichtet. Und umgekehrt: Je flacher die Hierarchien* sind, desto stärker fühlen sich die Mitarbeitenden ihrem Unternehmen verbunden.
Konzernhierarchien unterteilen ihre Angestellten in Divisionen, Bereiche und Abteilungen, die Teams in Führungspersonen und solche ohne Führungsaufgaben. Großkonzerne mit mehreren Geschäftsfeldern kommen um eine solche Struktur nicht herum. Denn: Es können nicht alle alles machen.
Die zahlreichen Hierarchieebenen erschweren aber ein gleichberechtigtes Zusammenarbeiten. Am Ende bestimmt der oder die Vorgesetzte. Kleinere Firmen haben naturgemäß flachere Hierarchien und bieten mehr Eigenverantwortung. Das stärkt den Workflow und Dinge werden schneller, kreativer und motivierter angepackt. Zu viele Hierarchiestufen stehen der Umsetzung einer Strategie oftmals im Weg: Bis die Strategie von zuoberst nach zuunterst kommuniziert ist, wird sie auf etlichen Zwischenstufen zu Teilstrategien und Maßnahmenprogrammen erweitert [...]
Zu steile Hierarchien verstärken folglich die Unzufriedenheit über „die da oben", denn fast alle müssen für ihr Handeln irgendwann das Einverständnis weiter oben abholen. Das schafft zwar Sicherheit, aber das Mitgestalten für die „Geführten" wird deutlich erschwert: Vieles hängt vom Goodwill der Vorgesetzten, deren Vorgesetzten und deren Mitentscheider ab. Wenn sie nicht risikobereit sind, lehnen sie Vorschläge ab und nehmen so die Chancen von möglichen Verbesserungen nicht wahr [...]

Mitgestalten statt Befehle entgegennehmen. Flache Hierarchien, hohe Motivation, http://www.foerderland.de/organisieren/news/artikel/mitgestaltenstatt-befehle-entgegennehmen-flache-hierarchien-hohe-motivation/ (Zugriff: 28.8.2016)

* **Hierarchie**
Bezeichnet die Rangordnung in einer Organisation (Betrieb, Verwaltung). Die Rangordnung legt fest, wer welche Befugnisse hat. Die klassische Hierarchie hat eine pyramidenförmige Struktur. Die Befehle und Weisungen gehen von oben nach unten. Ansprechpartner ist jeweils der oder die direkte Vorgesetzte.

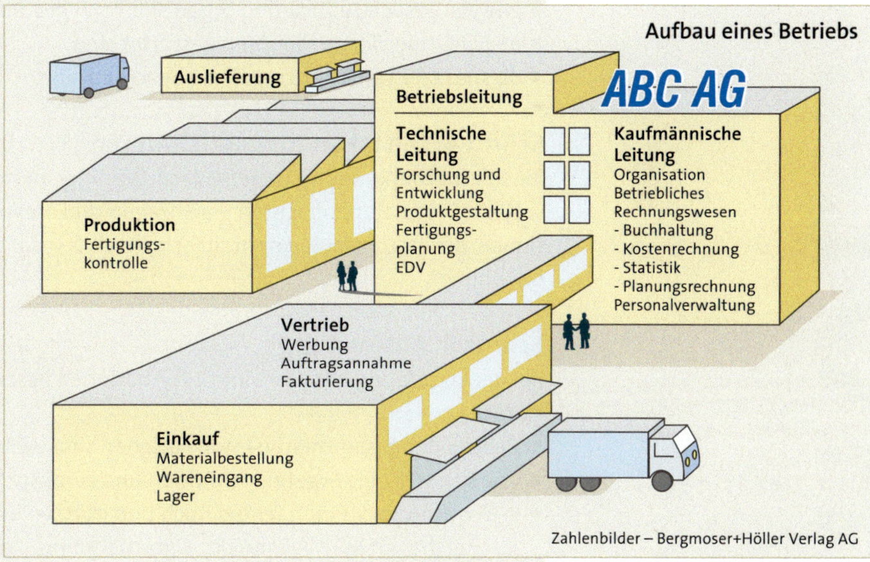

M 3 Das System der Betriebsorganisation

1 Fasst den Unterschied zwischen Produktionsbetrieben und Dienstleistungsbetrieben mit euren Worten zusammen (**M 1**).

2 Ordnet Betriebe aus eurem Wohnort oder der näheren Umgebung den Betriebsarten (**M 1**) zu. Welche Art der Betriebe überwiegt?

3 Erklärt euch gegenseitig die Fachbegriffe des Textes.

4 a Erläutert die Begriffe „steile" und „flache" Hierarchie (**M 2**).
b Nennt Vor- und Nachteile beider Organisationsmodelle.

5 Erkundigt euch bei eurer Lehrerin, eurem Lehrer, ob eure Schule nach deren Meinung mithilfe eine flachen oder steilen Hierarchie geleitet wird.

Schritt 1: Vorrecherche und Themenfindung

Damit eure Betriebserkundung erfolgreich verläuft, ist es wichtig, dass ihr bereits vor der ersten Kontaktaufnahme mit einem Unternehmen überlegt, welche Schwerpunkte eure Erkundung haben soll. Vor allem mittlere und große Unternehmen bestehen aus einer Vielzahl von Abteilungen mit unterschiedlichen Aufgaben wie z. B. Einkauf, Buchhaltung, Entwicklung und Planung, Produktion oder Vertrieb. Wenn die möglichen Betriebe eine Website haben, solltet ihr euch dort vorab informieren. Sammelt vor der Erkundung die Themen, die euch interessieren.

Schritt 2: Erstellen eines Fragebogens

Erstellt nun einen möglichst genauen Fragebogen. Anregungen dazu findet ihr in M 1. Überlegt auch, wer euch bei der Erkundung helfen könnte, sie zu beantworten (z. B. welche Gesprächspartner/-innen im Betrieb wünschenswert sind). Bildet dann zu euren Erkundungsschwerpunkten entsprechende Gruppen.

Schritt 3: Kontaktaufnahme mit dem Betrieb

Wählt einen für eure Erkundung infrage kommenden Betrieb in der Nähe eures Schulortes aus und vereinbart einen Termin. Klärt mit dem Betrieb,

- ob Vorinformationen über den Betrieb erhältlich und wie diese zu beschaffen sind,
- welche Gesprächspartner/-innen euch zur Verfügung stehen,
- welche Mitarbeiterinnen und Mitarbeiter ihr befragen dürft,
- wie der Besuch zeitlich und organisatorisch gestaltet wird,
- ob Film- oder Tonaufnahmen gestattet sind,
- ob spezielle Verhaltensregeln zu beachten sind.

Schritt 4: Die Erkundung durchführen

Eine Betriebserkundung ist keine Besichtigung. Ihr müsst aktiv sein, euch angemessen verhalten, gezielt beobachten, nachfragen und die Arbeitsaufträge erfüllen. Die Informationen, die ihr sammelt, könnt ihr schriftlich festhalten. Vielleicht dürft ihr Fotos machen oder filmen.

Schritt 5: Auswertung

Bei der Erkundung habt ihr viele Informationen gesammelt. Nun müsst ihr Folgendes klären:

- Welche der gesammelten Informationen sind wichtig für eure Themen?
- Wie könnt ihr die Ergebnisse ordnen und veranschaulichen?
- Welche Informationen fehlen noch und müssen eventuell durch eine Nacherhebung (Recherche auf der Website des Unternehmens, telefonische Nachfrage oder schriftliche Frage per E-Mail) beschafft werden?
- Wie haben die einzelnen Gruppen gearbeitet?
- Haben sich alle angemessen verhalten?

Schritt 6: Präsentation

Die einzelnen Gruppen können ihre Ergebnisse vor der Klasse präsentieren. Ihr könnt eure Ergebnisse aber auch einem größeren Publikum präsentieren, z. B. der ganzen Schule oder euren Familien. Ihr könnt z. B.

- eine Wandzeitung gestalten,
- eine Ausstellung vorbereiten und gestalten,
- eine Power-Point-Präsentation erstellen,
- einen Beitrag für die Schülerzeitung oder die Schul-Homepage schreiben,
- einen Film erstellen und vorführen.

M 1 Anregungen für Fragen zur Betriebserkundung

1. Organisation des Betriebs (hier: Produktionsbetrieb)

- In welche Abteilungen/Aufgabenbereiche ist der Betrieb unterteilt?
- Wie viele Beschäftigte arbeiten in dem Betrieb?
- Wie viele Auszubildende hat der Betrieb?
- In welchem Maße werden Mitarbeiterinnen und Mitarbeiter in Entscheidungen einbezogen?

2. Produktion

- Welche Waren werden hergestellt oder welche Dienstleistungen erbracht?
- Welche Rohstoffe und Betriebsmittel werden benötigt?
- Wie läuft die Produktion ab?
- Wie ist die innerbetriebliche Arbeitsteilung organisiert?
- Wie sind die Arbeitszeiten der Beschäftigten? Wird in Schichten gearbeitet?
- Wurde die Arbeitsorganisation z. B. durch Rationalisierung, Einführung von Teamarbeit verändert?
- Welche Rolle spielt die nachhaltige Produktion?

3. Wirtschaftliche Aspekte

- Welche Bedeutung haben Rohstoff- und Energiepreise für die Arbeitskosten?
- Besteht eine zwischenbetriebliche oder internationale Arbeitsteilung?
- Wie ist die Auftragslage?
- Gab es Überstunden, Einstellungen, Kurzarbeit, Entlassungen?
- Welche Bedeutung hat der Betrieb für die Stadt/die Region?
- Welche Entwicklungen der Branche sind für die Zukunft von Bedeutung?

4. Wettbewerb

- Ist der Betrieb mit der Wettbewerbssituation, dem Gewinn, den Zukunftserwartungen zufrieden?
- Was plant der Betrieb, um seine Position am Markt zu sichern?
- Wie nutzt der Betrieb das Internet? Können die Waren über das Internet bezogen werden?

1 Plant und führt eine Betriebserkundung durch.

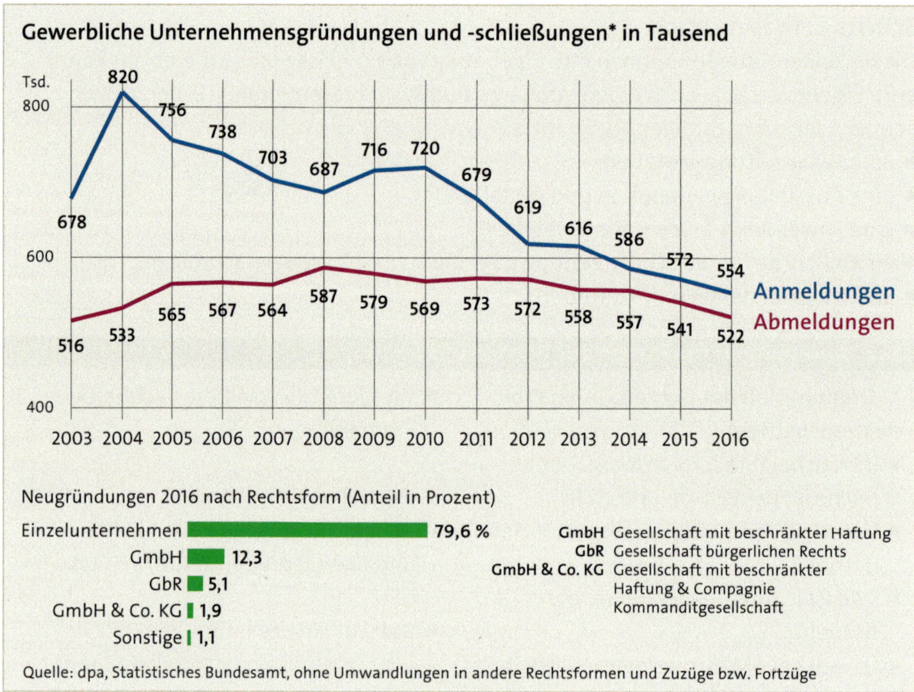

M1 Unternehmensgründungen und -schließungen

Wachsender Bestand

In Deutschland gibt es ca. 3,5 Millionen Kleinstunternehmen sowie kleine und mittlere Unternehmen. Dabei kommt es laufend zu Veränderungen. Einerseits werden Betriebe aufgegeben – wegen Insolvenz oder weil sich die Inhaber aus dem Geschäftsleben zurückziehen. Andererseits werden auch neue Unternehmen gegründet. Mit der Welle der Unternehmensgründungen* ab dem Jahr 2003 ging auch eine deutliche Zunahme der Stilllegungen einher. Gerade junge Unternehmen, denen es nicht gelingt, sich auf dem Markt zu etablieren, oder deren Startkapital nicht ausreicht, müssen oft schon nach kurzer Zeit wieder aufgeben. Insgesamt ist die Zahl der Unternehmensgründungen rückläufig.

Erfolgreiche Gründer

Eines der berühmtesten Beispiele unternehmerischen Erfolgs der letzten Jahrzehnte ist der US-Amerikaner Bill Gates. Er sah in den Personalcomputern (PCs) eine Marktnische und entwickelte hierfür ein Betriebssystem und Anwendungsprogramme, mit denen sie einfach und ohne Spezialkenntnisse bedienbar waren. Mit seinem Freund Paul Allen gründete er als Student 1975 Microsoft. Heute ist die Firma eine Aktiengesellschaft mit weltweit 114 000 Beschäftigten und einem Jahresumsatz von 85 Mrd. US-Dollar (2016). Wie kein anderer hat Gates die Computerwelt – und damit auch unseren Alltag – verändert. Keine der umwälzenden Ideen stammt allerdings von ihm selbst. Seine Stärke lag darin, gute Ideen frühzeitig zu erkennen und sie auf seine Weise umzusetzen.

Eine erfolgreiche Berliner Gründung war im Jahr 2008 Zalando. David Schneider und Robert Gentz gründeten mit Unterstützung von befreundeten Geldgebern ein Online-Versandunternehmen für Mode und Schuhe. Das Unternehmen erzielte 2016 einen Umsatz von 3,6 Mrd. Euro, hatte 20 Mio. Kunden und zählte rund 12 000 Beschäftigte.

* **Gründungswelle**
Ab 2003 wurden Arbeitslose beim Einstieg in die Selbstständigkeit durch staatliche Unterstützung gefördert (Ich-AG). Außerdem entfiel 2004 der Meisterzwang: Man musste kein Meister mehr sein, um einen Handwerksbetrieb zu eröffnen. In den Jahren 2004/2005 waren fast 93 Prozent der neuen Selbstständigen Solo-Selbstständige ohne Angestellte.

M 2 Selbstständigkeit in Deutschland

In der Betrachtung nach Wirtschaftsbereichen lässt sich feststellen, dass Selbstständige (ebenso wie Arbeitnehmer) immer häufiger in den Dienstleistungsbereichen tätig sind. Den typischen Beruf eines Selbstständigen gibt es nicht. Es lassen sich aber einige allgemeine Feststellungen treffen:

- Im Durchschnitt sind Selbstständige älter als abhängig Beschäftigte. Solo-Selbstständigkeit scheint aber auch für Jüngere am Anfang ihres Erwerbslebens eine Alternative darzustellen.
- Selbstständige haben im Vergleich zu den Arbeitnehmern im Schnitt einen höheren Bildungsabschluss.
- Selbstständigkeit ist eher eine Domäne der Männer [...]
- Die Arbeitszeiten von Selbstständigen weisen eine große Spannweite auf [...] Es gibt auch eine erhebliche Anzahl von Selbstständigen, deren Arbeitszeit das durchschnittliche Maß bei Weitem übersteigt, insbesondere wenn Mitarbeiter beschäftigt werden.
- Das Einkommen einer selbstständigen Person ist im Schnitt höher als das einer Arbeitnehmerin oder eines Arbeitnehmers, bisweilen sehr viel höher. Jedoch finden sich auch in den untersten Einkommensklassen sehr viele Selbstständige, vor allem Solo-Selbstständige.

Christoph-Martin Mai, Katharina Marder-Puch, Statistisches Bundesamt (Hg.), Wirtschaft und Statistik, Juli 2013, S. 496.

M 3 Motive für die Selbstständigkeit

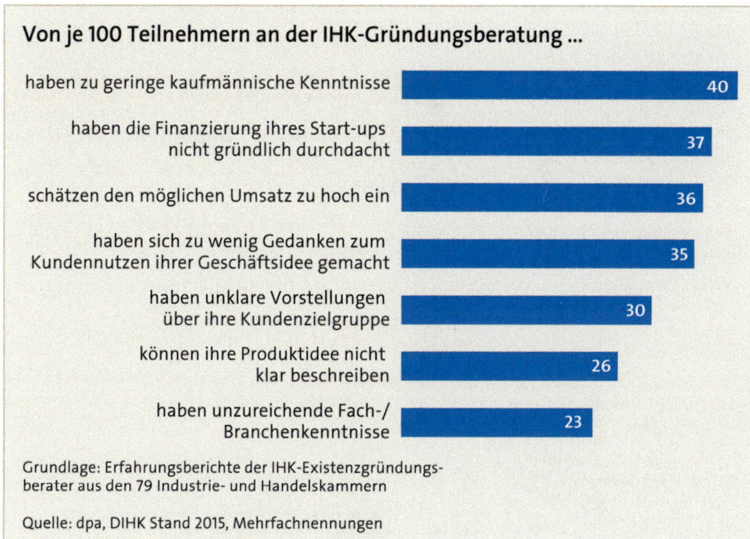

M 4 Fehler bei der Existenzgründung

1 Berichtet über die Struktur der Selbstständigen (M 1, M 2) und Motive für die Unternehmensgründung (M 3).

2 Erstellt in Gruppen Kurzporträts zu Bill Gates und anderen Unternehmerpersönlichkeiten und präsentiert sie der Klasse (Text).

3 Stellt in einer Tabelle Risiken und Chancen von Unternehmensgründungen einander gegenüber (M 3 und M 4).

4 **a** Notiert euch Fragen, die für eine Unternehmensgründung relevant sein könnten (siehe M 4), und recherchiert dazu im Internet.

b Erstellt aus euren Ergebnissen eine Checkliste für junge Unternehmensgründer.

M 1 Betriebsräte beißen nicht

Unternehmer mögen keinen Betriebsrat. Zumindest so lange nicht, wie es in ihrem Unternehmen keinen gibt. Denn der Betriebsrat als Interessenvertretung der Beschäftigten eines Unternehmens wird ja wohl in erster Linie versuchen, dem Chef das Leben schwer zu machen und ihm das Geld aus der Tasche zu ziehen. Einige Unternehmer setzen deshalb alles daran, die Gründung eines Betriebsrats zu verhindern [...] Unternehmer, die schon über längere Zeit mit einem Betriebsrat zusammenarbeiten, sehen das Thema in der Regel wesentlich entspannter. Betriebsräte beißen nicht, zumindest nicht ohne Grund. Sie sollen die Interessen der Beschäftigten vertreten und sind dabei gemäß Betriebsverfassungsgesetz dazu verpflichtet, vertrauensvoll mit dem Arbeitgeber zusammenzuarbeiten. Auch alle ihre übrigen Rechte und Pflichten sind in diesem Gesetz festgeschrieben [...]
Sobald ein Unternehmen fünf fest angestellte Arbeitnehmer hat, können diese die Einrichtung eines Betriebsrats fordern. Allerdings geschieht das in derart kleinen Unternehmen selten, da dort Probleme in der Regel im direkten Gespräch zwischen Arbeitgeber und Arbeitnehmer gelöst werden. In größeren Unternehmen jedoch, in denen kein Chef mehr den Überblick über die Interessen aller seiner Mitarbeiter hat, können Betriebsräte äußerst hilfreich sein, um innerbetriebliche Konflikte frühzeitig zu erkennen und Lösungen zu finden [...]

Detlef Gürtler in Zusammenarbeit mit der Redaktion der Tagesschau: Die Tagesschau erklärt die Wirtschaft, Reinbek bei Hamburg 2010, S. 204 f., gekürzt

M 2 Rechte nach dem Betriebsverfassungsgesetz

Mitbestimmung* und Mitwirkung des Betriebsrates

Soziales
Zustimmung des Betriebsrats zwingend notwendig, z. B. bei
- Verhalten der Arbeitnehmer/-innen im Betrieb
- Arbeitszeit und Pausen
- Verteilung der Arbeitszeit auf die Wochentage
- Urlaubsgrundsätze und Urlaubsplan
- Leistungsmessung, Überwachung der Arbeitnehmer/-innen
- Sozialeinrichtungen
- Sozialplan bei Betriebsänderungen

Personalthemen
Zustimmung des Betriebsrats erforderlich, Widerspruch hat aufschiebende Wirkung, z. B. bei
- Personalplanung und -bedarf
- Berufsbildung
- Einstellungen/Versetzungen
- Kündigungen, sie sind ohne Anhörung des Betriebsrats unwirksam

Informationsrechte
Wirtschaftliche und organisatorische Themen

nach: Betriebsverfassungsgesetz

* **Mitbestimmung**
In Deutschland dürfen Arbeitnehmerinnen und Arbeitnehmer nur in Großunternehmen mit mehr als 500 Beschäftigten auch über wirtschaftliche Themen mitbestimmen. Die gewählten Arbeitnehmervertreterinnen und -vertreter sitzen zusammen mit den Anteilseignern im Aufsichtsrat am Tisch. Das ist das oberste Kontrollorgan der Großunternehmen. Dort beraten sie über unternehmerische Entscheidungen mit. Ihr Einfluss hängt von der Art und Weise der gesetzlichen Mitbestimmung ab, unter die das Unternehmen fällt. Eine Stimmengleichheit zwischen den Vertretern der Kapitalseite und den Arbeitnehmern im Aufsichtsrat gibt es nur im Bergbau sowie der Eisen- und Stahlindustrie in Unternehmen mit mehr als 1000 Beschäftigten (paritätische Mitbestimmung).

M 3 Niemand hat die Absicht, die betriebliche Mitbestimmung abzuschaffen. Karikatur: Heiko Sakurai

M4 Feindbild Betriebsrat

Der Arbeitsmarkt in Deutschland ist im Umbruch. In allen Branchen wird ausgelagert. Subunternehmen, externe Dienstleister, Werkverträge, Leiharbeiter: Flexibel will man sein, noch günstiger produzieren – und Tarife umgehen. Das ist eine Herausforderung für Betriebsräte und Gewerkschaften. Wie organisiert man einen Konzern, der eigentlich aus Dutzenden kleinen Unternehmen besteht?
Guido Machowski von der IG Metall Magdeburg war selbst lange Betriebsrat bei einem Werkvertragsunternehmen. Er beklagt das Aufsplittern größerer Konzerne: „Das ist einfach Strategie, um mehrere kleinere Gremien zu haben – wenn überhaupt." Die einzelnen, kleinen Betriebsräte haben weniger Einfluss und sind einfacher zu kontrollieren [...] Die Behinderung von Betriebsratswahlen oder die Schikane von unbequemen Mitarbeitern sind keine Ausnahmen mehr, sondern haben offenbar System. „Das ist mittlerweile salonfähig geworden", sagt Susan Paeschke von der Initiative Arbeit und Leben. Für Anwaltskanzleien und Beraterfirmen ist das „Union Busting", also das gezielte Be- und Verhindern von Arbeitnehmervertretungen, ein lukratives Geschäftsmodell. Einer der Gründe, dass Gewerkschaften an Macht verloren haben. Andere sind selbstgemacht, weil Arbeitnehmer sich nicht ausreichend vertreten fühlen. Mittlerweile ist nur noch jeder fünfte Arbeitnehmer in einer Gewerkschaft [...]

Feindbild Betriebsrat – Kollegen in der Krise, www.mdr.de/tv/programm/sendung747070.html, 27.7.2017 (Zugriff: 11.9.2017)

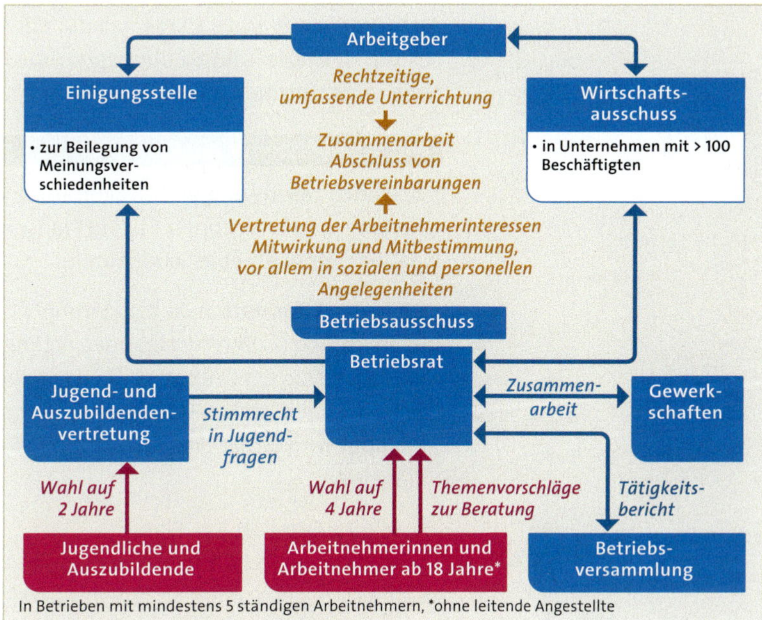

M5 Das Betriebsverfassungsgesetz

M6 Mitbestimmung: „gelebte Demokratie"

Andrea Nahles, frühere Bundesministerin für Arbeit und Soziales, schrieb 2015 in einem Vorwort:
Mitbestimmung ist gelebte Demokratie am Arbeitsplatz und hat sich über viele Jahrzehnte in Betrieben und Unternehmen bewährt. Sie ist eine Grundlage für unseren wirtschaftlichen Erfolg und den sozialen Frieden in Deutschland. Dass Arbeitnehmerinnen und Arbeitnehmer ihre Rechte kollektiv bündeln, geltend machen und durchsetzen können, ist ein Grundpfeiler der Wirtschaftsordnung im Grundgesetz [...]

Andrea Nahles: Vorwort, in: Bundesministerium für Arbeit und Soziales (Hg.): Mitbestimmung – eine gute Sache. Alles über die Mitbestimmung und ihre rechtlichen Grundlagen, Bonn, Stand September 2015, S. 3, www.bmas.de (Zugriff: 15.9.2016)

1 Beschreibt mit **M1**, **M2** und **M5** die Funktion und Aufgaben des Betriebsrates.
2 Wertet die Karikatur **M3** aus. Berücksichtigt dabei auch **M2**.
3 Vergleicht **M4** und **M6** und kennzeichnet die unterschiedliche Einschätzung der betrieblichen Mitbestimmung.
4 Informiert euch in den Medien und im Internet über die Arbeit von Betriebsräten in Unternehmen eurer Umgebung. Berichtet in der Klasse.

Ausgangspunkt eines Planspiels ist ein Problem oder Konflikt. Ziel ist es, dafür eine Lösung zu finden und zu überlegen, wie man dabei vorgehen will. Das Planspiel kann auch zeigen, ob die Gegenargumente von den Beteiligten akzeptiert werden.

M 1 Checkliste für ein Planspiel

1. Schritt: Einführung und Organisation
Gespielt wird in Gruppen. Für ein Planspiel benötigt ihr eine gute Vorbereitung und viel Zeit, mehr als eine Schulstunde.

2. Schritt: Information, Rollenklärung
Beteiligt sind an der Auseinandersetzung verschiedene Gruppen und Personen: Die Klasse teilt sich in Gruppen auf. Jede Gruppe entscheidet sich für einen wichtigen Teilaspekt der Streitfrage. Sie argumentieren dann später aus dieser Interessenlage. Benötigt wird ferner eine Spielleitung, die in die Diskussionen eingreifen kann und diese leitet.

3. Schritt: Entscheiden, Planen
Das Planspiel findet in mehreren Runden statt. In der ersten Runde treffen sich die Gruppen in getrennten Sitzungen, um einen gemeinsamen Standpunkt ihrer Gruppe zu finden. Dabei geht es um die Frage, welche Lösung angestrebt wird. Ziel: In der eigenen Gruppe einen Kompromiss finden und eine Gesprächsstrategie entwickeln, mit der die andere Seite argumentativ überzeugt werden kann.

4. Schritt: Vorbereitung der ersten Runde
Informationen für die Vorbereitung der ersten Runde findet ihr auf den Rollenkarten auf der folgenden Seite. Jede Gruppe tagt zunächst für sich, sie kann sich auch noch weiter unterteilen. Wichtig ist, dass die Gruppe die eigenen Interessen herausarbeitet und formuliert („Was wollen wir ...“).

5. Schritt: Spielen (Interaktion)
In der zweiten Runde treffen alle Gruppen aufeinander. Die Spielleitung ruft den Tagesordnungspunkt auf und gibt zunächst den Vertretern jeder Gruppe das Wort. Danach tauschen alle Gruppen ihre Argumente aus und versuchen, sich gegenseitig zu überzeugen. Die Spielleitung kann selbstständig oder auf Wunsch einer Gruppe die Verhandlung unterbrechen. Die Gruppen können so ihre Strategien neu überdenken. Das Planspiel soll in der letzten Runde zu einer Entscheidung führen. Am Ende kommt es zu einer Abstimmung.

6. Schritt: Auswertung
Wichtig ist die Auswertung des Planspiels.
Fragen: Waren die Argumente der Gruppen überzeugend? An welcher Forderung ist ein Kompromiss gescheitert? Was hat den Kompromiss möglich gemacht? Welche Rolle hat der Machtwille einzelner Personen gespielt? Wie wichtig ist es, bei Verhandlungen gut reden zu können?
Was konntet ihr aus diesem Planspiel lernen? Woran ist die Durchführung des Planspiels gescheitert? Am Ende der Auswertung müsst ihr prüfen, welche Erkenntnisse aus dem Planspiel sich verallgemeinern lassen. Dazu könnt ihr folgende Frage stellen: Welche Konsequenzen ergeben sich z. B. für die Politik, für mich, für uns?

1 Macht euch mit der Checkliste M 1 vertraut und führt dann ein Planspiel mithilfe der Rollenkarten durch.

METHODE

Planspiel Tarifkonflikt

Vor einiger Zeit kam es zu einem lang andauernden Arbeitskampf in den Kindertagesstätten. Mit dem Planspiel könnt ihr den Konflikt nachvollziehen und eine eigene Lösung finden. Bei der abschließenden Abstimmung dürfen nur die Gewerkschaftsvertreter/-innen und die Vertreter/-innen der kommunalen Arbeitgeber/-innen abstimmen, sie haben jeweils eine gleiche Anzahl von Stimmen.

Rollenkarte: Gruppe von Erzieherinnen

Ihr unterstützt die Forderung der Gewerkschaft nach einer Lohnerhöhung um zehn Prozent. Ihr schildert euren Alltag: ständig neue Anforderungen der Kinder, kaum Pausen, oft Vertretungen für erkrankte Kolleginnen, fehlende Räume für kleinere Gruppen.

In der schlechten Bezahlung seht ihr eine geringe Anerkennung eurer Arbeit, die doch für die Gesellschaft so wichtig ist. Ihr unterstützt die Forderung der Gewerkschaft nach einer deutlich besseren Bezahlung aller Mitarbeiterinnen und Mitarbeiter in Kindertagesstätten. Für diese Ziele seid ihr auch bereit, unbefristet zu streiken.

Rollenkarte: Gruppe Eltern mit alleinerziehender Mutter, Angestellte in einem Warenhaus

Ihr seid auf die Betreuung eurer Kinder in einer Kindertagesstätte angewiesen, da beide Elternteile oder die alleinerziehende Mutter arbeiten müssen. Die Forderung nach einer besseren Bezahlung der Erzieherinnen unterstützt ihr. Ihr seht sehr genau, was die Erzieherinnen leisten, und findet deswegen ihre Forderungen gerechtfertigt. Einen kurzen Streik könntet ihr verkraften, ein längerer Streik der Erzieherinnen würde euch zwingen, euren Urlaub zu nehmen. Deswegen fordert ihr, dass sich die Arbeitgeber/-innen, die Gewerkschaften und die Erzieherinnen ohne Streik einigen.

Rollenkarte: Gewerkschaftsmitglieder in der Verhandlungskommission

Ihr wollt mit erfolgreichen Verhandlungen eure Position in der Gewerkschaft stärken. Deswegen besteht ihr auf der Zehnprozentforderung und wollt auch deswegen die Erzieherinnen zum Streik aufrufen. Bei erfolgreichen Verhandlungen werden sicher viele Erzieherinnen, die bisher nicht Mitglied sind, in die Gewerkschaft eintreten. Das Argument, die Forderung sei nicht finanzierbar, lehnt ihr energisch ab. Für eine gute Versorgung der Kinder durch qualifizierte und gut bezahlte Erzieherinnen muss die Gesellschaft bereit sein, Geld zur Verfügung zu stellen, notfalls durch höhere Steuern. Für andere Dinge wird ja auch viel Geld ausgegeben.

Rollenkarte: Vertreter/-innen der kommunalen Arbeitgeber mit einem Bürgermeister einer Stadt in der Verhandlungskommission

Die Finanzen der Städte sind, wie immer, sehr begrenzt, viele Leistungen für die Bürgerinnen und Bürger können nur über Kredite finanziert werden. Im Haushalt der Städte sind zwei Prozent Lohnsteigerungen eingeplant. Die Forderungen der Gewerkschaft und der Erzieherinnen findet ihr in ihrer Höhe für vollkommen unangemessen, sie sind angesichts leerer Kassen nicht finanzierbar. Ihr rechnet nicht damit, dass die Erzieherinnen streiken werden. Ihr glaubt, dass man sich bei drei Prozent Lohnsteigerungen einigen wird. Mehr ist einfach nicht möglich. Die Gewerkschaft erhebt nur so hohe Forderungen, um Mitglieder zu gewinnen. Sollte es zu einem höheren Abschluss kommen, müssten die Eltern die Mehrkosten über höhere Gebühren finanzieren. Ihr seid entschlossen, auch bei einem längeren Streik nicht nachzugeben.

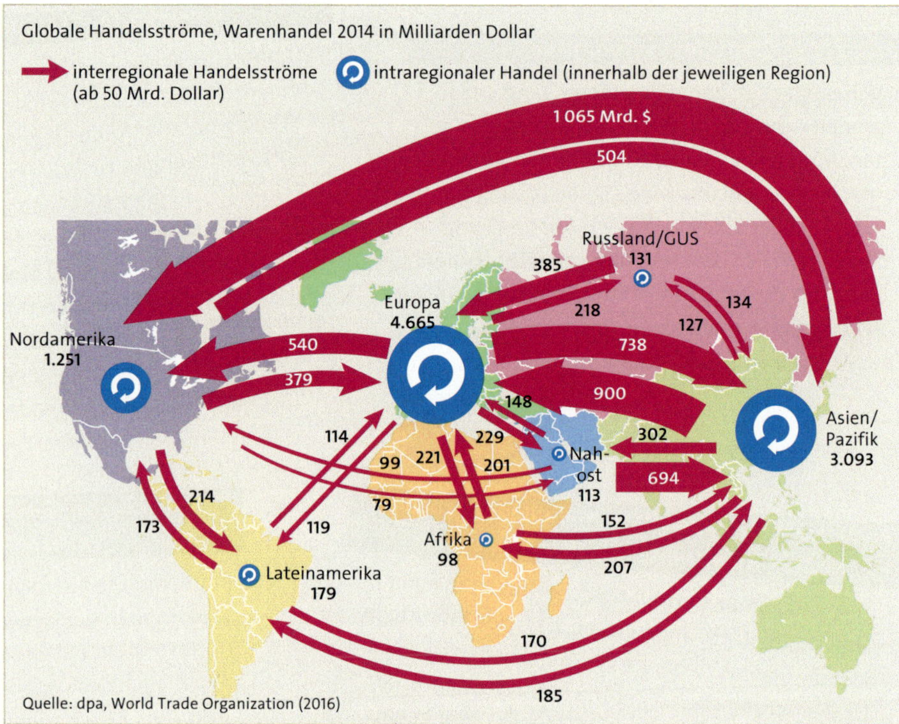

M1 Globale Handelsströme

M2 Arbeitsbedingungen in der globalisierten Textilwirtschaft

Weltweit arbeiten mehr als 60 Millionen Menschen in der Textil- und Bekleidungsbranche, die meisten von ihnen in Entwicklungs- und Schwellenländern [...] Jedoch entsprechen in manchen Ländern die Produktions- und Arbeitsbedingungen noch nicht international definierten Umwelt- und Sozialstandards. Der Großteil der in Deutschland verkauften Kleidung wird im Ausland hergestellt, vor allem in China und Bangladesch.

Die Löhne, die in der Textilbranche gezahlt werden, reichen häufig nicht aus, um Miete, Essen, den Schulbesuch der Kinder oder eine ärztliche Versorgung der Arbeiterinnen und Arbeiter zu sichern. Selbst die gesetzlich festgelegten Mindestlöhne sind oft zu niedrig, um davon leben zu können. In Bangladesch erhalten ungelernte Näherinnen zum Beispiel nur einen Mindestlohn von ungefähr 50 Euro im Monat.

In Deutschland kostete eine Arbeitsstunde in der Bekleidungsindustrie im Jahr 2011 laut Angaben des Gesamtverbands der Textil- und Modeindustrie 27,70 Euro. In anderen EU-Ländern ist das Lohnniveau ähnlich. Aus Kostengründen werden viele Produktionsstufen in Niedriglohnländer in Asien oder Afrika verlagert.

Textilfabrikanten in Asien sind oftmals aggressiven Einkaufspraktiken des internationalen, teilweise auch des deutschen Groß- und Einzelhandels ausgesetzt. Wenn sie die geforderten Preise und Liefertermine nicht einhalten können, besteht die Gefahr, dass sie ihre Aufträge an die Konkurrenz verlieren. Dieser Druck wird dann ebenso an die Beschäftigten weitergegeben: Sie müssen Überstunden leisten.

Viele Näherinnen und Näher arbeiten in solchen Situationen nicht nur 10 bis 12, sondern bis zu 16 Stunden am Tag. Trotz gesetzlicher Regelungen ist es in Spitzenzeiten üblich, dass an allen sieben Wochentagen gearbeitet wird. Krankheits- oder Urlaubsgeld gibt es nicht. Viele Arbeiterinnen und Arbeiter arbeiten im Akkord und werden nach Stückzahl bezahlt. Verstöße gegen national oder international geltende Arbeitsrechtsbestimmungen werden selten verfolgt und bleiben somit oft ohne Konsequenzen.

[...] In vielen Textilfabriken werden Maßnahmen zum Arbeits- und Gesundheitsschutz vernachlässigt. Bei der Verarbeitung von Stoffen werden zum Beispiel Chemikalien unsachgemäß eingesetzt, sodass schwere Krankheiten ausgelöst werden können. Gesundheitsgefährdend ist beispielsweise das Sandstrahlen von Jeans, die dadurch den modischen „Used Look" erhalten. Die Arbeiterinnen und Arbeiter, die mit der Sandstrahltechnik arbeiten, tragen ein hohes Risiko, an einer lebensbedrohenden Staublunge (Silikose) zu erkranken [...] Immer wieder kommt es zu schweren Unfällen, weil Sicherheitsstandards ignoriert werden. 2013 stürzte in Bangladesch in der Nähe von Dhaka das Rana Plaza, ein neunstöckiges Geschäfts- und Fabrikgebäude ein, in dem viele westliche Textilkonzerne produzieren ließen. Mehr als 1100 Menschen starben, mehr als 2000 wurden verletzt [...]

Bundesministerium für wirtschaftliche Zusammenarbeit und Entwicklung, www.bmz.de/de/themen/textilwirtschaft/hintergrund/index.html (Zugriff: 11.9.2017)

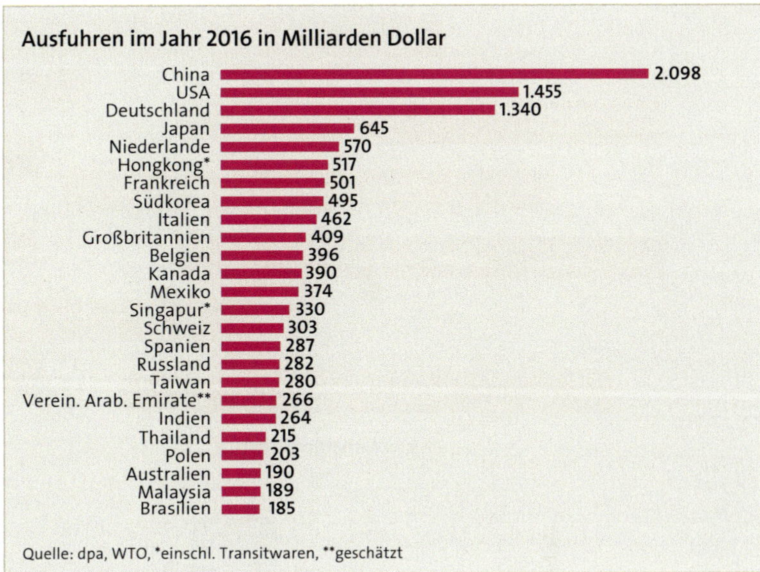

M3 Hauptlieferanten

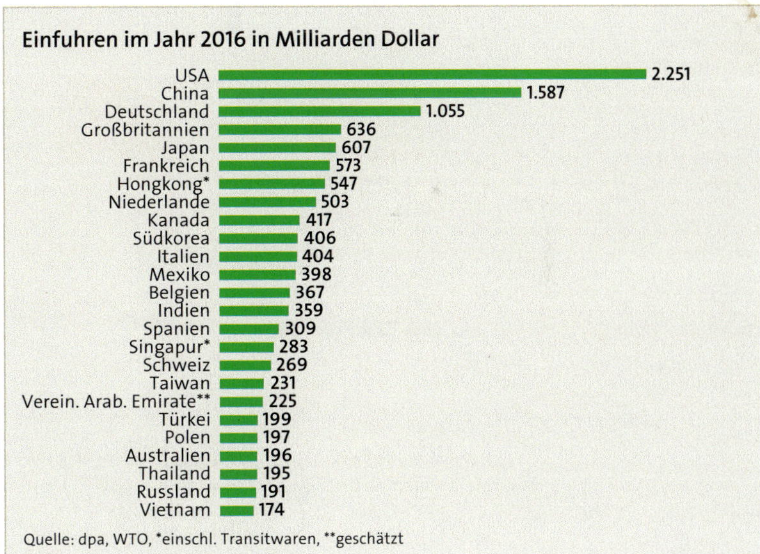

M4 Hauptabnehmer

1 Beschreibt die Grafik **M1**.

2 Wertet die Grafiken **M1**, **M3** und **M4** aus und erklärt, ob Deutschland und die EU vom Welthandel profitieren.

3 Erläutert die Bedingungen der Textilproduktion in Asien (**M2**).

4 Beurteilt, ob es vertretbar ist, in deutschen Geschäften Kleidung zu kaufen, die unter solchen – wie in **M2** beschriebenen – Umständen produziert wurde.

5 Versetzt euch in die Lage einer deutschen Textilarbeiterin, deren Arbeitsplatz bedroht ist, weil in Asien billiger produziert wird. Was würdet ihr der Arbeiterin raten?

6 „Den Gewinnern des freien Welthandels stehen immer auch Verlierer gegenüber." Nehmt Stellung zu dieser Aussage. Berücksichtigt auch die Seiten 76–79.

soziale Marktwirtschaft

Wettbewerb

Kartell

Produktionsbetrieb

Dienstleistungsbetrieb

Steuern

Mindestlohn

Mitbestimmung

Nachhaltigkeit

Tarifautonomie

M1 Wichtige Begriffe

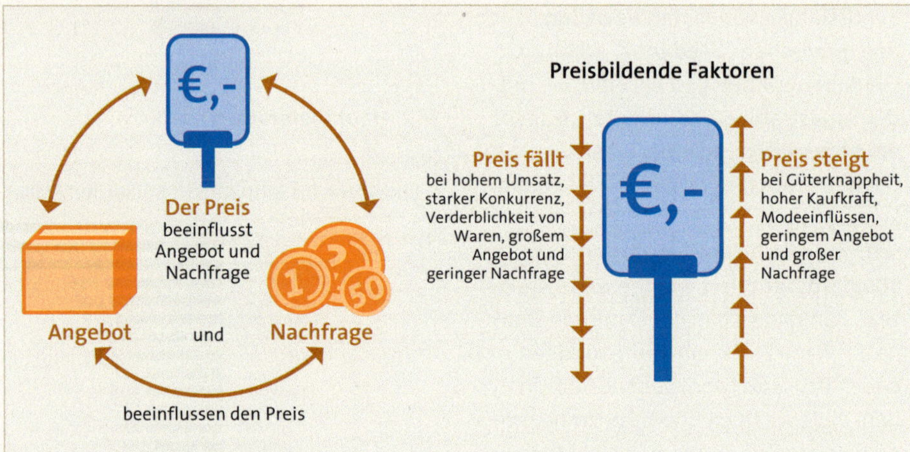

M2 Die Preisbildung

M3 Die real existierende Kluft, Karikatur: Heiko Sakurai

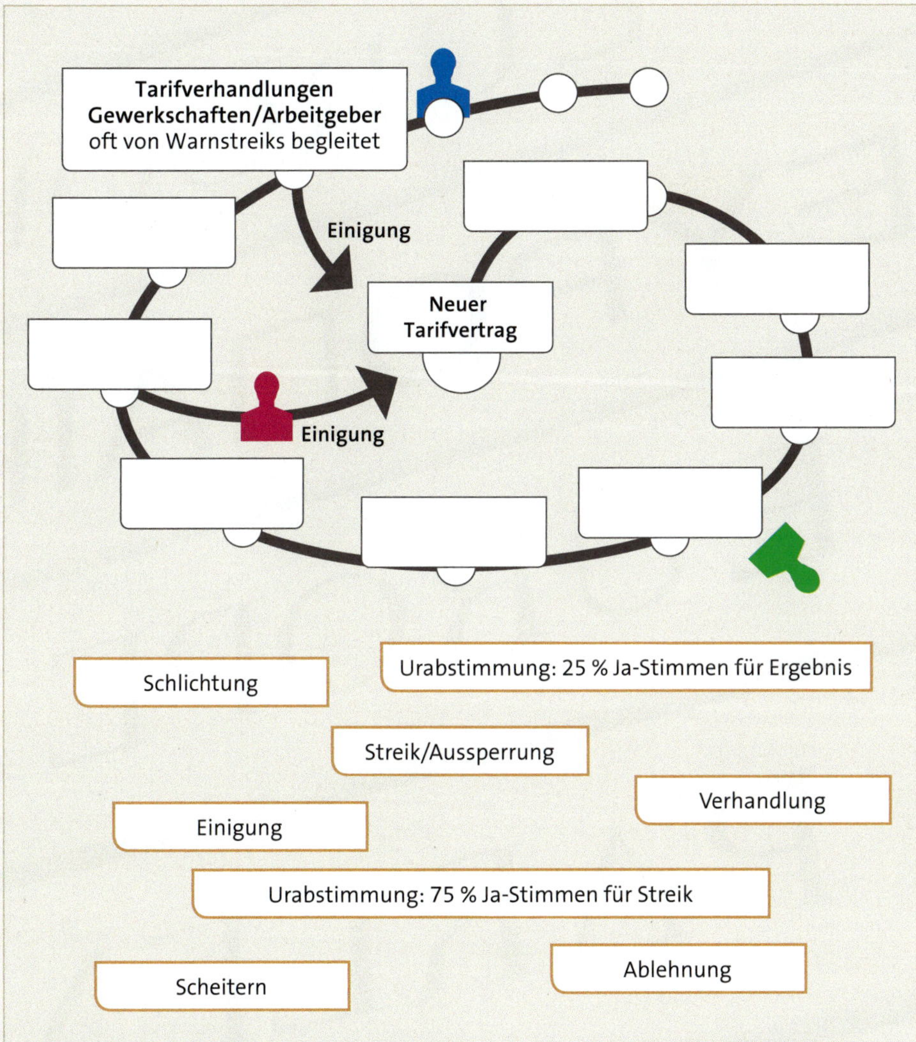

M 4 Ablaufschema einer Tarifverhandlung

Sachkompetenz

1 Erklärt euch gegenseitig die wichtigen Begriffe und notiert ihre Bedeutung (M 1).
2 Erläutert das Prinzip der Preisbildung (M 2).
3 Charakterisiert, was eine nachhaltige Produktion kennzeichnet.
4 Übertragt M 4 in eure Arbeitsmappe und füllt das Schema aus.

Methodenkompetenz

5 Führt eine amerikanische Debatte zur Frage: Ist es vertretbar, Billigkleidung aus Asien bei Primark, KiK oder ähnlichen Textil-Discountern zu kaufen?

Urteilskompetenz

6 Beurteilt die Aussage: „Die Mitbestimmung im Betrieb ist ein wirksamer Schutz für die Arbeitnehmerinnen und Arbeitnehmer."
7 Beurteilt M 3 und prüft, ob nach eurer Kenntnis die Aussage noch gültig ist.

KAPITEL 4

Europäische Union

Das Foto zeigt ein Schild am Europäischen Parlament in Straßburg. Es weist darauf hin, dass eine gemeinsame Politik in der Europäischen Union (EU) einige Sprachhürden überwinden muss. Das Europaparlament ist die wichtigste demokratische Einrichtung der EU. Seine Abgeordneten sind in den Mitgliedstaaten der EU direkt gewählt.

In diesem Kapitel könnt ihr erarbeiten,
- *warum sich nach dem Zweiten Weltkrieg westeuropäische Länder zu einer Wirtschaftsgemeinschaft zusammengeschlossen haben,*
- *wie die Europäische Union (EU) entstand und*
- *warum in vielen Ländern eine EU-kritische Stimmung entstanden ist.*

Was ihr sonst noch machen könnt …
- *eure Eltern und ältere Angehörige fragen, ob sie an der letzten Wahl zum Europäischen Parlament teilgenommen haben.*

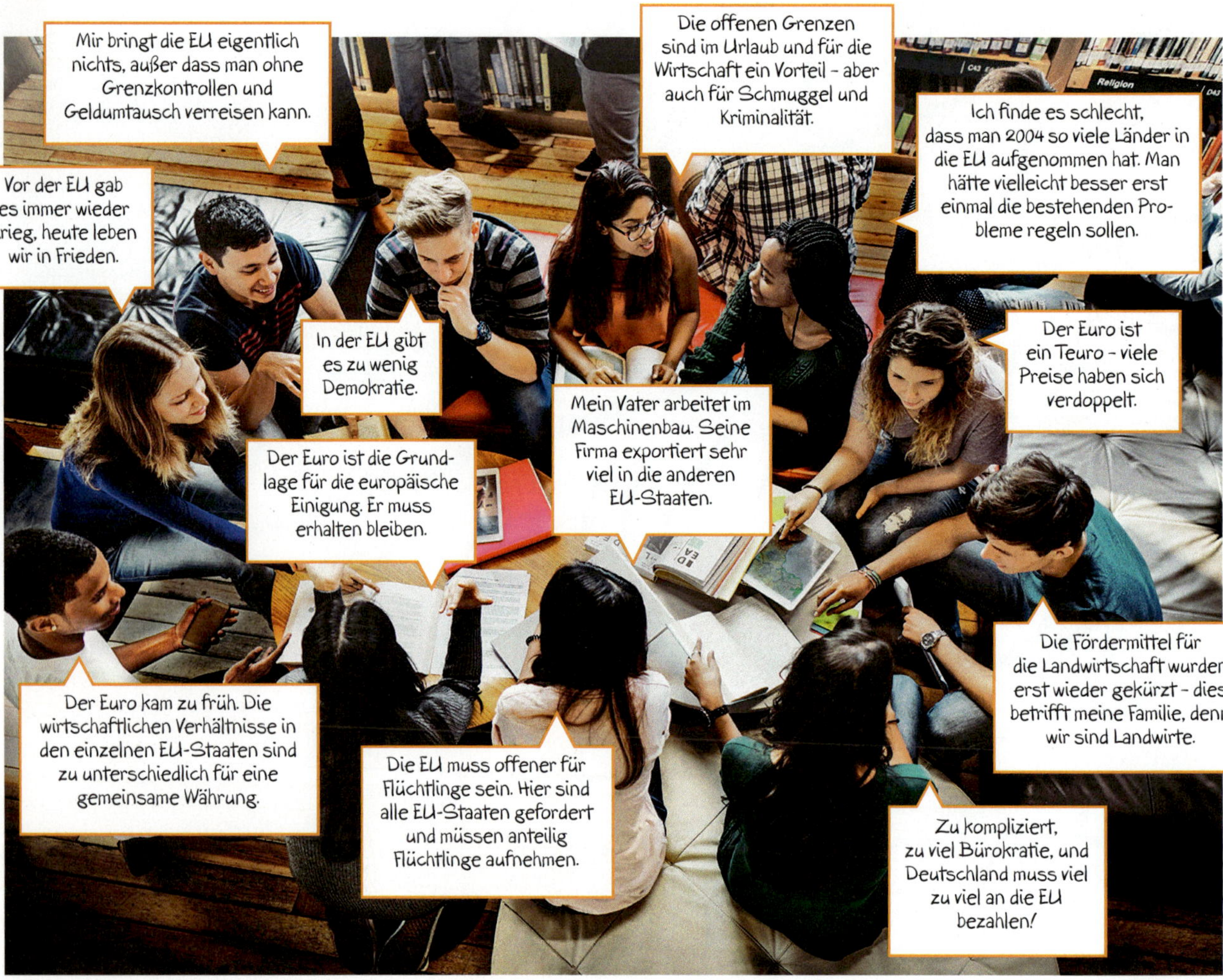

M1 Schülermeinungen zur Europäischen Union

Viele Staaten – viele Sprachen

In keinem anderen Raum der Erde von vergleichbarer Größe gibt so viele selbstständige Staaten. Europa sieht auf einer politischen Weltkarte wie ein bunter Flickenteppich aus: 2017 zählt man 50 Staaten*, davon sind 28 in der Europäischen Union. Manche dieser Staaten sind flächenmäßig sehr groß, andere, wie Andorra, Monaco oder Liechtenstein, sind sehr klein.

In Europa werden über 60 Sprachen gesprochen. Die Dialekte sind dabei noch nicht einmal mitgezählt. Die Europäische Union hat 24 Amtssprachen. Auch die Schrift ist in Europa nicht einheitlich: Es gibt das lateinische, das griechische und das kyrillische Alphabet.

* Es gibt keine allgemein anerkannte Zahl der europäischen Staaten. Die Zahl 50 hat die EU-Kommission ermittelt.

M2 Die EU – ein großer Binnenmarkt

Antonia und Emma planen eine Interrail-Fahrt in den Sommerferien. Sie brauchen keine Pässe mitzunehmen, weil sie als EU-Bürgerinnen einfach so von Potsdam bis Lissabon und weiter bis Palermo reisen können. Sie müssen noch nicht einmal Geld tauschen, weil alle Länder auf der Strecke den Euro als Währung haben.

Cem war sehr ärgerlich, als er von Berlin nach Paris fliegen wollte, denn sein Flug hatte vier Stunden Verspätung – wegen eines technischen Defekts am Flugzeug. Das Gute ist, er bekommt eine Entschädigung von 250 Euro für die Wartezeit. Die EU hatte eine ent-

sprechende Verordnung zum Schutz der Reisenden erlassen.
Lotta hat sich bei einem Online-Händler T-Shirts und Schuhe in Italien bestellt. Die Ware kam in einem Paket schnell bei ihr an. Sie musste weder Zoll oder eine Steuer zahlen. Ihr Bruder Tim hatte sich nämlich in den USA Sachen bestellt und musste das Paket beim Zoll abholen und Steuern nachbezahlen.
Leyla benutzt auch im Urlaub in Kroatien ihr Smartphone ständig. Sie muss sich jetzt nicht mehr so viele Sorgen wegen der hohen Gebühren im EU-Ausland machen, denn Telefonieren, Simsen und Surfen im EU-Ausland kosten jetzt genauso viel wie zu Hause. Eine Roaming-Verordnung der EU macht das möglich.
Yasin ist Gärtner bei der Stadt. Er hat jetzt so viel Urlaub wie sein 50-jähriger Kollege. In vielen Behörden hielt sich lange das eherne Gesetz, dass ältere Mitarbeiterinnen und Mitarbeiter mehr Urlaub bekommen. Das stand im Widerspruch zum europarechtlich verbrieften Verbot der Altersdiskriminierung.
Sarah aus Frankreich möchte ihren Master an einer deutschen Hochschule machen. Das ist kein Problem, denn die Hochschule erkennt ihren Bachelor-Abschluss an.
Autorentext

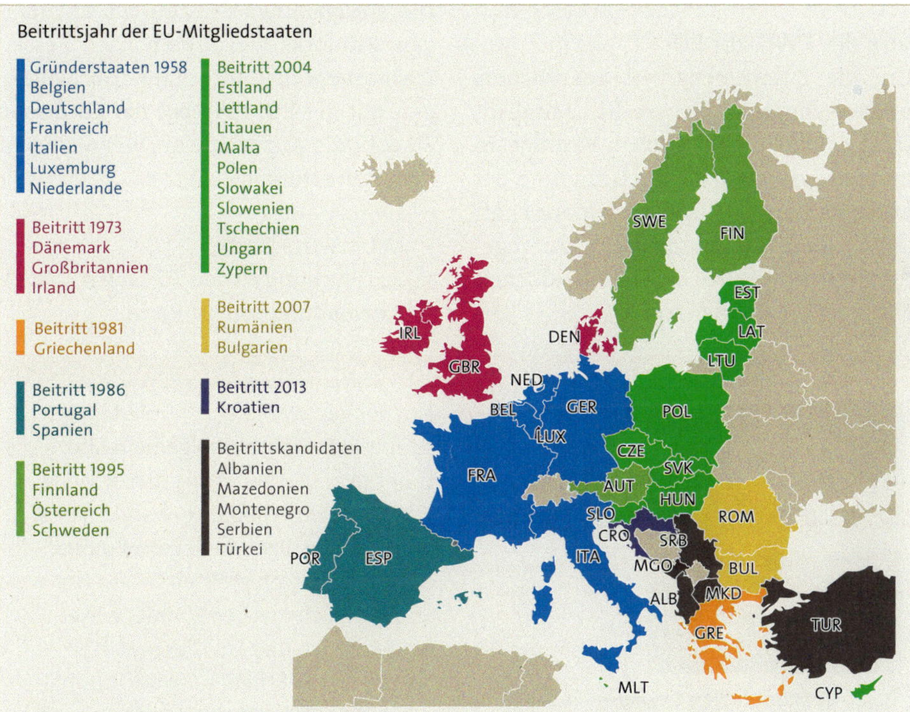

Quelle: dpa, Europäische Kommission, Stand 2015

Die DDR gehörte zum Einflussbereich der Sowjetunion. Erst durch den Beitritt der östlichen Bundesländer zur Bundesrepublik Deutschland 1990 wurden sie automatisch Teil der EU.

M 3 Die Erweiterung der EU

1 Stellt in einer Tabelle zusammen, welche Aussagen in **M 1** die EU eher positiv und welche sie eher negativ bewerten.
2 Diskutiert in der Klasse, welchen Aussagen ihr zustimmt, welchen eher nicht (**M 1**).
3 Analysiert die Grafik **M 3**.
4 Wertet **M 2** aus und findet weitere Beispiele, wie der Binnenmarkt den Alltag beeinflusst.

Den Frieden sichern

Nach dem Zweiten Weltkrieg (1945) wollten die Völker Europas nie wieder Krieg gegeneinander führen und sich beim Wiederaufbau gegenseitig helfen. Durch eine enge Zusammenarbeit sollte der Frieden gesichert werden. Als erster Schritt wurde 1952 ein gemeinsamer Markt für Kohle und Stahl errichtet (EGKS oder Montanunion). Daran beteiligten sich Belgien, die Bundesrepublik Deutschland, Frankreich, Italien, Luxemburg und die Niederlande.

M1 Frankreichs Präsident Charles de Gaulle (links) und der deutsche Bundeskanzler Konrad Adenauer. *Foto 1965*

Von der EWG zur EU

Um die Zusammenarbeit auszubauen, unterzeichneten die sechs Mitgliedstaaten 1957 die Römischen Verträge. In ihnen beschlossen sie die Gründung der Europäischen Wirtschaftsgemeinschaft (EWG) und die Europäische Atomgemeinschaft (EURATOM) zur friedlichen Nutzung der Atomenergie.

Mit der Zeit wurde deutlich, dass ein rein wirtschaftlicher Zusammenschluss nicht ausreichte. Eine enge politische Zusammenarbeit war notwendig. Diese wurde 1993 im Vertrag von Maastricht beschlossen. In ihm vereinbarten die zwölf Mitgliedstaaten die Gründung der Europäischen Union (EU*). Die Zusammenarbeit der Mitgliedstaaten wurde schrittweise auf verschiedene Politikfelder und auf eine Wirtschafts- und Währungsunion erweitert. Auch eine europäische Unionsbürgerschaft wurde geschaffen.

Die Osterweiterung der EU

Die europäischen Staaten des ehemaligen Ostblocks verstärkten nach dessen Zusammenbruch ihre Handelsbeziehungen mit der EU. 1993 bot die EU diesen Staaten die Aufnahme an, wenn sie vier Kriterien erfüllten:

- Demokratie,
- Marktwirtschaft,
- Zustimmung zu den EU-Zielen,
- Anwendung von EU-Recht.

* Was ist die EU – ein Staatenbund oder ein Bundesstaat? Ein Staatenbund ist ein lockerer Zusammenschluss von Staaten, die rechtlich und wirtschaftlich selbstständig sind. Ein Bundesstaat ist ein Zusammenschluss von mehreren Staaten zu einem Gesamtstaat mit einer Zentralregierung. Beispiele sind die Bundesrepublik Deutschland oder die USA. Die EU ist etwas dazwischen, weil die Mitglieder der EU zahlreiche Hoheitsrechte übertragen haben.

M2 Winston Churchills Ansprache an der Universität Zürich am 19.9.1946

Winston S. Churchill (1874–1965) Foto 1941

[...] In ausgedehnten Gebieten Europas starrt eine Menge gequälter, hungriger, sorgenerfüllter und verwirrter Menschen die Ruinen ihrer Städte und Heime an und sucht den dunklen Horizont nach den Zeichen irgendeiner neuen kommenden Gefahr, einer Tyrannei oder eines neuerlichen Terrors ab. Unter den Siegern herrscht eine babylonische Verwirrung misstönender Stimmen, unter den Besiegten aber das trotzige Schweigen der Verzweiflung [...] Trotzdem gibt es ein Heilmittel, das allgemein und spontan angewendet, die ganze Szene wie durch ein Wunder verwandeln und innerhalb weniger Jahre ganz Europa, oder doch dessen größten Teil, so frei und glücklich machen könnte, wie es heute die Schweiz ist. Dieses Mittel besteht in der Erneuerung der europäischen Völkerfamilie oder doch einer so großen Zahl ihrer Mitglieder, als es im Rahmen des Möglichen liegt, und ihrem Neuaufbau unter einer Ordnung, unter der sie Freiheit, Sicherheit und Frieden leben kann. Wir müssen eine Art Vereinigte Staaten von Europa errichten [...]

Zit. nach: Europa. Dokumente zur Frage der europäischen Einigung, hg. v. der Deutschen Gesellschaft für auswärtige Politik, Bd. 1, München 1962, S. 114f.

Der Vertrag von Lissabon

Bis Mitte 2004 hatte die EU nur 15 Mitglieder. Dann traten Malta, Zypern sowie acht ehemalige Ostblockstaaten der EU bei. Die stark angewachsene EU musste sich nun reformieren und Entscheidungsverfahren verbessern. Der Vertrag von Lissabon, der Ende 2009 in Kraft trat, brachte große Fortschritte: Das EU-Parlament erhielt mehr Rechte, eine Beteiligungsmöglichkeit für Bürgerinnen und Bürger wurde geschaffen, nationale Parlamente erhielten bei wichtigen Entscheidungen mehr Mitwirkungsrechte – und eine Ausstiegsklausel aus der EU wurde ebenfalls eingeführt.

Der Austritt Großbritanniens

In der Geschichte der EU gibt es aber auch Rückschläge: Bei einem Referendum* am 23. Juni 2016 stimmten 52 Prozent der Wähler/-innen Großbritanniens für den Austritt aus der Europäischen Union („Brexit"*). 48 Prozent waren dagegen. Mit dem tatsächlichen Austritt ist frühestens im März 2019 zu rechnen.

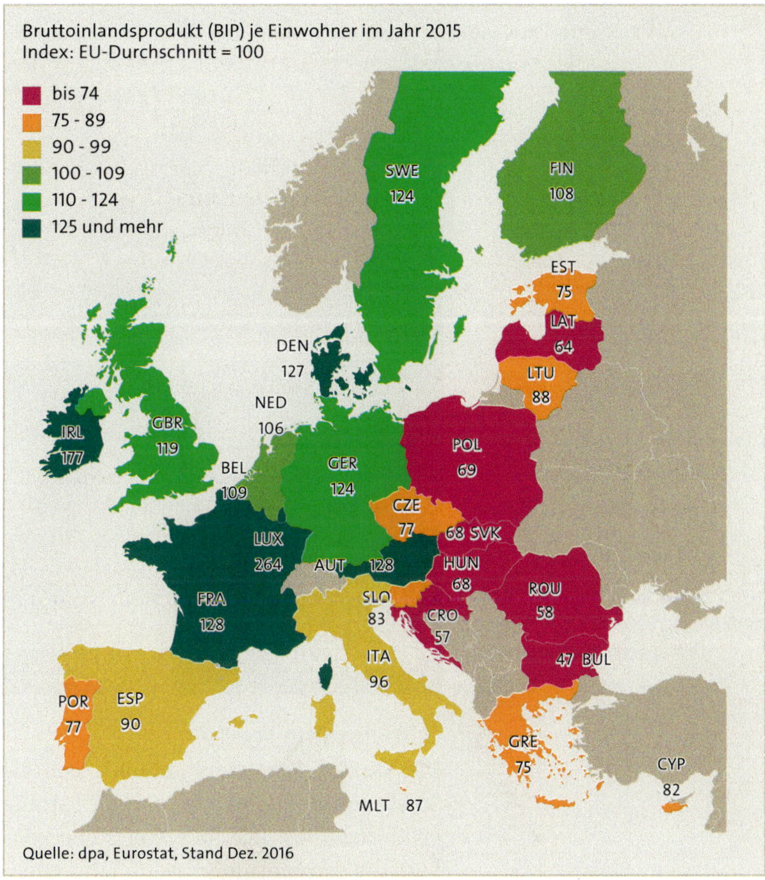

M4 Die Wirtschaftskraft in der EU

M3 Meinung zum EU-Beitritt

Als vorläufig letzter Staat wurde 2013 Kroatien Mitglied der EU. Zum EU-Beitritt sagten im Juli 2013 kroatische Bürger zu Journalisten:

[...] hoffe auf Arbeit, jetzt bin ich arbeitslos [...]

[...] Es ist nicht fair, dass manche alles haben und andere nichts. Ich hoffe, dass sie uns nicht übers Ohr hauen in der EU. [...]

[...] Für mich bedeutet es vielleicht, einfacher reisen zu können, und dass wir uns nicht mehr wie Bürger der Dritten Welt fühlen [...]

Zit. nach: www.tagesschau.de (Zugriff: 2.9.2015)

* **Referendum**
Abstimmung aller wahlberechtigten Bürger/-innen über eine vom Parlament, von der Regierung oder einer die Regierungsgewalt ausübenden Institution erarbeiteten Vorlage

* **Brexit**
Kunstwort in Form einer Verschmelzung von British und exit (deutsch Austritt)

1 Zeichnet einen Zeitstrahl, der die Entwicklung von der EWG zur EU darstellt. Denkt auch an die aktuellen Beitrittskandidaten (siehe **M2**, S. 121).

2 Erläutert, warum die europäische Einigung ausgerechnet mit der Montanindustrie ihren Anfang nahm (Text).

3 Erklärt, warum Churchill die Schweiz als Vorbild nennt (**M2**).

4 Diskutiert: Leben die Bürgerinnen und Bürger der EU heute in Frieden, Sicherheit und Freiheit, wie es Churchill angestrebt hat? Bezieht hier **M3** und **M4** ein.

5 Politische Parteien in Frankreich, Ungarn, Tschechien, den Niederlanden und Großbritannien begegnen der EU misstrauisch. Ermittelt Argumente, die von ihnen vorgetragen werden.

M1 Szenen aus vier EU-Staaten

Automobilfabrikation in der Slowakei (v. l.), Wahlkampf in Frankreich, Schild am Europäischen Gerichtshof in Luxemburg, Demonstration in Italien

Gemeinsame Werte

Die Staaten Europas verstehen sich als Staatenfamilie. Und wie in einer Familie steht nicht das Geld an erster Stelle, sondern die gemeinsamen Werte sind wichtiger. Die EU ist eine Wertegemeinschaft. Im Vertrag von Lissabon steht das an oberster Stelle.

Ein Staat, der diese Werte nicht akzeptiert, darf nicht Mitglied der EU werden. Aber was passiert, wenn sich eine Regierung eines EU-Mitgliedstaates nicht mehr an diese Regeln hält?

Die EU kann keinen Staat zwingen, sich an die Werte zu halten. Möglich ist die Aussetzung bestimmter Rechte, wenn der Rat einstimmig in einem Mitgliedstaat die schwerwiegende und anhaltende Verletzung von Grundrechten der Europäischen Union feststellt.

Als die Verträge verhandelt wurden, ließen sich Großbritannien und Polen nur auf eine Zustimmung ein, wenn diese Grundrechte bei ihnen nicht vor Gericht eingeklagt werden können. In allen anderen EU-Staaten schützen die jeweiligen Gerichte oder die Gerichte der Europäischen Union die europäischen Grundrechte.

EU-Mitglied werden

Jeder europäische Staat, der die in Artikel 2 genannten Werte achtet und sich für ihre Förderung einsetzt, kann beantragen, Mitglied der Union zu werden. Ein Beitrittskandidat wird dann von der EU-Kommission genau unter die Lupe genommen:

- Ist der Staat eine stabile rechtsstaatliche Demokratie und werden die Menschenrechte eingehalten sowie Minderheiten geschützt?
- Hat der Staat eine funktionierende Marktwirtschaft, die dem Wettbewerb innerhalb der EU standhält?
- Wird der Staat das gesamte EU-Recht akzeptieren und in eigenes Recht umsetzen?

Schließlich, wenn alle Kriterien erfüllt sind, müssen das EU-Parlament, der Rat und alle EU-Mitgliedsländer zustimmen. Erst dann kann ein neues Mitglied aufgenommen werden. Bis heute gibt es wegen dieser Regeln fast unüberwindliche Probleme mit dem Beitrittskandidaten Türkei.

M 2 Vertrag über die Europäische Union

Artikel 2

Die Werte, auf die sich die Union gründet, sind die Achtung der Menschenwürde, Freiheit, Demokratie, Gleichheit, Rechtsstaatlichkeit und die Wahrung der Menschenrechte einschließlich der Rechte der Personen, die Minderheiten angehören. Diese Werte sind allen Mitgliedstaaten in einer Gesellschaft gemeinsam, die sich durch Pluralismus, Nichtdiskriminierung, Toleranz, Gerechtigkeit, Solidarität und die Gleichheit von Frauen und Männern auszeichnet.

Konsolidierte Fassungen des Vertrags über die Europäische Union, Amtsblatt der Europäischen Union, C 83, 30.3.2010

M 3 EU-Beitritt Türkei

Die Beitrittsverhandlungen der Türkei mit der Europäischen Union wurden offiziell im Oktober 2005 aufgenommen. Bereits 1999 war dem Land der Status eines offiziellen Beitrittskandidaten der EU zuerkannt worden. Grundlage dafür war das Ankara-Abkommen aus dem Jahr 1963. Der Beitritt des Landes bleibt umstritten: Eines der größten Probleme bei den Verhandlungen ist, dass die Türkei das EU-Mitglied Zypern nicht anerkennt. Die Europäische Union kritisierte Menschenrechtsverletzungen und Verstöße gegen die Meinungsfreiheit unter der Regierung von Ministerpräsident Erdogan, die den Annäherungsprozess und die Beitrittsverhandlungen empfindlich störten.

https://www.welt.de/themen/eu-beitritt-tuerkei/ (Zugriff: 20.9.2017)

Flaggen der Europäischen Union und der Türkei

1 Welche Grundwerte (vgl. S. 10, **M 1**) sind dir besonders wichtig? Sammelt eure Vorstellungen in der Klasse.

2 Beschreibt mit euren Worten, wie ein Staat EU-Mitglied werden kann (**M 2**, Text).

3 Diskutiert, welche Bedeutung die Grundwerte des Artikels 2 (**M 2**) haben.

4 Wertet die Medien aus und berichtet über EU-Staaten, die sich nicht an EU-Grundwerte halten.

5 Legt Kurzporträts zu den EU-Beitrittskandidaten an (**M 3** und S. 121, **M 3**)

6 „Die EU und die Türkei sind aufeinander angewiesen, deshalb sollte die Türkei Mitglied der EU werden." Nehmt Stellung zu dieser Aussage.

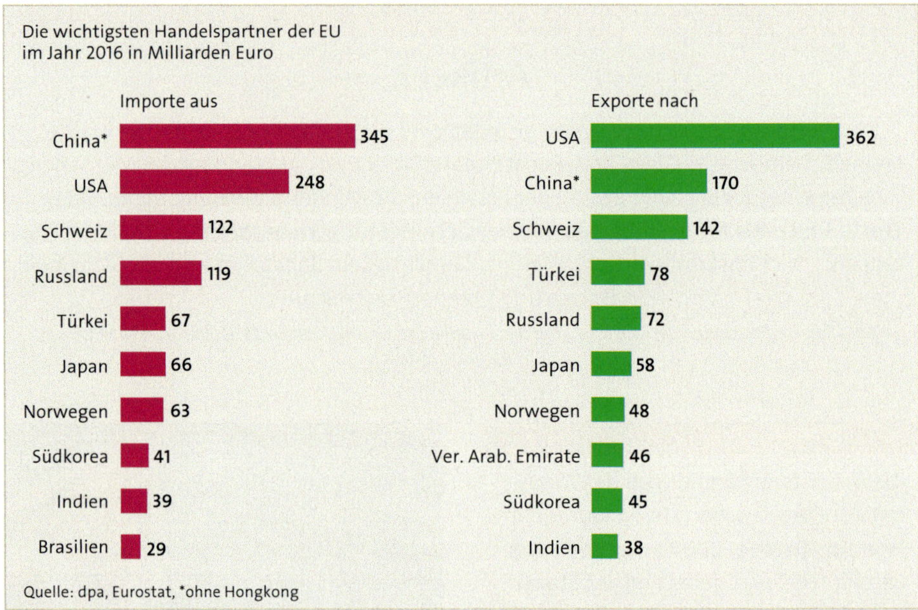

M 1 Importe und Exporte der EU in ausgewählte Länder

EU-Binnenmarkt

Der Start für den gemeinsamen Binnenmarkt war 1993. Die „vier Freiheiten" gaben dem gemeinsamen Markt Schwung. Was in einem Land verkauft wurde, konnte nun auch in einem anderen Land ohne Probleme verkauft werden.

Heute ist die EU ein großer gemeinsamer Markt, in dem aufgrund des Wettbewerbs die Waren billiger und qualitativ besser geworden sind. Von dieser Entwicklung profitierten die Verbraucherinnen und Verbraucher der EU.

* **Bruttoinlandsprodukt (BIP)** Gesamtwert aller Waren und Dienstleistungen eines Jahres, die in einer Volkswirtschaft erarbeitet werden

M 3 Die vier Freiheiten des Binnenmarktes

freier Personenverkehr
- Wegfall von Grenzkontrollen
- Niederlassungsfreiheit für EU-Bürgerinnen und -Bürger
- verstärkte Kontrollen an EU-Außengrenzen

freier Warenverkehr
- Wegfall von Grenzkontrollen
- Angleichen von Normen
- Angleichen von Steuersätzen

freier Dienstleistungsverkehr
- Liberalisierung der Finanzdienste
- Gemeinsame Regeln für Banken- und Versicherungsaufsicht
- Öffnung der Transport- und Telekommunikationsmärkte

freier Kapitalverkehr
- Freizügigkeit für Geld- und Kapitalbewegungen
- gemeinsamer Markt für Finanzdienstleistungen
- freier Handel mit Wertpapieren

M 2 Die Wirtschaft der EU

Als Binnenmarkt von 28 Ländern ist die EU eine große Welthandelsmacht [...] Die Wirtschaft der EU ist heute – gemessen am Volumen des Waren- und Dienstleistungsverkehrs (BIP) – größer als die Wirtschaft der USA. BIP* der EU 2015: 14600 Milliarden Euro.

Der Anteil der EU an der Weltbevölkerung beträgt lediglich 6,9 %. Dennoch entfallen auf den Handel zwischen der EU und der restlichen Welt rund 20 % der weltweiten Ein- und Ausfuhren. Rund 62 % des Gesamthandels der EU-Länder erfolgt mit anderen EU-Ländern. Die EU ist neben den Vereinigten Staaten und China einer der drei größten Weltakteure im internationalen Handel. Im Jahr 2014 machten die Warenausfuhren der EU 15,0 % der Gesamtausfuhren weltweit aus. Erstmals seit Gründung der EU wurden sie von den Ausfuhren Chinas (15,5 %) übertroffen, lagen aber noch über denen der Vereinigten Staaten (12,2 %) [...]

© Europäische Union, 1995-2017, https://europa.eu/european-union/about-eu/figures/economy_de (Zugriff: 20.9.2017)

Regionale Unterschiede

Die Menschen in Europa leben unter sehr unterschiedlichen wirtschaftlichen und sozialen Bedingungen. Neben sehr reichen Gebieten gibt es auch solche, in denen Menschen in großer Armut und Not leben. In diesen armen Regionen ist in der Regel die Arbeitslosigkeit sehr hoch. Es fehlen Wachstumsindustrien, die Arbeitsplätze bereitstellen könnten. Oft sind diese armen Regionen noch stark landwirtschaftlich geprägt. Dies ist vor allem in weiten Teilen der neuen südosteuropäischen Mitgliedstaaten der Fall. Aber auch in einigen altindustrialisierten Räumen, in denen jahrzehntelang die Schwerindustrie vorherrschte, gibt es hohe Arbeitslosigkeit.

Hilfe für ärmere Regionen

In der EU werden jedoch ärmere Regionen nicht sich selbst überlassen. Die Regional- und Strukturpolitik der Europäischen Union folgt dem Gedanken der Solidarität. Durch sie werden seit 1987 ärmere oder besonders vom Strukturwandel* betroffene Regionen in der EU unterstützt. Die Regional- und Strukturpolitik ist der Bereich, für den die EU das meiste Geld ausgibt. Ihre Ziele sind vor allem die Schaffung von Arbeitsplätzen und Wirtschaftswachstum sowie die Stärkung der Wettbewerbsfähigkeit. Dabei werden vor allem Projekte gefördert, die kleine und mittlere Unternehmen unterstützen, Verkehrsverbindungen schaffen und die Qualifizierung der Arbeitskräfte unterstützen.

M 4 Kritik am Binnenmarkt

[...] Der extrem erhöhte Wettbewerb zwischen den Unternehmen kann negative Auswirkungen haben. Für große Unternehmen und Regionen ist er meist positiv, aber kleinere Unternehmen können im großen Markt oft nicht mithalten, werden leicht übersehen oder ausgebootet und gehen unter. Auch für die Arbeitnehmer/-innen der reichen EU-Länder kann der Binnenmarkt eine Bedrohung darstellen. Die sogenannten Niedriglohnländer innerhalb der Gemeinschaft, wie beispielsweise Portugal und Rumänien, bilden eine große Konkurrenz gegenüber den reicheren EU-Ländern. Die fehlende gemeinsame Sozial-, Wirtschafts- und Finanzpolitik führt im Binnenmarkt zu Lohndumping, einer schlechteren Verhandlungsposition der Arbeitskräfte und ungleichen Marktchancen [...]

Niklas Sieger: Ein Markt ohne Grenzen, http://www.eu2014.at (Zugriff: 24.10.2016)

* **Strukturwandel** grundlegende Veränderung der wirtschaftlichen Verhältnisse

M 5 Bauer in Polen mit Pferdegespann beim Pflügen

1 Beschreibt die Rolle der EU im Welthandel (M 1, M 2).
2 Erklärt, was die vier Freiheiten im EU-Binnenmarkt bewirken (M 3).
3 Erörtert die Vor- und Nachteile des Binnenmarktes (Text, M 4).
4 Recherchiert, welche Mittel die EU hat, unterschiedliche wirtschaftliche Bedingungen innerhalb der EU auszugleichen (Text, Internet).

Ziel

Schaubilder begegnen uns überall, zum Beispiel in diesem Schulbuch, aber auch in Zeitungen, Zeitschriften, Büchern und im Internet. In Schaubildern werden wichtige Sachverhalte veranschaulicht. In ihnen werden neue statistische Ergebnisse, Ergebnisse von Umfragen oder vereinfachte Inhalte von wissenschaftlichen Untersuchungen so aufbereitet, damit man die Hauptaussage schnell erfassen kann.

M1 Checkliste für die Analyse von Schaubildern

1. Schritt: Thema des Schaubildes erfassen

- Informiert euch anhand der Überschrift, der Legende und weiterer Angaben über den Inhalt des Schaubildes und dessen Quelle.

2. Schritt: Analyse der Zahlenangaben

- Untersucht, ob es sich bei den Zahlenangaben um absolute Zahlen, um Prozentzahlen oder einen Index (Messwert) handelt. Stellt fest, ob die Bezugsgröße der Prozentzahlen angegeben ist und ob bei Befragungen die Zahl der Befragten genannt wird. Wichtig ist auch festzustellen, von wann die Angaben stammen.

3. Schritt: Inhalt des Schaubildes erfassen

- Untersucht das Schaubild genau und macht mit der Überschrift und der Darstellung eine Aussage zum Inhalt des Schaubildes. Formuliert eine zusammenfassende These.

4. Schritt: Interpretation der Aussage des Schaubildes

- Bewertet die Aussage des Schaubildes aufgrund eures Vorwissens. Was ist erstaunlich an der Aussage des Schaubildes? Zu welchem Teilaspekt bräuchtet ihr noch weitere Informationen? Welchen Eindruck wollen die Autoren des Schaubildes hervorrufen?

5. Schritt: Zusammenfassende Bewertung des Schaubildes

- Fasst die Aussage des Schaubildes in eigenen Worten zusammen und formuliert eine Bewertung des Gesamteindrucks des Schaubildes.

1 Analysiert mithilfe der fünf Schritte eines der Schaubilder und verwendet die Informationen im weiteren Verlauf des Unterrichts.

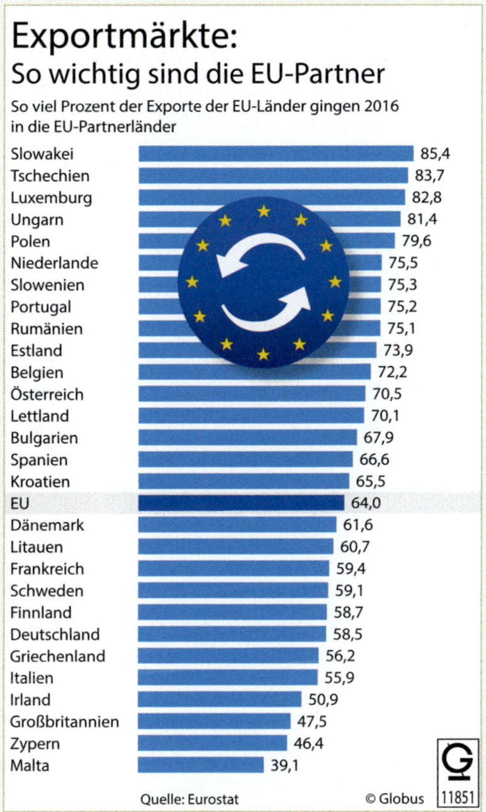

M2 Handelspartner innerhalb der EU

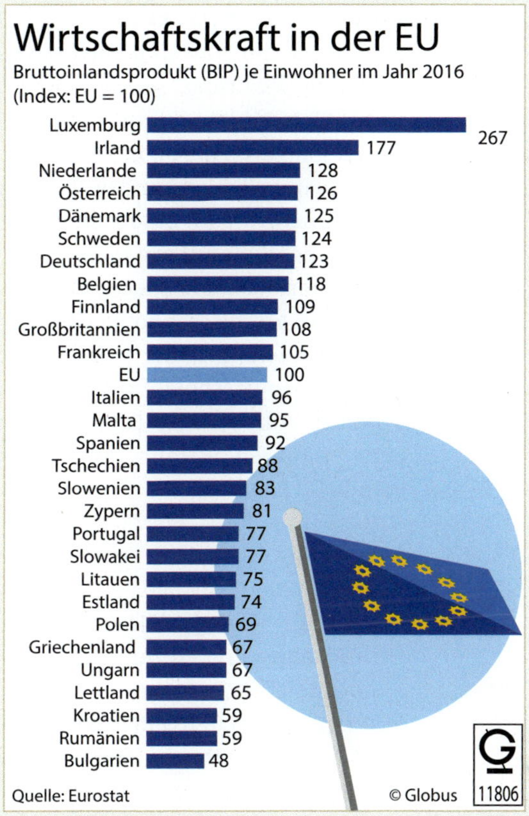

M3 Unterschiedliche Wirtschaftskraft der EU-Staaten

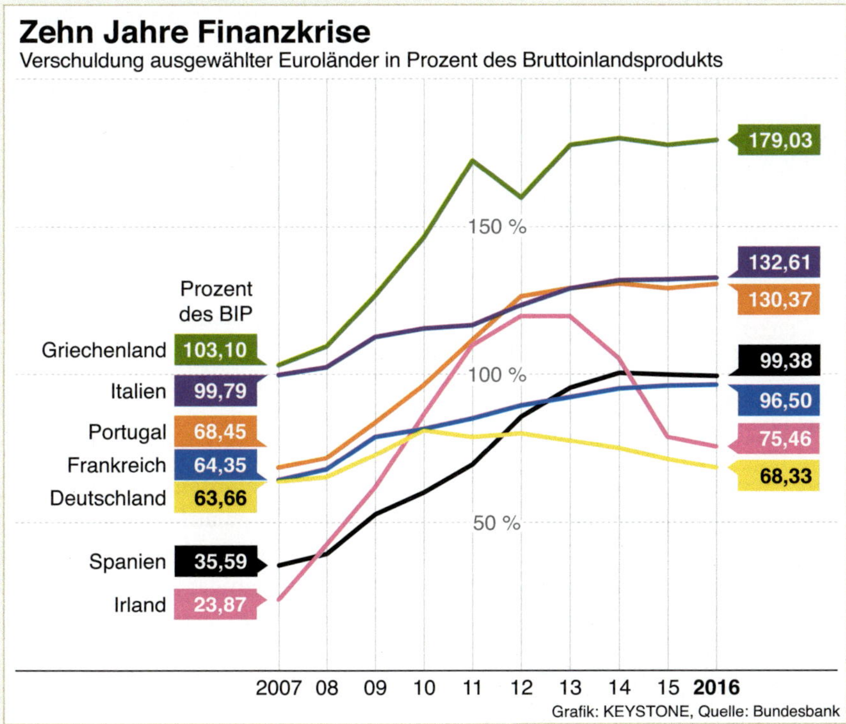

M4 Folgen der Finanzkrise

★ Euro, so lautet der Name der europäischen Währung. Normalerweise gibt ein Staat eine Währung heraus. In der EU ist das anders: Hier haben 19 Staaten diese Macht auf die Europäische Zentralbank (EZB) übertragen. Sie hat ihren Sitz in Frankfurt am Main. Die EZB soll den Wert des Euro stabil halten, also die Inflationsrate (Rate der Geldentwertung) steuern. Außerdem soll sie die konjunkturelle Entwicklung in den EU-Staaten unterstützen. Neben dem US-Dollar ist der Euro die wichtigste Währung der Welt.

★ **Staatsverschuldung** alle Schulden eines Staates gegenüber Dritten

Die Einführung des Euro

2002 wurde der Euro als gemeinsame europäische Währung★ eingeführt. Dies war 1993 in Maastricht beschlossen worden. Er gilt gegenwärtig in 19 Staaten als gemeinsames Zahlungsmittel (Eurozone). Für den Beitritt zum Euro galten strenge Bedingungen, die sichern sollten, dass die neue Währung stabil blieb und weltweit anerkannt wurde. Das sollte dadurch erreicht werden, dass die alten Schulden und die Neuverschuldung eines Staates begrenzt wurden. Alle Länder, die den Euro einführen wollten, mussten sich verpflichten,

- dass ihre Staatsverschuldung★ nicht mehr als 60 Prozent des BIP ausmachen sollte;
- dass die jährliche Neuverschuldung des Staates drei Prozent des BIP nicht übersteigt.

Seit der weltweiten Finanzkrise 2007/2008 sind die Staatsschulden vieler Euro-Staaten erheblich angewachsen (s. Seite 129, **M4**). Die hohen Schulden führten 2010 zu einem weltweiten Vertrauensverlust in die Stabilität des Euro. Internationale Banken und Firmen bezweifelten, ob einige der verschuldeten Euro-Staaten ihre Schulden zurückzahlen könnten. Diese Staaten drohten zahlungsunfähig zu werden.

Die EZB in Frankfurt am Main

Der Euro-Rettungsschirm

Um das Vertrauen in den Euro zurückzugewinnen und den überschuldeten Staaten zu helfen, wurde 2011 der „Europäische Stabilitätsmechanismus" beschlossen, im Volksmund „Euro-Rettungsschirm" genannt. Die Maßnahmen bestanden z.T. aus direkten Krediten an die Länder Griechenland, Spanien, Portugal und Irland. Griechenland brauchte besonders viel Unterstützung, weil es die höchste Staatsverschuldung der Euro-Länder hatte.

Strenge Sparmaßnahmen

Im Gegenzug mussten sich Staaten mit zu hohen Schulden strengen Sparmaßnahmen unterwerfen, die von der EU kontrolliert werden. Sie bestanden vor allem darin, dass die betroffenen Staaten Gehaltskürzungen und Entlassungen verordneten. So wurden die Gehälter der Grundschullehrer/-innen in Griechenland von einem Tag auf den anderen um 40 Prozent auf ca. 900 Euro pro Monat gekürzt. Auch die Renten in Griechenland wurden massiv gesenkt. Diese und weitere Kürzungen der Staatsausgaben haben die Menschen in Griechenland, Italien, Portugal und Spanien vor allem als einen Angriff auf ihre Löhne und die Sozialleistungen empfunden.

Mittlerweile formiert sich Widerstand gegen diese Sparmaßnahmen, nicht nur in Demonstrationen auf der Straße, sondern auch auf höherer Ebene. So möchten die Regierungen einiger südeuropäischer Staaten gegen die Sparpolitik der EU-Kommission vorgehen (**M2**).

M 1 Italien in der Schuldenfalle

Ausgerechnet beim Wachstum, der wichtigsten Größe einer Volkswirtschaft, schneidet Bella Italia noch schlechter ab als das ungleich kleinere Griechenland. Gerade einmal 4,5 Prozent an Wachstum hat Italien seit dem Start des Euro im Jahr 1999 zugelegt. Das sind durchschnittlich 0,28 Prozent pro Jahr. Mit diesem Mager-Wachstum ist Italien das Schlusslicht der Euro-Zone. Sogar Griechenland bringt es im Vergleich der vergangenen 16 Jahre auf einen Zuwachs von immerhin 4,6 Prozent [...]
Vor allem für den italienischen Arbeitsmarkt hat das verheerende Folgen. Die Arbeitslosenquote des Landes liegt mit 12,5 Prozent nahe ihrem Rekordhoch. Noch düsterer ist das Bild für die unter 25-Jährigen. Jüngsten Statistiken zufolge rangiert die Jugendarbeitslosigkeit bei über 44 Prozent [...]
Dabei ist Italien mit seiner hohen Verschuldung auf Wachstum dringend angewiesen. Zum Start des Euro saß das Land bereits auf einem Schuldenberg von 1,2 Billionen Euro. Mittlerweile ist eine Billion dazugekommen. Die Verbindlichkeiten von 2,218 Billionen Euro sind höher als die des ungleich größeren Deutschland. Entsprechend liegt die Schuldenquote des Landes nun bei 135 Prozent, auf dem höchsten Stand seit 1924.

Anja Ettel/Holger Zschäpitz: Italien ist der eigentliche Euro-Wackelkandidat, Welt N24, 26.8.2015, www.welt.de (Zugriff: 24.10.2016)

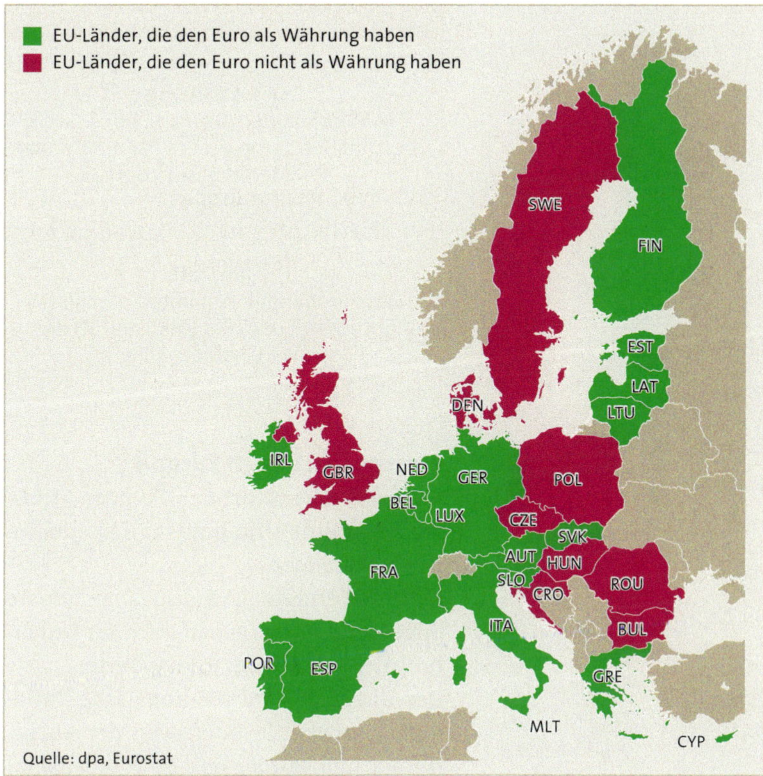

M 3 EU-Staaten mit und ohne Euro, 2017

M 2 Allianz gegen Sparmaßnahmen

Die griechische Regierung hat die Staatsoberhäupter von fünf südlichen EU-Ländern, darunter Frankreich, Italien und Spanien eingeladen, eine Allianz gegen Sparmaßnahmen zu bilden [...] Man wolle sich über die „gemeinsamen" wirtschaftlichen, politischen und institutionellen Herausforderungen, denen die EU gegenübersteht, verständigen und dabei den Schwerpunkt auf die europäische Sparpolitik, die Steuerdisziplin und Migration legen [...]
„Diese Sparpolitik sorgt für eine Schwächung der Volkswirtschaften und spaltet die Gesellschaft", betonten die beiden linken Politiker*.

Sarantis Michalopoulos: Bald eine „Allianz des Südens" gegen Sparmaßnahmen in Sicht?, EurActiv.de, 8.8.2016 (Zugriff: 1.12.2016)

* **linke Politiker**
Gemeint sind die Premierminister von Griechenland, Alexis Tsipras, und Portugal, Antonio Costa.

1 Gebt die Regeln für die Einführung des Euro wieder.

2 Fasst zusammen, welche Folgen eine hohe Staatsverschuldung hat (Text, **M 1**).

3 Erklärt, warum die Südeuropäer gegen die Sparpolitik der EU Widerstand leisten (Text, **M 1**, **M 2**).

4 „Die reichen EU-Staaten sollten den armen EU-Staaten bei der Überwindung der Schuldenkrise stärker helfen." Beurteilt diese Aussage.

M 1 Kompetenzen des Europäischen Parlaments im Überblick

Gesetzgebung Die Mehrheit der europäischen Gesetze beschließen Europäisches Parlament und Ministerrat gemeinsam.	**Kontrolle der Exekutive** Das Parlament überwacht die anderen Institutionen und entlässt gegebenenfalls die Europäische Kommission durch ein Misstrauensvotum.
Haushalt Das Europäische Parlament beschließt jährlich mit dem Rat (Ministerrat) den Haushalt der EU.	**Erweiterung** Das Europäische Parlament muss dem Beitritt jedes neuen Mitgliedstaates zustimmen.

Klassenfahrt nach Europa

Bei der Studienfahrt der 9 b nach Straßburg war eine Unmenge an Informationen zu verdauen.

Martina befragte die Europaabgeordnete ihres Heimatortes zuerst nach der Bedeutung des Parlaments und notierte:

Das direkt gewählte Europäische Parlament vertritt die Interessen der Bürgerinnen und Bürger der 28 Mitgliedstaaten. Weil die EU mehr und mehr darüber entscheidet, was für uns in Europa Recht und Gesetz ist, hat das Europaparlament fast schon eine ebenso große Bedeutung für die EU wie bei uns der Bundestag für Deutschland. Normalerweise kann in allen Demokratien nur das direkt vom Volk gewählte Parlament Gesetze verabschieden. Das ist in der EU anders. Das Parlament hat eine gleichberechtigte Rolle neben dem Ministerrat. Beide Organe zusammen sind der Gesetzgeber in der EU.

In Streitfällen wird vermittelt. Kommt keine Einigung zustande, gibt es keinen Gesetzesbeschluss.

Die Ausschüsse

Die Abgeordneten des Europäischen Parlaments verteilen sich zur Vorbereitung

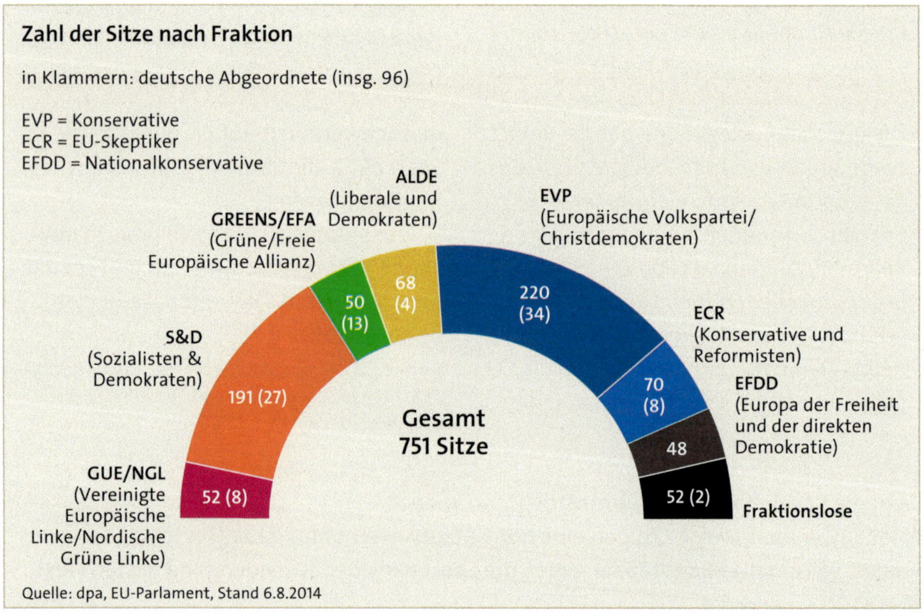

M 2 Parteien für Europa. Sitzverteilung im Europäischen Parlament nach den Wahlen 2014

der Arbeit im Plenum auf ständige Ausschüsse, die jeweils für bestimmte Bereiche zuständig sind. Es gibt 20 parlamentarische Ausschüsse. Die politische Zusammensetzung der Ausschüsse spiegelt die des Plenums wider.

Zusammenarbeit der Parteien

Martina wollte dann noch etwas über die Parteien wissen und schrieb auf:
Die Abgeordneten schließen sich in Fraktionen zusammen. Da sitzen z.B. die französischen Sozialisten mit den deutschen Sozialdemokraten zusammen in der Fraktion der „Sozialdemokratischen Partei Europas" (S&D). Insgesamt sind rund 100 nationale Parteien vertreten. Viele Parteien haben Ähnlichkeit mit den gewohnten im eigenen Land, doch bei den Europawahlen tauchen immer wieder bis dahin völlig unbekannte Parteien auf.

Wahlen

Alle fünf Jahre wird gewählt. Die nächste Wahl wird im Juni 2019 stattfinden. Überall gelten dafür die gleichen Grundsätze: Kandidaten werden in Listen aufgestellt und nach dem Verhältniswahlsystem gewählt, d.h., die Plätze werden nach Stimmenanteilen vergeben. Wer einem nationalen Parlament, z.B. dem Bundestag, angehört, darf nicht für Europa kandidieren. Gewählt wird am Wohnsitz, auch wenn man nicht die dortige Staatsangehörigkeit hat.
Bei der Wahl zum Europaparlament gilt keine Sperrklausel wie bei der Bundestagswahl. Deshalb können auch kleine Parteien in das Parlament einziehen, die sonst keine Chance hätten. Bei der letzten Wahl zogen aus Deutschland Abgeordnete aus 14 Parteien in das EU-Parlament. Im Vertrag von Lissabon ist die Höchstzahl der Abgeordneten eines Landes auf 96 festgelegt. So viele entsendet Deutschland. Ein kleines Land hat mindestens sechs Abgeordnete.

M 3 Das Europäische Parlament in Straßburg (Frankreich)

Wechselnde Mehrheiten

Martina hat noch herausgefunden, dass es im Europäischen Parlament keine Regierungspartei wie in Deutschland gibt und auch keine richtige Opposition. Bei Abstimmungen gibt es oft wechselnde Mehrheiten.
Und dann hat sie noch gelesen, dass das Europäische Parlament das einzige direkt gewählte supranationale Parlament der Welt ist. Bürgerinnen und Bürger aus verschiedenen Ländern wählen gemeinsam das Parlament. Darauf war sie richtig stolz.

Mehr zum Thema:
Europawahl einfach erklärt

Webcode PE656266-133

1 Berichtet über die Rolle des Europaparlaments bei der Gesetzgebung in der EU (M 1).

2 Bestimmt mithilfe von M 2 die Parteien- und Mehrheitsverhältnisse im Europäischen Parlament. Vergleicht sie mit der derzeitigen Situation im Bundestag.

3 Ermittelt, welche Abgeordneten aus eurem Ort im Europarlament vertreten sind und welcher Partei sie angehören.

4 Beschafft euch Informationen über die Wahl zum Europaparlament unter www.europarl.de und in den Medien.

In Deutschland lag im Jahr 2014 die Wahlbeteiligung bei der Wahl des Europaparlaments bei 48 Prozent, EU-weit bei nur 43 Prozent.

M 1 Karikatur: Klaus Stuttmann

Wer regiert die EU?

Die grundsätzlichen Entscheidungen in der Europäischen Union werden im Europäischen Rat von den Staats- und Regierungschefs der Mitgliedsländer gefällt. Sie legen damit die politischen Schwerpunkte und die Leitlinien für die Arbeit des Ministerrats fest. Auf dieser Ebene muss immer ein Konsens* erzielt werden zwischen allen Staaten.

Die Verabschiedung von Gesetzen (in der Sprache der EU: Verordnungen und Richtlinien) und des Haushalts erfolgt durch den Ministerrat und durch das Europäische Parlament.

Die Ausarbeitung der Gesetzentwürfe ist Aufgabe der Europäischen Kommission. Diese ist auch für die Umsetzung und Kontrolle der verabschiedeten Gesetze zuständig und steht damit im Mittelpunkt der alltäglichen Arbeit. Sie ist gewissermaßen die Regierung der EU.

In Streitfällen entscheidet der Gerichtshof der EU. Für die Außen- und Sicherheitspolitik gelten besondere Regelungen (siehe Seite 140 f.).

* **Konsens**
Übereinstimmung

M 2 Wer regiert noch mit?

Europas Hauptstadt Brüssel gilt nach Washington D. C. als die Metropole des Lobbyismus. Nach einer Schätzung des Europäischen Parlaments haben mindestens 15 000 Interessenvertreter hier ihre Büros. Sie reden mit Abgeordneten und beraten die Kommission. Ihr Job ist es, dafür zu sorgen, dass die Interessen von Unternehmen, Berufsverbänden oder Umweltgruppen nicht zu kurz kommen. Im besten Fall beliefern sie die Eurokraten mit nützlichen Fachdetails; im schlimmsten Fall versuchen sie, Abgeordnete oder Kommissionsmitarbeiter zu bestechen, was natürlich strafbar ist. Ganz legal, jedoch höchst bedenklich, ist, wie Lobbyisten die Gesetzgebung steuern und wie dabei die großen Unternehmen und die mächtigen Interessenvertretungen Einfluss nehmen [...]

Jeanne Rubner, Wer regiert Brüssel?, https://www.arte.tv/sites/de/das-arte-magazin/2013/02/01/wer-regiert-brussel/ (Zugriff: 20.9.2017)

Das Europäische Parlament
Sitz des **Europäischen Parlaments** ist Straßburg. Jedes Jahr sind dort zwölf Wochen für Plenarsitzungen vorgesehen. Die Debatten werden sofort simultan in alle Amtssprachen der EU übersetzt. Zwischendurch tagen die Ausschüsse und Fraktionen in Brüssel. Dort können sie ständigen Kontakt zur Kommission und zum Rat halten oder auch zu weiteren Plenarsitzungen zusammenkommen. Das Europäische Parlament unterhält in allen Mitgliedstaaten Informationsbüros.

Die Europäische Zentralbank
Die **Europäische Zentralbank** (EZB) in Frankfurt am Main ist die Hüterin des Euro. Sie lässt Banknoten drucken und in Umlauf bringen, kann aber auch durch Veränderung der Zinssätze die Preisentwicklung beeinflussen. Ihre vorrangige Aufgabe ist, Preisstabilität zu wahren. Die EZB ist vollkommen unabhängig von den Regierungen und Organen der EU. Niemand darf ihr Weisungen erteilen.

Die Europäische Kommission
Nur die **Europäische Kommission** kann aus eigener Kraft Gesetzentwürfe vorlegen. Vor allem aber führt die Kommission die Gesetze aus. So werden z. B. allein in der Agrarpolitik jährlich 2000 Durchführungsverordnungen verfasst! Ferner stellt die Kommission den Haushaltsplan auf und verteilt nach der Entscheidung des Parlaments die Gelder. Sie ist aber auch die Hüterin aller Verträge. Sie kann bei Verstößen sogar direkt Bußgelder verhängen.
Die Kommission besteht aus einem Präsidenten und 28 Kommissaren der einzelnen Staaten.
Die Regierungen der EU-Länder schlagen einen Kommissionspräsidenten vor, der vom EU-Parlament gewählt wird. Der Präsident benennt die Kommissionsmitglieder, die Kommission muss dann als Ganzes vom EU-Parlament bestätigt werden.

Der Europäische Rechnungshof
Er überprüft die Ausgaben und Einnahmen der EU und kontrolliert, ob alles nach den vereinbarten Regeln abläuft. Er kann selbstständig entscheiden, was er wie prüft und wann er die Ergebnisse vorlegt. Er prüft auch, ob Staaten, Bundesländer oder Kommunen die EU-Mittel richtig verwenden.

Der Europäische Gerichtshof
Der Europäische Gerichtshof in Luxemburg ist das oberste Gericht der EU, also „letzte Instanz". Er wahrt und gestaltet das Europarecht. Dieses steht über dem nationalen Recht der Mitgliedstaaten. Klagen kann jeder, der einen Verstoß feststellt, von der Europäischen Kommission bis hin zu Privatpersonen.

Der Europäische Rat
Beim **Europäischen Rat** kommen die Regierungschefs aller Mitgliedsstaaten und der Präsident der Europäischen Kommission zusammen. Sie treffen die ganz wichtigen Entscheidungen. Der Präsident des Europäischen Rats wird für zweieinhalb Jahre gewählt, er bereitet die Sitzungen vor und leitet sie.
Die Außen- und Sicherheitspolitik leitet im Auftrag des Europäischen Rats der Hohe Vertreter der EU für Außen- und Sicherheitspolitik.

Der Ministerrat
Der „Rat der Europäischen Union" wird auch **Ministerrat** genannt. Seine Mitglieder können für die Regierungen ihrer Staaten Entscheidungen treffen. Zusammen mit dem Europäischen Parlament beschließt der Ministerrat die europäischen Gesetze, die in allen 28 Staaten gelten. Im Ministerrat sind alle EU-Staaten gleichberechtigt, alle halbe Jahre wechselt der Vorsitz zwischen den Mitgliedstaaten.

M 3 Die Organe der EU

1 Arbeitet in Gruppen und stellt in Kurzvorträgen vor der Klasse die verschiedenen EU-Organe (**M 3**) vor.

2 Erläutert das politische System der EU (**M 2**, **M 3**, Text):

a Ordnet die Organe der gesetzgebenden, vollziehenden und rechtsprechenden Gewalt zu.

b Vergleicht mit dem System der Bundesrepublik Deutschland (S. 12). Was fällt euch auf?

3 Analysiert die Karikatur (**M 1**).

M1 Karikatur: Gerhard Mester

Die EU-Gesetzgebung

Die Gesetzgebung in der EU ist Aufgabe der Kommission, des Parlaments und des Ministerrats. Vorgeschlagen werden Gesetzesvorhaben von der Europäischen Kommission (Gesetzesinitiative). Danach gibt es unterschiedliche Verfahren:

- Das Ordentliche Gesetzgebungsverfahren verleiht dem Europäischen Parlament und dem Rat der Europäischen Union auf einer Vielzahl von Gebieten (z.B. wirtschaftliche Ordnungspolitik, Einwanderung, Energie, Verkehr, Umweltschutz, Verbraucherschutz) das gleiche Gewicht. Die überwiegende Mehrheit aller EU-Gesetze* wird vom Europäischen Parlament und vom Ministerrat gemeinsam erlassen. Kommt eine Einigung zwischen Rat und Parlament nicht zustande, wird ein Kompromiss gefunden, den Rat und Parlament gemeinsam verabschieden.
- Im Anhörungsverfahren (Konsultation) leitet die Kommission ihren Gesetzesvorschlag an den Rat und das Parlament weiter. Dem Parlament ist es lediglich gestattet, seine Meinung zu äußern und Fragen an den Rat zu richten. Die Kommission kann diese berücksichtigen, ist dazu aber nicht gezwungen. Der Rat schließlich kann den endgültigen Vorschlag annehmen oder einstimmig ändern. Beispiele: Außen- und Sicherheitspolitik, Wettbewerbsregeln im Binnenmarkt.
- Beim Zustimmungsverfahren einigt sich auf Vorschlag der Kommission der Ministerrat auf ein Gesetz, das er dem Europäischen Parlament zuleitet. Das Parlament muss seine Zustimmung erteilen, bevor das Gesetz in Kraft treten kann. Das Parlament hat allerdings keine Möglichkeit, Änderungsvorschläge zu machen. Beispiele: Aufnahme neuer EU-Mitglieder, Wahl des EU-Kommissionspräsidenten und der Kommissionsmitglieder.

* Gesetze, die die EU erlässt, müssen von den Mitgliedsländern umgesetzt werden. Sie stehen über dem nationalen Recht der Mitgliedsländer. Das ist wie in der Bundesrepublik Deutschland, wo die Bundesländer die Gesetze des Bundes ebenfalls umsetzen und beachten müssen.

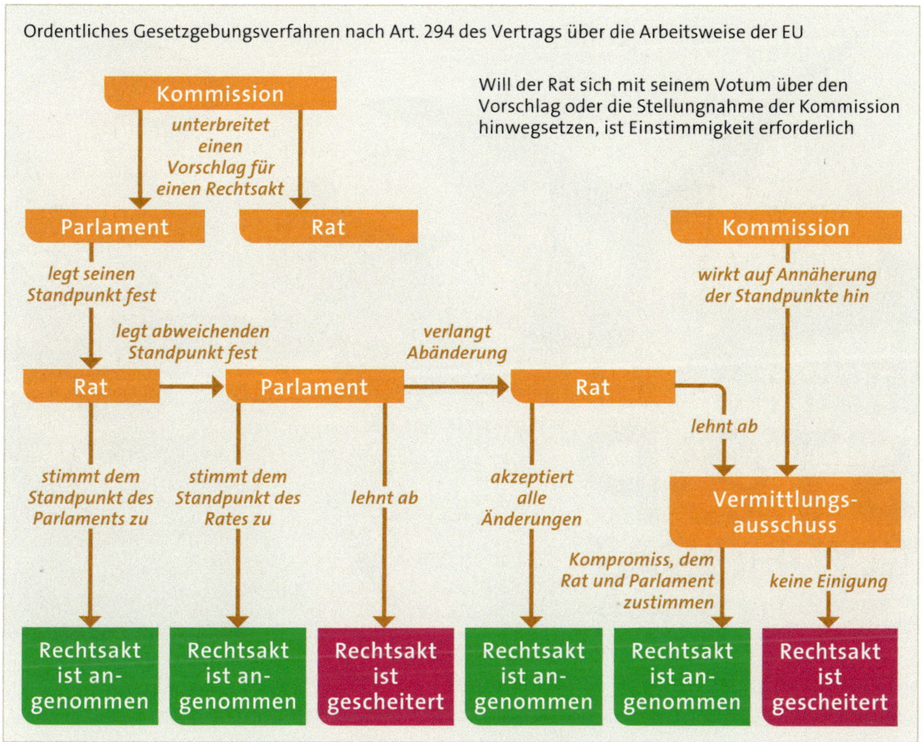

M2 Abläufe im Ordentlichen Gesetzgebungsverfahren

Die „Gesetze“ der EU

In der EU heißen die Gesetze „Verordnungen“ und „Richtlinien“. Verordnungen gelten für alle EU-Staaten, sie sind verbindliches EU-Recht und müssen von allen EU-Staaten umgesetzt werden. Beispielsweise wurde eine Verordnung für Lebensmittelsicherheit erlassen, die ein großer Schritt zu mehr Lebensmittelsicherheit war.

Eine Richtlinie legt ein Ziel fest, dass alle EU-Länder erreichen müssen. Sie müssen die Richtlinie in nationales Recht umsetzen. Ein Beispiel ist die EU-Richtlinie über Verbraucherrechte: Sie stärkt die Rechte von Verbraucherinnen und Verbrauchern EU-weit, indem sie beispielsweise versteckte Internetgebühren und -kosten abschafft.

Der Plenarsaal des Europaparlaments in Straßburg mit Platz für 750 Abgeordnete

1 Beschreibt, welche Rolle das EU-Parlament in der Gesetzgebung hat (Text, M2).

2 Analysiert die Karikatur M1. Überprüft anhand von M2.

3 a Vergleicht, wie in Deutschland Gesetze entstehen (s. Seite 18/19).
  b Stellt Unterschiede fest und bewertet diese.

4 Informiert euch im Internet über ein EU-Gesetzgebungsverfahren und berichtet.

M1 Diese Europäische Bürgerinitiative fordert ein EU-weites Verbot des Unkrautgifts Glyphosat.

Bürger können Initiativen starten

Wenn die EU-Bürgerinnen und Bürger meinen, die EU-Kommission sollte sich mit einem bestimmten Thema befassen und dazu Verordnungen oder Richtlinien erlassen, können sich die Bürger/-innen mit der Europäische Bürgerinitiative an die EU-Kommission wenden. Wenn innerhalb von zwölf Monaten eine Million Unterschriften aus mindestens sieben EU-Mitgliedstaaten gesammelt sind, muss sich die Europäische Kommission mit dem Gesetzesvorschlag befassen.

Ein Beispiel für eine gelungene Initiative war das Eintreten gegen die Privatisierung der Wasserversorgung. 1659543 Bürgerinnen und Bürger haben diese Initiative unterzeichnet. Sie wurde angenommen.

M2 Wasser – ein Menschenrecht

Wasser und sanitäre Grundversorgung sind ein Menschenrecht! Wasser ist ein öffentliches Gut und keine Handelsware!
Wir fordern die Europäische Kommission zur Vorlage eines Gesetzesvorschlags auf, der das Menschenrecht auf Wasser und sanitäre Grundversorgung entsprechend der Resolution der Vereinten Nationen durchsetzt und eine funktionierende Wasser- und Abwasserwirtschaft als existenzsichernde öffentliche Dienstleistung für alle Menschen fördert.

Wichtigste Ziele
Diese EU-Rechtsvorschriften sollten die Regierungen dazu verpflichten, für alle Bürger und Bürgerinnen eine ausreichende Versorgung mit sauberem Trinkwasser sowie eine sanitäre Grundversorgung sicherzustellen. Wir stellen nachdrücklich folgende Forderungen:

1. Die EU-Institutionen und die Mitgliedstaaten haben die Aufgabe, dafür zu sorgen, dass alle Bürger und Bürgerinnen das Recht auf Wasser und sanitäre Grundversorgung haben.
2. Die Versorgung mit Trinkwasser und die Bewirtschaftung der Wasserressourcen darf nicht den Binnenmarktregeln unterworfen werden. Die Wasserwirtschaft ist von der Liberalisierungsagenda* auszuschließen [...]

© Europäische Union, 1995-2017, http://ec.europa.eu/citizens-initiative/public/initiatives/successful/details/2012/000003 (Zugriff: 20.9.2017)

* **Agenda**
Tagesordnung bei politischen Verhandlungen

* **Liberalisierung**
Aufhebung staatlicher Eingriffe oder Vorschriften mit dem Ziel, staatliche Aufgaben an private Unternehmen zu übertragen

M 3 EU verbessert Überwachung der Trinkwasserqualität

Zur wirksameren Überwachung der Trinkwasserqualität in Europa treten jetzt neue EU-Vorschriften in Kraft, mit denen die Versorgung mit sauberem Trinkwasser EU-weit verbessert werden soll. Die Kommission hat heute als Reaktion auf die europäische Bürgerinitiative Right2Water in einem ersten Schritt neue Vorschriften erlassen, die den Mitgliedstaaten Flexibilität geben, selbst zu entscheiden, wie die Wasserqualität in den ungefähr 100 000 Wasserversorgungsgebieten in Europa überwacht wird [...]

Europäische Kommission, Pressemitteilung, 28.10.2015, http://europa.eu/rapid/pressrelease_IP-15-5940_de.htm (Zugriff: 20.9.2017)

M 4 Wofür die EU zuständig ist

Ausschließliche Zuständigkeit der EU	Geteilte Zuständigkeit mit den Mitgliedstaaten
▪ Zollunion ▪ Wettbewerbsrecht ▪ Währungspolitik des Euro ▪ Außenhandelspolitik ▪ Erhaltung der biologischen Meeresschätze	▪ Binnenmarkt ▪ Sozialpolitik ▪ wirtschaftlicher, sozialer und territorialer Zusammenhalt ▪ Landwirtschaft, Fischerei ▪ Umweltpolitik ▪ Verbraucherschutz ▪ Verkehrspolitik ▪ transeuropäische Netze ▪ Energiepolitik ▪ Freiheit, Sicherheit, Recht

Vertrag über die Arbeitsweise der Europäischen Union, Art. 3, 4

Das Prinzip der Subsidiarität

Das Subsidiaritätsprinzip ist eine wichtige Grundlage der Europäischen Union. Es hat die Aufgabe, als Ordnungsprinzip die Kompetenzabgrenzung zwischen der Europäischen Union, den Mitgliedstaaten und den Ländern bzw. Regionen zu gewährleisten. Der Grundsatz der Subsidiarität soll gewährleisten, dass alle Entscheidungen möglichst bürgernah getroffen werden und nicht jede Kleinigkeit von oben – mit entsprechend großem Verwaltungs- und Kostenaufwand – geregelt wird. Das Wort Subsidiarität kommt aus dem Lateinischen und bedeutet sinngemäß „zurücktreten" oder „nachrangig sein".

Bundesländer und Regionen

Das Subsidiaritätsprinzip in Verbindung mit Art. 23 GG garantiert, dass sich der bundesdeutsche Föderalismus auf europäischer Ebene fortsetzt. Die Bundesländer können über den Bundesrat ihren Einfluss auf anstehende Entscheidungen in den EU-Organen geltend machen. Im Ausschuss der Regionen können einzelne Bundesländer regionale Interessen zur Beratung beim Europäischen Rat und bei der Kommission einbringen. Jedes Bundesland ist mit einer eigenen Landesvertretung in Brüssel vertreten, die als Anlaufstelle für Interessenverbände jeglicher Art dient.

Artikel 23 GG
(2) In Angelegenheiten der Europäischen Union wirken der Bundestag und durch den Bundesrat die Länder mit. Die Bundesregierung hat den Bundestag und den Bundesrat umfassend und zum frühestmöglichen Zeitpunkt zu unterrichten.

1 Beschreibt, wie eine Europäische Bürgerinitiative zustande kommt (Text).
2 Ermittelt mithilfe des Internets, zu welchen Themen aktuell Bürgerinitiativen Stimmen auf EU-Ebene sammeln.
3 Diskutiert, zu welchem Thema ihr eine EU-Bürgerinitiative starten würdet.
4 Erläutert das Prinzip der Subsidiarität (Text, M 4).
5 Entwickelt Ideen, wie Berlin und Brandenburg ihre Interessen auf EU-Ebene wirkungsvoll einbringen können.

M1 Federica Mogherini, seit November 2014 „Hohe Vertreterin der EU für Außen- und Sicherheitspolitik“

* **intergouvernemental**
Form der Zusammenarbeit zwischen Staaten innerhalb internationaler Organisationen, wobei die Regierungen ihre volle Souveränität behalten

* **supranational**
überstaatlich

Außenpolitik der EU

Die EU ist wirtschaftlich ein Riese, doch auf dem internationalen Parkett eher ein Zwerg. Die nationalen Interessen der Mitgliedstaaten spielen in der Gemeinsamen Außen- und Sicherheitspolitik (GASP) der EU die tragende Rolle. Doch warum ist eine gemeinsame Außenpolitik notwendig?
2011 brach in Libyen und Syrien ein Bürgerkrieg aus. 2014 begann der Konflikt in der östlichen Ukraine. Wie soll und kann die EU auf solche Krisen nah an ihren Außengrenzen reagieren?
In der GASP gilt der Grundsatz der Regierungszusammenarbeit. Die Staats- und Regierungschefs legen im Europäischen Rat die Leitlinien fest. Der Ministerrat kann bei Krisen gemeinsame Standpunkte oder gemeinsame Aktionen beschließen. Das Europäische Parlament hat dabei nur ein Informations- und Anhörungsrecht.

Eine Art Außenminister

Als Koordinator der Interessen gilt der „Hohe Vertreter für Außen- und Sicherheitspolitik“ der EU. Diese Person ist der informelle Außenminister der EU. Inzwischen verfügt die EU auch über einen Europäischen Auswärtigen Dienst, damit sie als politischer Akteur in den großen Staaten vertreten ist. Der Dienst soll für eine größere Übereinstimmung in der auswärtigen Politik sorgen – z.B. in der Handels-, Umwelt- und Entwicklungspolitik. Letztlich soll die GASP der Friedenssicherung dienen.

Demokratie – ein Problem

Die demokratische Kontrolle von Entscheidungsprozessen ist in der EU generell ein Problem. Dies gilt erst recht für die Außen- und Sicherheitspolitik. Über sie führen 28 Regierungen gleichzeitig Aufsicht, was dazu führt, dass die Außenpolitik faktisch keiner Kontrolle unterworfen ist. Die Verfahren legt der Ministerrat fest, und die Rolle des Europäischen Parlaments ist auf das Recht zur Unterrichtung und Anhörung beschränkt.

M2 Einstimmige Beschlüsse

[...] Die Struktur der GASP der EU ist weiterhin intergouvernemental* und nicht supranational* angelegt. Demgemäß werden Beschlüsse grundsätzlich einstimmig gefasst. Die Organe, welche die Regierungen der Mitgliedstaaten vertreten, also der Europäische Rat auf der Ebene der Staats- und Regierungschefs und der Rat „Auswärtige Angelegenheiten“ auf jener der Außenminister, geben den Ton an. Die Kompetenzen der übrigen Hauptorgane der Union, der Kommission, des Europäisches Parlaments und des Europäischen Gerichtshofs, sind dagegen mehr oder weniger eng gefasst [...]

Hanspeter Neuhold: GASP: Das intergouvernementale Stiefkind der europäischen Integration, EurActiv, 16.1.2013, www.euractiv.de (Zugriff: 5.11.2016)

M3 Kernkompetenz des Staates

(Die Vergemeinschaftung der Außenpolitik) mag ein bestechender Gedanke sein, weil die Übertragung der außenpolitischen Kompetenzen von den Mitgliedstaaten auf die Kommission in der Tat eine Weltmacht schaffen würde [...] Die Außen- und Sicherheitspolitik ist die Kernkompetenz des modernen Staates, weil sie mit dem Gewaltmonopol nach außen verbunden ist. Keine

Regierung wird in absehbarer Zeit bereit sein, das Recht zum Führen von Kriegen an Brüssel abzugeben [...]
Der einzig halbwegs aussichtsreiche Weg, die EU zu einem einflussreichen Global Player* zu machen, ist ein unscheinbarer. Die europäische Außenpolitik war bisher am stärksten, wenn sie auf einer informellen (formlosen) Absprache zwischen den drei großen Mitgliedstaaten beruhte. Wenn Deutschland, Großbritannien und Frankreich einig sind, dann kann Europa auch auf schwierigem Terrain bestehen [...]

Nikolas Busse: Entmachtung des Westens, Berlin 2009, S. 270 f., 274

M 5 Entscheidungsfindung in der EU.
Karikatur: Gerhard Mester

M 4 Gemeinsame Verteidigung?

[...] Das Feld der Außen- und Sicherheitspolitik eignet sich besonders gut für deutsche Führungsverantwortung [...]: großzügige strategische Mitverantwortung im Gesamtinteresse Europas. So nähern wir uns zwei strategischen Kernzielen gleichzeitig: einer handlungsfähigeren EU und einem europäisch denkenden und handelnden Deutschland. „Nur gemeinsam, nur auf europäischer Ebene können wir überhaupt vernünftige Lösungen finden", schrieben jüngst Sigmar Gabriel und Frank-Walter Steinmeier über die Flüchtlings- und Migrationspolitik. Das stimmt, aber ohne eine klare und einheitliche Linie in der Außen- und Sicherheitspolitik werden wir solche Lösungen kaum finden. Ansatzpunkte dafür gibt es viele [...] Die EU verharrt bei der Verteidigungspolitik in Kleinstaaterei und gibt viel Geld sehr ineffektiv aus, weil das Prinzip der Integration bisher nicht oder kaum Anwendung im Beschaffungs- und Ausbildungswesen findet. Warum eigentlich nicht? Gibt es ein einziges EU-Mitglied, das daran denkt, seine Streitkräfte noch einmal allein – also national – einzusetzen? Wenn nicht, warum dann nach der gemeinsamen Währung nicht auch die gemeinsamen Verteidigungskräfte aufbauen? Das wäre einer der Schritte, bei denen Berlin beherzt vorangehen könnte und sollte [...]

Wolfgang Ischinger: Dann aber alle Mann nach vorne, FAZ Online, 1.9.2015, www.faz.net (Zugriff: 6.11.2016)

* **Global Player**
Unternehmen, das am internationalen Wettbewerb teilnimmt und in seiner Branche weltweit eine Vormachtstellung einnimmt

1 Beschreibt, warum es kaum eine Gemeinsame Außen- und Sicherheitspolitik der EU gibt (Text, **M 3**).

2 Erläutert, worin der Demokratiemangel in der EU-Außenpolitik besteht (Text, **M 2**).

3 Untersucht **M 2** bis **M 5**:
- a Fasst kurz zusammen, worin jeweils die Hauptursache dafür gesehen wird, dass die EU nur schwer zu einer gemeinsamen Außenpolitik finden kann.
- b Erläutert, welche Vorschläge jeweils zur Änderung dieses Zustands gemacht werden.
- c Nehmt selbst Stellung zu diesen Vorschlägen.

4 Führt eine amerikanische Debatte durch zum Thema: „Soll die Außenpolitik in der EU von der EU gemeinsam oder von den einzelnen Staaten durchgeführt werden?" Hinweise zur amerikanischen Debatte findet ihr auf S. 148.

M1 Flüchtlinge auf der Insel Lesbos, Griechenland

Anstieg der Flüchtlingszahlen

Seit dem Zweiten Weltkrieg waren weltweit noch nie so viele Menschen auf der Flucht wie im Jahr 2015 – nämlich knapp 60 Mio. Etwa 5 Mio. von ihnen waren Syrer. Seit dem Beginn des Bürgerkriegs 2011 sind sie aus ihrem Land vor allem in die Nachbarländer Türkei, Libanon und Jordanien, aber auch in die EU geflohen. Deutschland hat 2015 knapp 900 000 Flüchtlinge, vor allem aus Syrien, Irak und Afghanistan, aufgenommen. Im Jahr 2016 kamen etwa 250 000 Flüchtlinge nach Deutschland.

Genfer Flüchtlingskonvention

Am 28. Juli 1951 wurde in Genf die UN-Flüchtlingskonvention* (GFK) verabschiedet. Offiziell heißt sie „Abkommen über die Rechtsstellung der Flüchtlinge". Sie verpflichtet die Unterzeichnerstaaten, Menschen aufzunehmen und zu schützen, die aus religiösen, ethnischen oder politischen Gründen verfolgt werden und um Leib und Leben fürchten müssen. Dieser Konvention sind bisher 147 Staaten beigetreten. Bisher hat die Konvention zum Schutz von über 50 Millionen Menschen beigetragen.

* **UN-Flüchtlingskonvention**
völkerrechtlich verbindliche Übereinkunft

* **Deal**
Geschäft, Abmachung

Die Haltung der EU

Die EU-Staaten sind uneins in der Frage, wie mit den vielen Flüchtlingen umzugehen sei. Einige Länder wie Deutschland und Schweden sind bereit, eine große Zahl aufzunehmen. Hier ist auch die Hilfsbereitschaft in der Bevölkerung sehr groß. Viele osteuropäische EU-Staaten, vor allem Ungarn, Polen und die Slowakei, lehnen dies strikt ab. Ende 2015 hat der Rat der EU-Innenminister mehrheitlich beschlossen, 160 000 Asylsuchende in der gesamten EU zu verteilen. Da die Umsetzung dieses Beschlusses freiwillig ist, beteiligten sich aber nur wenige EU-Staaten daran.

Derartig große Flüchtlingsbewegungen wie seit 2015 kann man nur verhindern, wenn man die Ursachen hierfür beseitigt. Deswegen müssen die Bürgerkriege in Syrien und dem Irak beendet werden. Das muss ein Ziel der internationalen Staatengemeinschaft, vor allem der UN, sein. Ob eine Friedensregelung gelingt, ist ungewiss.

Das Abkommen mit der Türkei

Am 18. März 2016 unterzeichneten die Europäische Union und die Türkei ein Abkommen („Türkei-Deal"*), das den heutigen und zukünftigen Umgang mit den Geflüchteten insbesondere aus Syrien regelt. Dieses Abkommen und seine rechtlichen sowie moralischen Gesichtspunkte sind in Europa heftig umstritten.

M2 Der „Türkei-Deal"

[...] Der EU-Türkei-Deal besteht vor allem aus folgenden Vereinbarungen:
- Nach wie vor haben alle Flüchtlinge, die seit dem 20. März von der türkischen Küste auf eine griechische Insel übersetzen und in Griechenland um Asyl bitten, dort einen Anspruch auf Prüfung ihres Antrags.
- Weil die Türkei aber als sicheres Drittland eingestuft wird und als solches – so die Vermutung – Asylbewerbern Schutz gewährt, sollen

sämtliche Ägäis-Flüchtlinge möglichst umgehend zurück in die Türkei geschickt werden.
- Für jeden zurückgewiesenen Syrer übernimmt die EU aus einem türkischen Flüchtlingslager einen anderen Syrer – bis zur Höchstzahl von insgesamt 72 000 Menschen.
- Auch nach Erreichen dieser Höchstzahl wird die EU der Türkei jährlich ein bestimmtes Kontingent syrischer Flüchtlinge abnehmen [...]
- Die EU zahlt humanitären und nichtstaatlichen Organisationen, die sich um Flüchtlingslager in der Türkei kümmern, sechs Milliarden Euro.

Martin Klingst: Der unterschätzte Türkei-Deal, Zeit-Online, 15.8.2016, www.zeit.de (Zugriff: 24.10.2016)

M 3 Abschottung hilft nicht

[...] Die Europäische Union will mit einer Reihe von afrikanischen Ländern Migrationsabkommen schließen, auch Niger, Mali und Äthiopien gehören dazu. Als Vorbild dient der Pakt mit der Türkei (s. **M 2**), dessen simpler Grundgedanke ist: Wir geben euch Geld, ihr haltet dafür die Flüchtlinge auf [...] Schon das Abkommen mit der Türkei gestaltet sich schwierig. Nahezu unmöglich aber wird es sein, das Modell auf ein Land wie Niger zu übertragen [...] Die Grenzen lassen sich dort wie andernorts in Afrika kaum kontrollieren [...] Bloße Abschottung und ein Freikauf von Problemen ist kaum mehr möglich. Anders gesagt: Migration kann nicht gestoppt, bestenfalls reguliert werden – mit einem humanitären europäischen Asylrecht für diejenigen, die Schutz vor Verfolgung und Krieg brauchen, und klaren Einwanderungsgesetzen für die sogenannten Wirtschaftsflüchtlinge. In Deutschland ist ein solches Gesetz überfällig [...]

Kordula Doerfler: Abschottung hilft nicht, Frankfurter Rundschau, 12.10.2016, S. 11

M 4 Karikatur: Marian Kamensky

1. Fasst das Abkommen mit der Türkei in Stichpunkten zusammen (**M 2**).
2. Ermittelt, warum die Genfer Flüchtlingskonvention abgeschlossen wurde (Text, **M 1**).
3. Erklärt, warum das Türkei-Abkommen kritisiert wird (Text, **M 3**). Nehmt Stellung zu dieser Kritik.
4. Erläutert die Vorschläge, die Kordula Doerfler zur Behandlung des Flüchtlingsproblems macht (**M 3**). Diskutiert, ob sie politisch umgesetzt werden können.
5. Erklärt die Karikatur **M 4** und die darin ausgedrückte Kritik an der EU-Flüchtlingspolitik.

M1 Brexit-Gegner nach der Volksabstimmung, Juni 2016

Knappe Mehrheit für Austritt

Bei einer Volksabstimmung am 23. Juni 2016 stimmten die Wähler/-innen Großbritanniens mit 51,89 Prozent für den Austritt Großbritanniens aus der Europäischen Union („Brexit"). Der eigentliche Austrittsprozess muss gemäß Art. 50 des Vertrags über die Europäische Union durch die Mitteilung der britischen Regierung an den Europäischen Rat rechtlich wirksam in die Wege geleitet werden. Es ist unklar, wann dies geschieht und wann der tatsächliche Austritt erfolgt.

Austritt – mal nein, mal ja

Großbritannien war 1973 der damaligen Europäischen Gemeinschaft (EG*) beigetreten. Dieser Schritt wurde 1975 in einer Volksabstimmung mit einer Mehrheit von 67 Prozent bestätigt. Meinungsumfragen in den Jahren 1973 bis 2015 zeigten zumeist deutliche Mehrheiten der Briten für einen Verbleib in EG oder EU. In den 1970er- und 1980er-Jahren wurde der Austritt Großbritanniens aus der EG hauptsächlich von Politikern der Labour Party und von den Gewerkschaften gefordert. Seit den 1990er-Jahren hingegen wird der Austritt aus der EU hauptsächlich von einigen Politikern und Politikerinnen der Konservativen und der neu gegründeten UKIP* gefordert.

* **EG**
Die 1957 gegründete Europäische Wirtschaftsgemeinschaft (EWG) benannte sich 1967 in EG um. 1993 wurde aus der EG die EU.

* **UKIP**
Partei für die Unabhängigkeit des Vereinigten Königreichs; EU-skeptische und rechtskonservative britische Partei, deren Hauptziel der Austritt des Vereinigten Königreichs aus der Europäischen Union ist

* **Brexiteers**
Betreiber/-innen des Brexits

M 2 Die EU als Sündenbock

[...] In den Midlands, im Norden Englands, aber auch in Teilen Wales, (gibt es) verwüstete Industriegebiete, in denen seit dreißig Jahren hoffnungslose Massenarbeitslosigkeit fast zur neuen Lebensnormalität geworden ist [...]
Nach den Rettungsaktionen für die großen Banken trat der Kontrast ganz krass zutage: Die Regierung hat relativ unbeteiligt zugesehen, als ganze, für manche Gemeinden lebenswichtige Industriezweige zusammenbrachen, denn gegen die Naturgesetze des freien internationalen Marktes könne man, aber so hieß es, eigentlich nichts machen. Als aber die großen Banken in eine selbst verschuldete Krise stürzten, wurden [...] sofort Milliardenbeträge bereitgestellt [...]
Die Wut der Menschen in Doncaster, Sunderland und Durham war mehr als verständlich, aber das Unheimliche an der Sache war, dass es den Brexiteers* gelang, die EU zum Sündenbock des Elends zu machen. Plötzlich war sie an allem schuld. Sie war das Establishment, gegen das es aufzubegehren galt [...]

Raymond Geuss: Woher kommt die Wut der Briten?, Süddeutsche Zeitung, 28.6.2016, www.sueddeutsche.de (Zugriff: 12.11.2016)

M 3 Ist Europa noch zu retten?

[...] Wir leben in einer der reichsten Gesellschaften unserer Geschichte, schamlos wird öffentlich mit Milliarden hantiert. Aber jedes vierte Kind in Deutschland wächst unter Armutsbedingungen auf, die Schere zwischen Armen und Reichen öffnet sich immer weiter. Was ist mit der Arbeitsgesellschaft? Ist sie in dieser bestehenden Form in Ordnung? Wohl kaum.
Die fragmentierten Arbeitsplätze zerreißen Lebensperspektiven, von einem Beschäftigungsverhältnis allein können immer weniger Menschen leben, sie benötigen zwei oder drei Jobs; das

macht Zukunftsplanung unmöglich. Das alles sind Brandherde, die sich zu Flächenbränden ausweiten können. An den Flüchtlingen wird Europa nicht scheitern! Sehr wohl aber an der Ignoranz gegenüber den die Lebensprobleme berührenden Fragen der Europäer selbst. Scheitern kann Europa daran, dass mit kapitalistischer Produktivität die Armee der dauerhaft Überflüssigen wächst, dass die Jugendarbeitslosigkeit sich weiter ausbreitet. In einer Gesellschaft, in der ein sozialdarwinistischer Überlebenskampf tobt, sammelt sich immer mehr Angstrohstoff, der sich auch für rechtsradikale Bearbeitung anbietet [...] Das große Projekt Europa kann uns gelingen, wenn es ein friedensfähiges Gemeinwesen zur Basis hat und somit für alle Bürgerinnen und Bürger, auch für die Schutz suchenden Flüchtlinge, die Grundwerte von Freiheit und Gleichheit gelten. Das ist das Fundament des Bauwerks Europa. Bauprojekte entstehen mit Verzögerungen, kosten meist auch mehr Geld als geplant – das alles können die reichen europäischen Staaten in Solidarität mit den ärmeren europäischen Staaten bewältigen. Eine Europa-Ruine wäre auch eine moralische Bankrotterklärung der zivilisierten Welt.

Oskar Negt, Hannoversche Allgemeine Zeitung, 23.10.2015, www.haz.de/Sonntag/Gastkommentar/Oskar-Negt-ueber-die-Zukunft-Europas (Zugriff: 18.9.2017), gekürzt.

M5 Der Brexit und seine Folgen. Karikatur: Jürgen Janson

M4 Weniger Europa

[...] Der EU geht es nicht gut, weil sie sehr viele Feinde hat, allen voran die neuen respektive alten Nationalisten. Aber auch, weil sie zu viele falsche Freunde hat. Man könnte sie die Durch-dick-und-dünn-Europäer nennen [...] Auf diese neuen Krisen wie auf alle bisherigen wussten und wissen sie stets nur eine Antwort: Mehr Europa. Also weitere, zügige Vertiefung der Integration, das Ganze soll [...] unumkehrbar werden [...]
Die Lösung lautet anders. Paradox formuliert: Weniger Europa wäre mehr Europa [...] Was tun? Die Europäische Union sollte flexibler werden, sollte unterschiedliche Geschwindigkeiten, unterschiedliche Bündnisse und unterschiedliche Integrationstiefen zulassen. Sie sollte sich auf das Wichtige und Machbare – etwa eine gemeinsame Außen-, Sicherheits- und Verteidigungspolitik – konzentrieren [...]

Thomas Schmid: Weniger Europa wäre mehr Europa, Welt-online, 18.9.2016, http://schmid.welt.de (Zugriff: 12.11.2016)

1 Beschreibt das Verhalten Großbritanniens zur EG und zur EU (Text). Welche Folgerungen können daraus gezogen werden?

2 Nennt den Grund, der in **M2** für den Brexit genannt wird. Führt eine Internetrecherche durch und findet weitere Gründe heraus. Stellt sie in einer Liste zusammen.

3 Erklärt die Karikatur **M5**.

4 Führt eine amerikanische Debatte (S. 148) durch zum Thema: „Mehr oder weniger Europa?“ Zieht hierzu **M3** und **M4** heran.

Europäischer Rat

Europäische Kommission

Europaparlament

Rat der EU (Ministerrat)

Europäische Bürgerinitiative

Brexit

Euro-Raum

Genfer Flüchtlingskonvention

M1 Wichtige Begriffe

M2 Karikatur: Klaus Stuttmann

M3 Unterschiedliches Europa: Auf dem Land in Bulgarien

M4 Röntgenarzt in einem Mannheimer Krankenhaus

CHECK UP

M5

M6

Sachkompetenz

1 Erklärt euch gegenseitig die wichtigen Begriffe und notiert ihre Bedeutung (M 1).

2 Fasst zusammen, welche Einrichtungen bei der europäischen Gesetzgebung mitwirken.

3 Zeigt die Vor- und Nachteile des europäischen Binnenmarktes auf.

4 Beschreibt mit M 3 und M 4 das Spannungsfeld der Politik der EU für die Menschen in Europa.

5 Verfolgt in den Medien Berichte über den „Brexit" und berichtet der Klasse (M 6).

Methodenkompetenz

6 Klärt, was in M 2 dargestellt ist, und interpretiert die Karikatur.

Urteilskompetenz

7 Diskutiert, ob der in M 5 vorgeschlagene Weg für eine Lösung der EU-Schuldenkrise sinnvoll ist.

8 Führt ein Streitgespräch: Soll man EU-Staaten, die sich weigern, Flüchtlinge aufzunehmen, mit Sanktionen belegen?

9 Diskutiert folgende Behauptung anhand von Beispielen: „Für eine gemeinsame EU-Außenpolitik müssen nationale Interessen zurückgestellt werden."

10 Beurteilt, ob durch einen Ausgleich zwischen armen und reichen Regionen in Europa ein „Wir-Gefühl" als Europäer entstehen kann.

Methoden und Arbeitstechniken

Arbeitsergebnisse präsentieren

1. Schritt: Material sammeln und Arbeitsergebnisse formulieren

Welche inhaltlichen Punkte wollen wir vorstellen und wo liegt der Schwerpunkt unseres Themas? Wie finden wir Bücher, Aufsätze oder weitere Informationen zu unserem Thema? Welche Bilder, Karten oder Grafiken können wir zur Veranschaulichung des Themas verwenden?

2. Schritt: Gliederung der Präsentation

Wie führen wir in das Thema ein und wie gewinnen wir die Aufmerksamkeit unserer Zuhörerinnen und Zuhörer (Einleitung)? Wie stellen wir den Hauptteil der Präsentation vor? Wie können wir am Ende die wesentlichen Aussagen nochmals herausstellen?

3. Schritt: Gliederung und Hauptaussage veranschaulichen

Welche Punkte formulieren wir an der Tafel? Welches Material unterstützt die zentrale Aussage?

4. Schritt: Präsentation vortragen

Amerikanische Debatte

1. Schritt: Vorbereitung

Es wird eine strittige Frage formuliert, die mit „ja“ oder „nein“ zu beantworten ist. Es werden drei Gruppen gebildet: Pro-Gruppe, Kontra-Gruppe und Beobachtergruppe. In den Gruppen werden jeweils Pro- und Kontra-Argumente zusammengetragen. Die Beobachtungsgruppe erstellt einen Katalog mit Beobachtungskriterien.

2. Schritt: Hinrunde

Die Diskussionsleitung gibt einer Person das Wort. Diese trägt ein Argument überzeugend in 30 bis 60 Sekunden vor. Nach Ablauf dieser Zeit ist die andere Seite an der Reihe. Dieser Ablauf wiederholt sich so lange, bis alle Personen beider Gruppen die Argumente ausgetauscht haben. Die Gruppen machen sich Notizen zu den gegnerischen Argumenten. Die Diskussionsleitung achtet darauf, dass Gesprächsregeln eingehalten werden.

3. Schritt: Rückrunde

Die beiden Gruppen beraten über den Ablauf der ersten Runde und die Argumente der anderen Gruppe. Die Diskussion wird wiederholt. Die Gruppen tragen ihre Argumente noch einmal vor, gehen dabei auf die Gegenargumente ein und versuchen sie zu widerlegen.

4. Schritt: Auswertung

Die Beobachtungsgruppe erläutert, welche Gruppe aus ihrer Sicht besonders überzeugend war und aus welchen Gründen. Alle nehmen Stellung zum Diskussionsklima. Abstimmung, für welchen Standpunkt (Pro oder Kontra) sich die Klasse mehrheitlich entscheidet.

Eine Karikatur auswerten

1. Schritt: Den ersten Eindruck festhalten

Notiert, was euch bei der Betrachtung der Karikatur zuerst auffällt. Wie ist eure erste Reaktion?

2. Schritt: Ideen sammeln (Brainstorming)

Sammelt alle Ideen und Gedanken, die euch beim Betrachten der Karikatur einfallen.

3. Schritt: Die Einzelheiten beschreiben

Welche Personen und Sachverhalte sind erkennbar? Achtet auf Gesichtsausdruck, Körperhaltung, Kleidung und kennzeichnende Gegenstände. Welche Symbole werden verwendet? Achtet auf einzelne Wörter und/oder die Bildunterschrift.

4. Schritt: Die Bedeutung klären

Welche Bedeutung haben die Personen und Gegenstände? Auf welche Bildteile bezieht sich der Text (eventuell in einer Tabelle notieren)?

5. Schritt: Die Aussage der Karikatur formulieren

Fasst in wenigen Sätzen zusammen: Auf welche Situation, auf welches Ereignis bezieht sich die Karikatur? Was sagt die Karikatur über das Thema aus? Welche Wirkung könnte die Karikatur haben?

Kugellager- oder Karussellgespräch

Das Kugellagergespräch dient der Aktivierung aller Mitglieder einer Gruppe und dem Meinungsaustausch. Jeweils zwei Schüler/-innen kommen miteinander ins Gespräch, wobei die Diskussionspartner/-innen etwa alle fünf Minuten wechseln. Zur Durchführung eines Kugellagergespräches benötigt ihr eine gerade Zahl von Teilnehmerinnen und Teilnehmern.

1. Alle Teilnehmer/-innen setzen sich in einem inneren und einem äußeren Kreis gegenüber.
2. Die Partner/-innen tauschen sich über das vereinbarte Thema circa fünf Minuten aus.
3. Auf ein Signal der Spielleitung hin rutschen alle Schüler/-innen des Innenkreises im Uhrzeigersinn zwei Plätze weiter, sodass alle neue Gesprächspartner/-innen erhalten.
4. Nach Ablauf weiterer fünf Minuten, in denen sich die Partner/-innen über eigene und zuvor erhaltene Informationen austauschen, unterbricht die Spielleitung erneut. Nun rutscht der Außenkreis entgegen dem Uhrzeigersinn zwei Plätze weiter und es beginnt ein erneuter Gedankenaustausch ...

Ein Lernplakat erstellen

1. Schritt: Thema auswählen

Orientiert euch, welche Themen zur Auswahl stehen. Entscheidet euch für ein Thema. Ihr könnt in Partnerarbeit oder in der Gruppe arbeiten.

2. Schritt: Wahlthema erarbeiten

Lest die Texte, betrachtet das Bildmaterial dazu. Bereitet das Lernplakat vor: Wie soll die Überschrift lauten? Welche Materialien werden benötigt? Stellt gemeinsam einen Arbeitsplan auf.

3. Schritt: Material sammeln und auswählen

Sammelt Bilder, Texte und weitere Materialien zu eurem Lernplakat. Ihr könnt in Sachbüchern, in einem Lexikon oder im Internet über das Thema weiter recherchieren.

Tragt eure Ergebnisse zusammen.

Praktikumsbericht schreiben

Vorschlag einer Gliederung:

1. Entwicklungstendenzen der Branche
2. Kurze Darstellung des Betriebes und Einsatzortes
3. Beschreibung einer typischen Situation oder Szene
4. Beschreibung eines besonders bemerkenswerten Vorgangs
5. Entwicklungen am Arbeitsplatz
6. Persönlicher Kommentar

Ein Projekt erarbeiten

1. Schritt: Vorbereitung

Themen sammeln, Ziel des Projektes formulieren, Zeitplan bestimmen, Präsentationsform festlegen.

2. Schritt: Durchführung

Einteilung von Arbeitsgruppen, Klärung von Zuständigkeiten in den Gruppen (wer macht was?), Material beschaffen, Arbeitsergebnisse zwischendurch mit der gesamten Klasse überprüfen, doppelte Arbeiten (Überschneidungen) in den Gruppen, aber auch mögliche Lücken einer Recherche vermeiden.

3. Schritt: Vorstellung der Ergebnisse

Alle Projektgruppen präsentieren gemeinsam ihre Ergebnisse. Hierfür soll eine logische/günstige Reihenfolge gewählt werden.

Einen Kurzvortrag halten (ein Kurzreferat)

Ein Kurzvortrag ist eine mündliche Form der Präsentation, also der Darstellung eines Themas. Ein Kurzvortrag ist in drei Abschnitte (Schwerpunkte) gegliedert: Einleitung – Hauptteil – Schluss. Wenn ihr einen Kurzvortrag zu einem bestimmten Thema halten sollt, beachtet folgende Schritte:

1. Das Thema/Problem erfassen: Wie genau lautet das Thema eures Vortrages? Formuliert eine passende Überschrift oder Fragestellung.
2. Informationen recherchieren, sammeln und ordnen: Informationsquellen können euer Schulbuch, weitere Bücher aus Bibliotheken/ Büchereien oder das Internet sein. Angesichts der

Fülle der Informationen müsst ihr Schwerpunkte festlegen und das vorhandene Material sortieren.

3. Erstellt eine Gliederung für euer Referat. Bedenkt, dass es sich um einen kurzen Vortrag handelt (etwa fünf bis zehn Minuten).
4. Ihr könnt bei eurem Vortrag auch Anschauungsmaterial einsetzen: Bilder, Gegenstände, Tabellen, ein Poster oder Ähnliches sowie Schlüsselwörter an die Tafel schreiben.
5. Referate sollen frei vorgetragen werden. Dabei hilft euch eine Zusammenstellung der wichtigsten Stichwörter auf Karteikarten. Achtet auf eine gut lesbare und große Schrift. Beschränkt euch auf das Wesentliche. Vermeidet komplizierte und verschachtelte Sätze.
6. Damit euer Minireferat gelingt, müsst ihr den Vortrag üben. Es empfiehlt sich, erst einmal alles einem Freund oder einer Freundin oder der Familie vorzutragen.
7. Tipps für den eigentlichen Vortrag:
   - Stellt euch so hin, dass euch alle sehen können.
   - Versucht, frei zu sprechen.
   - Orientiert euch an euren Stichwörtern.
   - Schaut beim Sprechen die Zuhörer/-innen und Mitschüler/-innen an.
8. Nach dem Vortrag können die Zuhörer/-innen Rückfragen stellen, um Begriffe und Sachverhalte zu präzisieren.

Rollenspiel

1. Schritt: Vorbereitung

Um welches Problem geht es? Was soll mit dem Rollenspiel geklärt werden? Welche Rollen gibt es? Wo findet die Handlung statt? Auf einer Situationskarte wird die Ausgangslage beschrieben.

2. Schritt: Verteilung der Rollen

Auf Rollenkarten wird die jeweilige Rolle bestimmt. Sie werden an die einzelnen Spieler/-innen verteilt. Hier wird festgelegt: Welche Einstellungen werden vertreten? Welche Ziele will der/die Einzelne erreichen? Wie soll er/sie auftreten?

3. Schritt: Durchführung des Rollenspiels

4. Schritt: Auswertung

Für alle Spieler/-innen sind Beobachter/-innen zuständig. Sie beobachten und besprechen anschließend folgende Punkte: Haben sich die Spieler/-innen an ihre Rolle gehalten und sie verständlich dargestellt? Haben die Spieler/-innen laut und deutlich gesprochen? Haben ihre Argumente überzeugt? Sind das Problem und eine mögliche Lösung deutlich geworden?

Sachtexte verstehen

1. Schritt:

Überfliegen und Thema erfassen.
Lest den Text einmal ganz durch.
Um welches Thema geht es?
Was wisst ihr schon darüber?
Was möchtet ihr noch wissen?

2. Schritt:

Fragen stellen
Um welche Sorte von Text handelt es sich?
W-Fragen:
Wer? – **W**as? – **W**ann? – **W**o? – **W**ie? – **W**arum?

3. Schritt:

Ein zweites Mal lesen und alle Schlüsselwörter unterstreichen.
Markiert die wichtigsten Wörter im Text.
Markiert sparsam und verwendet verschiedenfarbige Stifte.
Markiert in einer eigenen Farbe schwierige/unklare Textstellen.

4. Schritt:

Zwischenüberschriften finden.
Notiert Überschriften für die einzelnen Abschnitte, die ihren Inhalt knapp zusammenfassen.
Passt eure Überschrift zum Inhalt des Abschnitts und zur Art des Textes?

5. Schritt:

Inhalt wiedergeben.
Gebt mithilfe der Zwischenüberschriften und unterstrichenen Wörter den Inhalt des Textes wieder – in Stichwörtern oder wenigen, kurzen Sätzen.

Umfrage

1. Schritt: Vorbereitung
Erstellt einen übersichtlichen Fragebogen. Macht eine Probebefragung mit Personen, die nicht zu den Befragten oder eurer Klasse gehören. Überarbeitet danach den Fragebogen, falls nötig. Wählt die Gruppe aus, die ihr befragen wollt. Holt euch eine Genehmigung bei der Schulleitung. Sprecht einen Befragungstermin mit den Befragten ab. Kopiert den Fragebogen in ausreichender Anzahl.

2. Schritt: Durchführung
Erläutert den Sinn der Befragung. Erklärt, dass die Befragung anonym ist. Stellt bei der Befragung sicher, dass alle Befragten den Bogen für sich ausfüllen. Setzt eine Zeit fest, bis wann die Bögen ausgefüllt sein müssen, und sammelt sie zusammen ein.

3. Schritt: Auszählen des Ergebnisses
Zählt für jede Frage die Zahl der angekreuzten Antwortmöglichkeiten aus. Teilt dabei die Fragebogen in der Klasse auf und arbeitet beim Auszählen zu dritt: Eine Person diktiert, eine kontrolliert, die dritte hält die Ergebnisse fest. Kontrolliert in einem zweiten Durchgang alle festgehaltenen Daten.

Zukunftswerkstatt

1. Schritt: Beschreibung des Problems
In dem ersten Schritt wird das zu untersuchende Problem klar benannt (definiert). Frage: Worin besteht das Problem? Teilt euch in Gruppen ein.

2. Schritt: Untersuchung der Ursachen
Jede Gruppe untersucht die Ursachen des Problems. Sie sammeln die ihnen zugänglichen Informationen aus der Fachliteratur, aus Zeitschriften oder dem Internet. Frage: Wie ist das Problem entstanden?

3. Schritt: Klärung der Interessen
Der dritte Schritt dient der Klärung der Interessen der an dem Problem beteiligten Menschen und Mächten. Fragen: Wer hat Interessen an dem Problem? Wer will eine Lösung verzögern, verhindern, vorantreiben?

4. Schritt: Sammeln von „Lösungen"
Die Schülerinnen und Schüler sammeln die in der Literatur, den Medien und von Parteien oder gesellschaftlichen Gruppen beschriebenen Lösungsvorstellungen des untersuchten Problems. Dabei geht es nicht um eine Bewertung der Lösungsvorschläge, sondern um eine zusammengefasste Darstellung der vorgeschlagenen Wege zur Lösung des Problems. Frage: Welche „Lösungen" werden diskutiert?

5. Schritt: Einschätzung der Konsequenzen der verschiedenen Lösungsvorschläge
Jeder Lösungsvorschlag hat für die unterschiedlich Beteiligten Folgen. Das können Staaten, einzelne Menschengruppen oder auch direkt die Schülerinnen und Schüler selbst sein. Deswegen muss jede Gruppe nun die Folgen bzw. Konsequenzen der Lösungsvorschläge auflisten. Dabei können die Lösungsvorstellungen bewertend gereiht werden (radikal, weitgehend, weniger weitgehend, kaum Veränderungen). Frage: Welche Auswirkungen haben die „Lösungen" für ...?

6. Schritt: „Und wie entscheiden wir uns?"
Aus der intensiven Beschäftigung der Schülerinnen und Schüler sollte eine bewusste, begründete Stellungnahme zu dem Problem und seiner möglichen „Lösung" und der eigenen Verhaltensweise folgen, die der Klasse vorgestellt wird.

Begriffe	Erklärung
Abgeordnete	Sie werden auch Parlamentarier/-in oder Volksvertreter/-in genannt. Sie sind gewählte Mitglieder eines Parlaments. Abgeordnete sind z. B. die Mitglieder des Bundestags.
Armutsrisikoquote	Sie dient zur Messung der Einkommensarmut. Sie gibt an, wie hoch der Anteil der Personen mit einem Einkommen unterhalb der Armutsrisikoschwelle der Bevölkerung ist.
Aufklärung	Das war eine geistige Bewegung, die am Ende des 17. Jahrhunderts in Europa entstand und die Vernunft des Menschen und ihren richtigen Gebrauch zum Maßstab allen Handelns erklärte.
Besatzungszonen	Am Ende des Zweiten Weltkrieges teilten die Siegermächte Deutschland in vier Besatzungszonen auf.
Brexit	Das ist ein Kunstwort in Form einer Verschmelzung von „British" und „exit" (deutsch: Austritt). Es meint den geplanten Austritt Großbritanniens aus der EU.
Bruttoinlandsprodukt	Diese Kennzahl drückt die Leistungsfähigkeit einer Volkswirtschaft aus. Zur Bestimmung des Bruttoinlandsprodukts (BIP) rechnet man den Wert der Dienstleistungen und der Güter, die in einem Land innerhalb eines Jahres erbracht oder produziert werden, zusammen.
Bruttolohn	Das ist der Gesamtbetrag des Lohns – ohne Abzüge.
Bundeshaushalt	Er umfasst alle Einnahmen und Ausgaben des Bundes. Er wird im Haushaltsplan jeweils für ein Jahr genau beschrieben.
Bundesstaat	Wenn sich mehrere Teilstaaten zu einem Gesamtstaat zusammenschließen, spricht man von einem Bundesstaat. Der Bundesstaat hat eine Bundesregierung. Die Bundesrepublik Deutschland ist so ein Bundesstaat. Der Gegensatz ist der zentralistische Einheitsstaat, in dem von einer Hauptstadt aus das gesamte Land regiert wird – wie z. B. in Frankreich.
Bundesverfassungsgericht	Das höchste deutsche Gericht urteilt über Klagen im Bereich des Grundgesetzes und trifft dabei verbindliche Entscheidungen.
Daseinsvorsorge	Der Begriff umschreibt die staatliche Aufgabe zur Bereitstellung der für ein menschliches Dasein als notwendig erachteten Güter und Leistungen – die Grundversorgung.
Demokratie	Herrschaft des Volkes (griech. demos = Volk). Bezeichnung für die Staatsform, die ab etwa 500 v. Chr. schrittweise im antiken Athen eingeführt wurde. Damals bedeutete „Demokratie" die Herrschaft der männlichen Athener Staatsbürger. Diese regelten in der Volksversammlung alle wichtigen Angelegenheiten ihres Stadtstaates. Frauen und Sklaven waren von der Demokratie ausgeschlossen. In den Demokratien der Gegenwart haben alle Staatsangehörigen gleiche politische Rechte. Zu den Grundlagen der modernen Demokratie gehören die Menschen- und Bürgerrechte, das Rechtsstaatsprinzip und die Gewaltenteilung.
Diktatur	Herrschaftsform, in der die bürgerlichen Grundfreiheiten nicht existieren und die Staatsmacht in der Hand einer Person, einer Gruppe von Machthabern oder einer Partei liegt. Beispiele: China oder die frühere DDR.
Europäischer Binnenmarkt	Das ist der gemeinsame Markt der EU, in dem es freien Waren-, Kapital-, Personen- und Dienstleistungsverkehr gibt. Er dient als Grundlage für die Verwirklichung der Wirtschafts- und Währungsunion, in der die Wirtschaftspolitik der Mitgliedstaaten koordiniert wird und nur noch eine Währung sowie eine von der Europäischen Zentralbank durchgeführte Geldpolitik existiert.

Begriffe	Erklärung
Exekutive	Das ist die Bezeichnung für die ausführende Gewalt, also die Regierung mit ihren Ministerien und Behörden.
Existenzminimum	Es umfasst die Mittel, die zur Befriedigung der materiellen Bedürfnisse notwendig sind, um physisch zu überleben; dies sind vor allem Nahrung, Kleidung, Wohnung und eine medizinische Notfallversorgung.
Failed State	Engl. = gescheiterter Staat. Das ist ein Staat, in dem es weder Sicherheit für die Bürgerinnen und Bürger, noch soziale Wohlfahrt, noch Rechtsstaatlichkeit gibt. So ein Staat erfüllt die grundlegenden Aufgaben nicht mehr. Beispiele sind Somalia, Sudan oder Syrien.
Fraktion	Eine Gruppe von Personen innerhalb einer Gemeinschaft (z.B. eines Vereins), die eigenständige Interessen verfolgt, bildet eine Fraktion. Häufig fällt der Begriff im politischen Zusammenhang und bezeichnet den Zusammenschluss von Abgeordneten innerhalb eines Parlaments.
Gesetzgebungskompetenz	Das ist das alleinige Recht des Parlaments, Gesetze zu erarbeiten und zu beschließen.
Gewaltenteilung	Der französische Schriftsteller und Philosoph Charles de Montesquieu (1689–1755) beschrieb die Vorteile der Gewaltenteilung, damit die Bürgerinnen und Bürger vor absoluter Herrschaft geschützt sind. Die gesetzgebende Gewalt (Legislative), die ausführende Gewalt (Exekutive) und die rechtsprechende Gewalt (Judikative) sollten nicht in einer Hand liegen, sondern getrennt sein. Die Trennung der Staatsgewalten (horizontale Gewaltenteilung) gilt heute als Voraussetzung für einen Rechtsstaat. Sie sorgt für wechselseitige Machtkontrolle und -beschränkung. Außerdem gibt es in der Bundesrepublik Deutschland noch die Gewaltenteilung zwischen dem Bund und den Bundesländern (vertikale Gewaltenteilung).
Globalisierung	Der Begriff kennzeichnet die Entstehung weltweiter Märkte für Waren, Kapital und Dienstleistungen sowie die damit verbundene internationale Verflechtung der Volkswirtschaften. Hauptakteure der Globalisierung sind multinationale (in vielen Staaten tätige) Unternehmen. Der Globalisierungsprozess wird durch neue Technologien im Kommunikations-, Informations- und Transportwesen vorangetrieben. Diese Neuerungen ermöglichen es den Unternehmen, die Standortvorteile weltweiter Produktionsstätten zu nutzen, statt an nationalen Standorten zu produzieren. Der Prozess der Globalisierung erhöht den Wettbewerbsdruck zwischen den einzelnen Unternehmen und Ländern. Darüber hinaus hat er erhebliche Auswirkungen auf die Stabilität und Sicherheit der Arbeitsplätze.
Grundgesetz	Das ist die Verfassung der Bundesrepublik Deutschland. Hier sind die Aufgaben und Befugnisse der Staatsorgane beschrieben. Außerdem beinhaltet es die wichtigsten Rechte der Bürgerinnen und Bürger.
Islamismus	Sammelbezeichnung für alle politischen Auffassungen und Handlungen, die im Namen des Islams die Errichtung einer radikal religiös legitimierten Gesellschafts- und Staatsordnung anstreben. Ein Großteil der islamistischen Gruppen befürwortet zur Durchsetzung dieser Ziele Gewalt und die Tötung von Menschen.
Judikative	Das ist die Bezeichnung für die rechtsprechende Gewalt – also Gerichte.

Begriffe	Erklärung
Konjunktur	So bezeichnet man das Auf und Ab in der wirtschaftlichen Entwicklung. Sie lässt sich mit bestimmten Werten wie Auftragslage der Unternehmen, Produktion, Umsatz, Beschäftigung, Preise und Zinsen messen. Anhand dieser Werte lässt sich ein stetes Auf und Ab der wirtschaftlichen Aktivitäten feststellen. Diese Schwankungen folgen aufeinander wie Wellen. Das nennt man Konjunkturzyklus. Ein Konjunkturzyklus umfasst die Phasen Aufschwung, Hochkonjunktur (Boom), Abschwung, Rezession und Tiefstand (Depression).
konstitutionelle Monarchie	Regierungsform, in dem der Monarch an die Verfassung gebunden ist und die eigentliche Macht beim gewählten Parlament und der von ihm bestellten Regierung liegt
Länderfinanzausgleich	Ärmere Bundesländer werden durch reichere Bundesländer unterstützt.
Legislative	gesetzgebende Gewalt, bei uns Bundestag und Bundesrat
Legislaturperiode	Zeitraum, für den ein Parlament gewählt wird
Mandat	Abgeordnetensitz
Markt	Ort, an dem Angebot und Nachfrage, Verkäufer und Käufer aufeinandertreffen
Medianeinkommen	mittleres Einkommen, das die Bevölkerung in zwei genau gleich große Hälften teilt
Mindestlohn	In der Höhe festgelegtes kleinstes rechtlich zulässiges Arbeitsentgelt. In Deutschland ist der Mindestlohn gesetzlich festgelegt. Seit 2017 beträgt er 8,84 Euro pro Stunde.
Montanunion	Das ist ein anderer Name für die Europäische Gemeinschaft für Kohle und Stahl (EGKS). Dieser überstaatliche Verbund regelte nach dem Zweiten Weltkrieg ab 1952 die Zusammenarbeit in der Montanindustrie (Kohleförderung und Stahlerzeugung) zwischen Belgien, der Bundesrepublik Deutschland, Frankreich, Italien, Luxemburg und den Niederlanden. Die wichtigen Güter Kohle und Stahl konnten zollfrei zwischen den Mitgliedstaaten gehandelt werden. Das war ein erster Schritt Richtung EU.
Nettolohn	Das ist der Betrag, der nach Abzug von Steuern und Sozialabgaben ausgezahlt wird.
Nichtregierungsorganisationen	So nennt man Vereinigungen, die sich unabhängig von einem Staat gesellschaftlich, insbesondere sozial- und umweltpolitisch engagieren.
Opposition	Das Wort kommt aus dem Lateinischen und bedeutet im Widerspruch zur Mehrheit stehend. In der Politik heißt das, dass Parteien im Deutschen Bundestag, die nicht zu den Regierungsparteien gehören, sich in der sogenannten parlamentarischen Opposition befinden. Sie sind ein wichtiger Teil in der Demokratie, weil sie darauf achten, dass die Gesetze eingehalten werden.
Parteien	Das ist ein Zusammenschluss von Bürgerinnen und Bürgern, die gleiche politische Interessen verfolgen und auf die Willensbildung Einfluss nehmen möchten. Die Mitglieder von Parteien lassen sich bei Wahlen aufstellen und vertreten das Volk in den Parlamenten. Voraussetzung für politische Parteien sind freie Wahlen.
Plenum	Vollzählige Versammlung: Gemeint ist damit z. B. der Versammlungsraum des Bundestags. Die Abgeordneten treffen sich im Plenum.
Quorum	Anzahl der Stimmen, die erreicht werden muss, damit eine Abstimmung gültig ist
Rechtsstaat	In einem Rechtsstaat ist die Staatsgewalt nicht willkürlich und die Bürger/-innen haben Rechte, die der Staat akzeptieren muss. Alle Maßnahmen des Staates können gerichtlich überprüft werden.

Begriffe	Erklärung
Referendum	Abstimmung aller wahlberechtigten Bürger über eine vom Parlament, von der Regierung oder einer die Regierungsgewalt ausübenden Institution erarbeiteten Vorlage
Salafismus	Besonders radikale Strömung des Islamismus. Er interpretiert die religiösen Regeln und Normen des Islams als konkrete politische Handlungsanweisungen. Letztlich soll ein islamischer „Gottesstaat" errichtet werden, in dem zentrale Grundsätze der freiheitlich-demokratischen Grundordnung außer Kraft gesetzt werden, wie beispielsweise die Souveränität des Volkes oder die Achtung der Menschenrechte.
Sozialstaat	Bezeichnung für das staatliche Ziel, Wirtschaft und Gesellschaft sozial gerecht zu gestalten und damit der Verschärfung sozialer Ungleichheiten entgegenzuwirken. Dazu gehören gesetzliche Regelungen für Alters- und Gesundheitsvorsorge und -fürsorge, Hilfen bei Arbeitslosigkeit, Sicherung des Existenzminimums, aber auch staatliche Aufwendungen für Familien, das Bildungswesen oder den Wohnungsbau.
Subvention	Staatliche Unterstützung. Im engeren Sinn: öffentliche Gelder als Zuschuss zur Unterstützung bestimmter Wirtschaftszweige oder einzelner Unternehmen
Tarifautonomie	Das Grundgesetz garantiert in Art. 9 Abs. 3 die Koalitionsfreiheit. Das bedeutet, dass Arbeitnehmer/-innen und Arbeitgeber/-innen die Arbeitsbedingungen selbst festlegen – ohne Einmischung des Staates. Die Tarifpartner (Gewerkschaften und Arbeitnehmerverbände/Unternehmen) handeln Löhne, Arbeitszeiten, Urlaub usw. selbst aus und halten die Vereinbarungen in Tarifverträgen fest.
Terrorismus	Von lat. terror = Furcht, Schrecken. Gewalttaten gegen Menschen oder Sachen – wie Entführungen, Attentate, Sprengstoffanschläge usw. die zur Erreichung eines politischen, religiösen oder ideologischen Ziels eingesetzt werden. Terrorismus ist das Ausüben und Verbreiten von Terror. Er dient als Druckmittel und soll vor allem Unsicherheit und Schrecken verbreiten.
Verfassung	Hier legt ein Staat fest, nach welchen Regeln er organisiert wird und wie das Zusammenleben der Menschen funktionieren soll. Die Verfassung beschreibt das politische System, also wie das Land regiert werden soll. Es wird festgelegt, was die Regierung darf, was sie nicht darf, welche Macht die Polizei, die Streitkräfte oder andere Staatsorgane haben. Vor allem aber ist festgeschrieben, welche Grundrechte den einzelnen Menschen zustehen, damit sie frei und ohne staatlichen Zwang leben und arbeiten können. In Deutschland wird die Verfassung „Grundgesetz" genannt.
Vermittlungsausschuss	Das ist ein von Bundestag und Bundesrat mit gleicher Anzahl besetzter Ausschuss, in dem versucht wird, Gesetze einvernehmlich zu verabschieden.
Währungsunion	Wenn sich mehrere souveräne Staaten eine gemeinsame Währung geben und eine Währungspolitik betreiben, spricht man von einer Währungsunion. Ein Beispiel ist die Europäische Wirtschafts- und Währungsunion, ein Zusammenschluss von 19 EU-Staaten, die die Währung Euro haben.
Wettbewerb	Ihn gibt es in vielen Lebensbereichen. In der Wirtschaft bedeutet Wettbewerb, dass Unternehmen miteinander konkurrieren, um möglichst viele Kunden zu gewinnen. Deswegen müssen sie bessere und kostengünstigere Produkte anbieten als ihre Konkurrenten. So steigt die Chance, dass sie die Produkte verkaufen. Es heißt, dass Wettbewerb (Konkurrenz) das Geschäft belebt, denn die Unternehmen sind bestrebt, immer bessere Produkte zu entwickeln, um im Konkurrenzkampf zu bestehen.
Zentralbank	Staatliche Bank eines Landes oder eines Staatenbundes, die die Währung eines Landes ausgestaltet und kontrolliert. In der europäischen Union ist das die Europäische Zentralbank mit Sitz in Frankfurt.

V

W

Z

Bildquellenverzeichnis
Cover VG: Shutterstock/Brian McEntire, Fotolia/tilialucida; **Cover HG:** mauritius images/age; **8/9** epd-bild/Juergen Blume/VG Bild Kunst 2017; **11 M4** Uwe Lauterkorn; **16 M1** epd-bild/Juergen Blume; **16 M2** laif/Keystone Schweiz; **18/19** Stefan Eling; **21 M3** Picture-Alliance/dpa/Globus Infografik; **25 M3** Shutterstock/ProStockStudio; **27 M2 li. ob.** B90/Die Grünen, **M2 re. ob.** SPD, **M2 re. un.** CDU, **M2. li. mi.** Die Linke, **M2 li. un.** FDP; **28** Fotolia/Jelle van der Wolf; **30 un.** mauritius images/Westend61/Wilfried Wirth; **32 M1 ob. li.** SoVD; **M1 ob. mi.** Arbeitgeberverband Gesamtmetall e.V.; **M1 ob. re.** ZDH; **M1 un. li.** DGB; **M1 un. mi.** GdW Bundesverband deutscher Wohnungs- und Immobilienunternehmen, **M1 un. re.** Fahrgastverband PRO BAHN, **M1 re. mi.** ADAC; **34 M1** Picture-Alliance/dpa/Globus Infografik; **37** mauritius images/imageBroker/Jürgen Henkelmann/OKAPIA; **40 M1** action press/ZUMA Press; **42 M1** mauritius images/alamy stock photo/360b; **43 M2** Burkhard Mohr/Baaske Cartoons Müllheim; **45 M4** Fotolia/ake1150; **46/47** Reuters/Luc Gnago; **50 M1 ob. li.** mauritius images/alamy stock photo/Picture Partners, **M1 ob. mi.** shutterstock/Monkey Business Images, **M1 ob. re.** mauritius images/alamy stock photo/michael melia, **M1 un. li.** mauritius images/alamy stock photo/Rob Walls, **M1. un. mi.** shutterstock/Sielemann, **M1 un. re.** shutterstock/Arina P Habich; **51** mauritius images/Björn Kietzmann; **52** Peter Palm; **54 M6** APA Images/Zuma/action press; **54 M5** dpa Picture-Alliance/ZUMA Press; **55 ob.** laif/UPI; **55 un.** dpa Picture-Alliance/abaca/Giancarlo Gorassini; **56 M11** Colourbox; **56 M13** mauritius images/imageBroker/Hartmut Pöstges/OKAPIA; **57 M14** Klaus Stuttmann; **58 M1** Matthias Kulka/FOTOFINDER.COM; **58 M2** mauritius images/alamy stock photo/Songquan Deng/VG Bild Kunst 2018; **59 M4** Sergi Reboredo/VWPics/Your Photo Today; **60 M1** xinhua/FOTOFINDER.COM; **60 M2** ddp images; **63 M4** imago/Pacific Press Agency; **64 M1** Picture Alliance /dpa-Infografik; **65** dpa Picture-Alliance/Maurizio Gambarini; **66 M1** Caro/Trappe/FOTOFINDER.COM; **67 M3** Picture Alliance/dpa-infografik GmbH; **68 M1 ob. li.** Bridgeman Images, **M1 ob. re.** OKAPIA KG/imagebroker/Siegfried Grassegger, **M1 un. li.** Xinhua/FOTOFINDER.COM, **M1 un. re.** dpa Picture-Alliance; **70 M1** dpa Picture-Alliance/Winfried Rothermel; **71 M4** Picture-Alliance/dpa-Infografik; **72 M1** action press/MC1 Martin Cuaron/US Government; **73** epd-bild/Sebastian Backhaus; **75 M3** Picture-Alliance/dpa Infografik; **76 M1** Picture-Alliance/dpa-Infografik; **77 M2** Picture-Alliance/dpa-Infografik; **78 M1** Hermann Bredehorst/Brot für die Welt; **79** Picture-Alliance/dpa; **82/83** action press/Kietzmann, Björn; **85** Glow Images/ImageBROKER; **86 M1** Burkhard Mohr/Baaske Cartoons Mülheim; **89 M3** imago/Ulrich Roth; **90 M1** Klaus Stuttmann; **92 M1** Picture-Alliance/dpa-Infografik; **94 M1** Picture-Alliance/dieKLEINERT.de/Kostas Koufogiorgos; **96 M1** Fotolia/Wolfilser; **96 M2** Thomas Plassmann; **97 M6** Picture-Alliance/Stephan Goerl; **98 M1** Horst Haitzinger; **100 M1 li. ob.** imago/Schöning, **M1 li. un.** Stefan Kiefer/VISUM, **M1 re. ob.** shutterstock/VladimirE, **M1 re. un.** Jochen Eckel/Süddeutsche Zeitung Photo; **101 M3** Picture-Alliance/dpa-Infografik; **102 M1** Horst Haitzinger; **104 ob.** Deutsche Bahn AG; **104 un.** Fotolia/contrastwerkstatt; **105 M3** Bergmoser & Höller/Zahlenbilder; **108 M1** Picture-Alliance/dpa-Infografik; **109 M4** Picture-Alliance/dpa-Infografik; **110 M3** Heiko Sakurai; **114 M1** Picture-Alliance/dpa-Infografik; **115 M3 u M4** Picture-Alliance/dpa-Infografik; **116 M3** Heiko Sakurai; **118/119** Fotolia/Grecaud Paul; **120 M1** Fotolia/Rawpixel; **121 M3** Picture-Alliance/dpa-Infografik; **122 M1** Picture-Alliance/dpa; **122 M2** Picture-Alliance/CPA Media Co.; 123 M4 Picture-Alliance/dpa-Infografik; **124 M1 ob. li.** Volkswagen AG; **124 M1 ob. re.** ddp images; **124 M1 un. li.** mauritius images/imageBroker/H.-D. Falkenstein/OKAPIA; **124 M1 un.re.** ddp images; **125** Picture-Alliance/REUTERS; **126 M1** Picture-Alliance/dpa-Infografik; **127 M5** Picture-Alliance/f8-DAS BILD; **129 M2 u. M3** Picture-Alliance/dpa-Infografik; **129 M4** Keystone; **130** Michael Zegers/Look Photos; **131 M3** Picture-Alliance/dpa-Infografik; **132 M2** Picture-Alliance/dpa-Infografik; **133 M3** Europäisches Parlament/Architecture Studio/SERS; **134 M1** Klaus Stuttmann; **136 M1** Gerhard Mester; **137 un.** Caro/Ruffer/FOTOFINDER.COM; **138 M1** Picture-Alliance/dpa/Britta Pedersen; **140 M1** Picture-Alliance/Photoshot; **141 M5** Gerhard Mester; **142 M1** Picture-Alliance/sampics/Christina Pahnke; **143 M4** Marian Kamensky; **144 M1** Picture-Alliance/empics/Yui Mok; **145 M5** Jürgen Janson; **146 M2** Klaus Stuttmann; **146 M3** Picture-Alliance/ZB; **146 M4** OKAPIA KG/M. Rosenfeld; **147 M5** Fotolia/Thomas Reimer; **147 M6** Fotolia/kamasigns;

Auftragsillustrationen und -grafiken:
Erfurth Kluger Infografik GbR: 12 M1, 13 M2, 14 M1, 15 M3, 21 M3, 29 M1, 30 M1 u. M2, 31 M3, 33 M2, 34 M1, 36 M2, 38 M1, 39 M3, 45 M5, 48 M1, 49 M3, 49 M2, 61 M1, 62 M1, 63 M3, 69 M3, 71 M4, 74 M1, 75 M4, 76 M1, 77 M2, 87 M5, 92 M1, 94 M2, 95 M6, 99 M4 u M5, 101 M3, 103 M3, 105 M3, 108 M1, 109 M3 u. M4, 111 M5, 114 M1, 115 M3, 115 M4, 116 M2, 117 M4, 121 M3, 123 M4, 126 M1, 131 M3, 132 M2, 137 M2; **Cornelsen/Dieter Stade:** 44 M3; **Cornelsen/Natascha Welz:** 20 M1, 22 M1, 88 M1